民间信俗下

古代妈祖塑像和图像艺术研究

张蓓蓓／著

Research on Ancient
Mazu Statue and
Graphic Arts from the
Perspective of Folk Belief and Customes

文物出版社

图书在版编目（ＣＩＰ）数据

民间信俗下古代妈祖塑像和图像艺术研究 / 张蓓蓓
著. -- 北京 : 文物出版社, 2023.5
ISBN 978-7-5010-7862-2

Ⅰ.①民… Ⅱ.①张… Ⅲ.①神—雕塑像—研究—中
国 Ⅳ.①B933

中国版本图书馆CIP数据核字（2022）第210585号

民间信俗下古代妈祖塑像和图像艺术研究

著　　者　张蓓蓓

责任编辑　智　朴
责任印制　张道奇

出版发行　文物出版社
社　　址　北京市东城区东直门内北小街2号楼
邮政编码　100007
网　　址　http://www.wenwu.com
经　　销　新华书店
制版印刷　天津图文方嘉印刷有限公司
开　　本　787mm×1092mm　1/16
印　　张　18.25
版　　次　2023年5月第1版
印　　次　2023年5月第1次印刷
书　　号　ISBN 978-7-5010-7862-2
定　　价　160.00元

千年妈祖神像的全方位巡礼

世上因为有了女神，她给予你充实的关怀和爱。没有女神的世界，远行的人会感到六神无主，像迷失走向的流浪的孤儿。

在世界各地、各区域、各民族都有民众心仪的女神，他们分别崇拜女神的慈爱、美丽、智慧、勇敢、善良、贞洁、高雅。众多的女神让世界充满了爱，女神带给人们母姓的爱护和温馨。

中国是一个有着悠久历史的文明古国，在神话传说中出现过众多的女性神仙，在洪荒时期炼五色石补天的女娲，树立了人定胜天的伟大理念。在神仙思想盛行的汉代，坐在昆仑仙丘上长生不老的西王母，成为人们膜拜的对象。明清时期，王母升格为王母娘娘，是女性中地位最高的老寿星。男儿身的观世音菩萨在宋代蜕变为观音娘娘，信徒心目中她能化解一切灾难，满足众生求子愿望，是大慈大悲的圣人，成为中国民众信奉者最多、影响最广的女神。

近现代中国滨海地区乃至东南亚地区，广为信奉的是妈祖女神，在众多的女神中，妈祖是被信众视作妈妈的女神。从宋代起，随着中国海洋贸易的不断扩大，沿海的妈祖信众日益增多，主要的海港城市先后修建了天后宫、妈祖庙。我在五十多年前，曾去天津天后宫参观和游玩，天津天后宫始建于元代泰定年间，是中国最早的妈祖庙之一。当时虽是经济困难时期，天后宫门外的集市依然很热闹，展示了丰富多彩的民俗文化。我先后两次参拜太仓浏河镇天妃宫，元代太仓通海道漕运，于至元二十三年(1286年)修建天妃宫。明代永乐年间，郑和由此率舰队下西洋，特参拜天妃宫。福建泉州天后宫始建于南宋庆元二年(1123年)，是海内外妈祖庙中最早的。我考察过泉州天后宫的天后殿，拍摄了殿内精美的建筑装饰。我还去过潮州、澳门、香港和台北龙山寺等地的妈祖庙。海外的新加坡、马来西亚、菲律宾、越南、印度尼西亚、日本、韩国、澳大利亚等国都有妈祖庙，妈祖的敬仰者数以亿计，他们每年要举办各种纪念妈祖的信俗活动，《妈祖信仰》被联合国教科文组织列入人类非物质文化遗产代表名录。

　　妈祖信仰和文化日益得到海内外学者的关注，分别从纵向或横向研究妈祖的信俗文化，从总体上说对妈祖文化的研究呈散点式，需要有更深入的系统性的研究，除了从民俗学、文献学的角度对妈祖进行研究外，对妈祖艺术形象方面的研究显得薄弱，因为妈祖艺术形象研究是对妈祖本体的研究，妈祖艺术形象的发展变化反映出妈祖信仰因时因地的变化，因此妈祖艺术形象研究是妈祖研究不可或缺的重要课题。

　　福建是妈祖文化的发源地，也是妈祖文化重要的研究基地。妈祖出生于宋代福建莆田，也是妈祖服饰文化的重要孕育地。在2013年，中华全国台湾同胞联谊会和闽南师范大学主办了《闽台非物质文化遗产保护学术研讨会》。会上张蓓蓓博士宣读了论文《基于文化资源的妈祖服饰文化创意产业发展研究》，妈祖服饰文化是张蓓蓓研究宋代女性服饰文化中特别加以关注的课题，论文中对发展中的妈祖服饰文化的研究，得到与会的海峡两岸学者的重视和好评。为了更深入地研究妈祖文化，她先后到厦门大学、台湾师范大学访学，得以学习和梳理海内外妈祖文化研究的学术成果。她在台湾访问考察期间，在台湾鹿港文史研究者李奕兴老师的引领下，考察了台南市境内重要的妈祖庙及妈祖神像；在黄良莹学姐的带领下，参观和考察了北港朝天宫及宫观中收藏的妈祖像，向朝天宫董事请教了有关朝天宫古代妈祖塑像的有关问题；还亲临观看了台湾祭祀妈祖的场景和活动。

　　近年来，张蓓蓓有计划地对大陆主要的妈祖庙进行考察走访了湄州妈祖庙、广州南沙天后宫、苏州太仓浏河天妃宫、天津天后宫、南京天妃宫等妈祖庙宇。并且发表一系列研究妈祖文化的论文，并且确立了妈祖文化研究的切入点，2014年成功申报到国家社会科学基金艺术学项目《民间信俗下古代妈祖塑像和图像艺术研究》。经过几年继续研究和写作，完成了在民间信俗视野下研究妈祖形象发展与演变的专著。

专著《民间信俗下古代妈祖塑像和图像艺术研究》，在许多方面拓宽了妈祖研究的幅度。作者长期从事中国古代妇女服饰研究，尤其熟悉宋元明清的妇女服饰和艺术造型，这有助于对妈祖塑像和图像的艺术研究。她具体地分析和研究了妈祖信仰的源起和传播、不同历史阶段妈祖塑像造型的不同特点、妈祖塑像制作技艺和区域特点。剖析了古中国从内陆转而面向海洋的过程中，妈祖形象在民间信俗中变得越来越高大，却又越来越亲切的原因。专著中对自古以来妈祖艺术形像的系统性的研究，可谓是千年妈祖神像的全方位的巡礼。

专著对妈祖形象的意义从新的高度上的认识，认为妈祖图像是信众约定俗成的认同符号，是民族内部文化身份认同和妈祖文化传播与辐射的一种重要的形象载体。自宋代以来，北方战乱频仍，经济重心向南方转移，东南沿海的居民宁愿冲破惊涛骇浪，向海洋远方寻找新的生机。他们长年漂泊海上，经常面对海难和死亡。儿行远方格外觉娘亲，娘会在冥冥之中给予庇佑。妈祖图像和塑像成为四海华人心目共同崇敬的慈爱女神，妈祖的胸怀比海洋还要宽博。在妈祖的庇佑下，四海之内的华人皆兄弟，妈祖形象成为四海的华人儿女共仰的神圣容颜。

专著《民间信俗下古代妈祖塑像和图像艺术研究》，使我们阅读到妈祖和他的儿女们扬起风帆走向海洋的壮阔史诗，他们在海外不论走得多远，妈祖矗立在神州东南海岸上，为远行的儿女和亲人保驾护航、庇佑平安。

苏州大学博物馆名誉馆长
苏州大学艺术学院教授　张朋川

目 录

第三章

传承有序与和合共生：妈祖塑像制作技艺及区域比较 / 081

第六章
抽象形态与具象物态：塑像和图像中妈祖形像的三大类型 / 183

第七章

历史记忆与民族认同：妈祖塑像和图像艺术原型符号的建构 / 221

图版目录

● 第五章

● 第六章

绪　论

妈祖是从福建民间走向全国并跨越国界的一位女性神祇，但"妈祖"这一称谓并非自宋时就有，从其由巫到神的出身记载开始，常被俗称为"神女""龙女"或"灵女"；各地民间随着其身世和传说故事的日趋丰富、历朝历代朝廷对其神迹的屡屡敕封，亦对其有着从"夫人""妃""天妃"到"天后"等诸多不同的称谓方式。福建莆田一带为了强化与其之间的亲缘关系，更是有着各种昵称，从"娘妈"到"姑婆"等等。"妈祖"的称谓出现在清代的相关文献中，如台湾首任知府蒋毓英篆修的《(康熙二十四年)台湾府志》❶、其后同任台湾知府的孙元衡所作的《飓风歌》❷及康熙三十六年郁永河赴台采硫的著作《裨海记游》(又名《采硫日记》❸)中。"爱敬如母"的称谓方式，体现着民众们将其视为他们的母亲或长辈，通过常年敬奉，以期获得其长久的关爱与佑护。

自宋代以来，妈祖信仰历经千年发展，形成了极具民间区域特色的祭祀仪式、故事传说和相关习俗。信俗，又称"俗信"，是民间信仰和民间习俗的总称。长期从事中国民间信仰研究并较早提出"俗信"概念的乌丙安先生认为："俗信原来在古代民间传承中曾经是原始信仰或迷信的事象，但是随着社会的进步，科学的发达，人们的文化程度的提高，一些迷信事象在流传中逐渐失去了原来的神异色彩和神秘力量，人们在长期生产与生活的经验中找出了一些合理性，于是把这些事象从迷信的桎梏中解放出来，形成了一种传统的习惯。这些传统习惯无论在行为上、口头上或心理上保留下来，直接间接用于生活目的，这便是俗信。"❹可见，俗信是区别于迷信的，尽管两者都是信仰的民俗事象，但本质区别在于：迷信是对社会生活弊大于利，对事象的因果有着歪曲的认知或处理，具有盲目性与神秘性的一种手段；俗信是对社会生活有益而无害，并为社会所公认为可容的事象，是民众长期的一种丰富多彩的民族传统风俗与习惯。可见，"俗信"或"信俗"特指的是具有积极意义的民间信仰与习俗。从词汇字面来看，"俗信"与"信俗"

❶《(康熙二十四年)台湾府志》载："(三月)二十三日，名为妈祖飓。真人飓多风，妈祖飓多雨。"[清]蒋毓英撰；陈碧笙校注：《台湾府志(校注)》中卷之一《风信》，厦门大学出版社，1985年，第7页。

❷《飓风歌》载："天妃神杖椎老蛟，攘臂登樯叱魔祟(名妈祖棍，可驱水怪)。"[清]孙元衡：《台湾文献史料丛刊》第2辑《22赤嵌集》，台湾大通书局，1987年，第22页。

❸《采硫日记》载："土人称天妃神曰妈祖，称庙曰宫。"[清]郁永河撰：《采硫日记》，商务印书馆，1935年，第14页。

❹ 乌丙安：《中国民俗学》，辽宁大学出版社，1985年，第240页。

只是简单地将"俗"与"信"在排列顺序上进行了倒置或前置上的修改，但这两个词汇在概念内涵和强调的侧重点方面，略存一丝微小的差异。"俗"即民间风俗习惯，"信"即民间信仰，"俗信"的排列组合，更为强调后置的"信"，突出了民间信仰下的宗教特性；"信俗"的前置组合，则趋于弱化民间信仰的宗教特质，凸显民间和民俗性的信仰文化。

非遗申报时，提出了"信俗"这一标准化概念，亦将"妈祖"作为这一特指神灵的标准化名称，表明这是一个不带有意识形态色彩的民间神灵称谓，以区别于历朝历代具有时代特色的官方封号，符合当代人的价值观，易被世界范围所普遍接受。2009年9月30日，联合国教科文组织召开的政府间保护非物质文化遗产委员会第四次会议中，作出了将中国政府提交的"妈祖信俗"（Mazu belief and customs）列入《人类非物质文化遗产代表名录》的决定。这一决定极具历史性和划时代意义，充分说明"妈祖信俗"已经成为对妈祖祭祀仪式和相关文化活动的标准名称，标志着一个根源于闽地，具有草根性、群众性和传承性的民间信仰和习俗已经正式成为全人类共享的非物质文化遗产，是具有中华优秀传统文化的符号走向世界、并被全球广泛认同的重要里程丰碑。

作为中国首个信俗类世界遗产，备受全人类关注的妈祖信俗"能把人们关注的目标更多地从经典、教义与仪式等宗教教条，引向民间信仰的主体及其多样化的信仰实践。"[5] 妈祖信俗在现今中国的文化地位与时代价值，得到了国家层面的正确认识和充分肯定。2011年3月，习近平同志在参加全国人大四次会议福建代表团审议时强调指出"既是乡土文化也是重要旅游资源的妈祖文化，是凝聚两岸同胞的一条纽带，要充分发挥其在促进两岸交流合作中的重要作用。"2016年全国两会期间，国家发展与改革委员会将"发挥妈祖文化等民间文化的积极作用"写入《国民经济和社会发展第十三个五年规划纲要》，将其作为国家新时期推进人文交流的重要方略，并作专门部署。

❺ 王霄冰、任洪昌：《妈祖信俗的概念与内涵——兼谈民间信仰的更名现象与制度化问题》，《文化遗产》2018年第2期。

可见，"原本带有'弥散性'特征的、非制度化'妈祖信俗'顺应着现代社会的发展逻辑，正经历着一个渐趋制度化和组织化的过程。可以说，这也是信俗主体文化自觉的一种表现。"[1]

妈祖信俗是所属群体的智慧凝练、情感表达、文化自觉和文化传承的集中体现，能够获得中国乃至世界的持续关注，与海内外学人长期以来对其从不间断地深入研究是息息相关的。20世纪初日本学者伊能嘉矩发表的《台湾汉人信仰之海神》[2]被学界认为是开创了现代意义上的妈祖研究。顾颉刚先生、容肇祖先生、韩槐准先生等开始从各类地方志、游记、杂记、庙碑等史料入手，进行妈祖事迹与传说方面的整理与考证，拉开了中国大陆学者关于妈祖信仰研究的帷幕。1943年日本籍华人学者李献璋完成了早稻田大学哲学系文学博士毕业论文，于1979年出版的《妈祖信仰の研究》[3]，该书侧重从历代文献史料对妈祖信仰的起源、发展与传播进行整理、分析与考证，被学术界认为是一部运用史学方法研究妈祖信仰较为系统且全面的论著，书中所附的《文献资料篇》被文献学者认为是现当代妈祖文献资料搜集与整理的突破性成果标志。而后，大陆妈祖文化研究学者蒋维锬先生、陈支平先生、徐晓望先生、林国平先生等，台湾研究员张珣、林美容、蔡相煇等诸多学者，分别从社会学、文献学、宗教学、人类学、民俗学等多学科、多角度探讨福建、澳门、台湾等中国各地区妈祖信仰在社会中的作用。

1983年，美国人类学者桑高仁（P. Steven Sangren）曾以观音、妈祖等女神为例，探讨妇女与女神在女性特征方面是否一致的问题；1987年，在其著作《History and Magical Power in a Chinese Community》[4]中，从历史、社会关系与灵力三方面进一步对妈祖信仰展开探讨与研究。获得美国加州大学伯克利分校人类学博士学位的华琛（James L. Watson）在1985年发表了一篇《神明的标准化——华南沿海天后的推广，960~1960》[5]，与其后续研究丧葬仪式结构，形成了神明"标准化"与仪式"正统行为"的观点，引起西方学术界较大争论。此外，参照范正

❶ 王霄冰、任洪昌：《妈祖信俗的概念与内涵——兼谈民间信仰的更名现象与制度化问题》，《文化遗产》2018年第2期。

❷ [日]伊能嘉矩：《台湾汉人信仰之海神》，《人类学杂志》1918年第6期。

❸ 李献璋：《妈祖信仰の研究》，东京：泰山文物社，1987年。

❹ P. Steven Sangren, History and Magical Power in a Chinese Community, Stanford University Press, 1987.

❺ James L. Watson, Standardizing the Gods: The Promotion of Tien Hou (Empress of Heaven) along the South China Coast, 960-1960, in David Johnson, Andrew Nathan and Evelyn Rawski, eds. Popular Culture in Late Imperial China, Berkeley: University of California Press, 1985, pp.292-324.

义先生的《西方学界妈祖信仰研究述评》[6]一文中所提及的西方学者所展开的妈祖研究，综合加拿大、法国、德国等涌现的妈祖信仰相关研究成果，可以看出西方学界对妈祖信仰的研究大多集中于人类学领域，较多采用了人类学理论先行的研究方法。

从妈祖信仰到妈祖习俗中，妈祖塑像和图像是对妈祖信俗融于民间民众生活视觉印象的真实记录和艺术实践，是将民众长期以来对妈祖信俗所产生的约定俗成的传统理念和行为认同，及其对信俗的核心人物妈祖进行具象化和创造性表现的一种艺术承载形式，是妈祖祭祀仪式、故事传说及民间习俗的一种独特的有形无声的载体。近年来，越来越多的学者引入西方艺术史研究中注重内容阐释的图像学方法，将其与其他学科的研究方法相结合，综合探讨妈祖塑像和图像的艺术特性。

图像学视野下的妈祖图像，从广义而言，包括妈祖立体塑像（妈祖单体塑像和妈祖组合塑像）和平面图像（水陆画、壁画等妈祖绘画类图像和纸马、图志等妈祖雕版印刷类图像）；妈祖图像，从狭义而言，特指妈祖平面类图像。德国慕尼黑大学研究员鲁克思博士（Dr. Klaas Ruitenbeek）在《绘画和木版画中的海上保护神妈祖》[7]一文中，将荷兰阿姆斯特丹国立博物院收藏的七幅纸绘妈祖图像与北京历史博物馆妈祖画册、仙游妈祖画轴、木版画《天后圣母圣迹图志》进行比较，探究妈祖平面图像的作用及其在官方妈祖信仰与民间妈祖信仰下在表现形式、绘画风格、艺术质量方面的异同点。

元明以来用于佛教寺院举行水陆道场时供奉所用的水陆画中的妈祖平面图像被较多学者关注，莆田学院妈祖文化研究中心的刘福铸先生在《元明时代海神天妃画像综考》[8]一文中，通过对元明时期的水陆画、绢画和版画插图的来历、类别、意义及特色进行考证，认为妈祖绘画始自元代，清代的妈祖版画及故事绘画是元代妈祖绘画的发展与延续。由于水陆画中的人物肖像具有一定的粉本或稿本，特别是"天妃圣母"具有一定

[6] 范正义：《西方学界妈祖信仰研究述评》，《莆田学院学报》2017年第6期。

[7] 刘月莲、黄晓峰编：《1995年澳门妈祖信俗历史文化研讨会论文集》，澳门文化研究会、澳门海事博物馆，1998年，第230～233页。

[8] 刘福铸：《元明时代海神天妃画像综考》，《广东海洋大学学报》2011年第5期。

的范式，所以妈祖与其他女神在服饰、造型、体态面容方面具有一定的共性。中国美术学院的王艳明在《天妃圣母图像源流考》[1]一文中，将明代绢本《天妃圣母碧霞元君像》中女神与元明其他众神图进行比对，指出学界对天妃圣母及其他女神存在图像误读。

闽台两地是民间崇祀妈祖的主要地区，不仅拥有虔诚的信众、大量的宫庙和隆重的祭拜活动与习俗，亦现存有较多妈祖相关的平面图像。台湾学者杨永智先生通过20年的田野调查，对妈祖古老雕版、符箓的检视，根据其掌握了11种版印图书中的13张妈祖图画和大陆及台湾的92幅妈祖木版年画，在《降世神图话妈祖：从台闽流传雕版图画印证天后圣母形象》[2]专文中，分别就图书和年画两种类型雕版平面图画中的天后圣母形象进行了探讨，并据神符版画中妈祖与胁侍间的不同组合关系进行了分类研究，表明妈祖平面图像不仅是一种历史记忆的载体，是人类文明遗产和文化资源，承载着民众的集体记忆。台湾民族学研究所研究员张珣则关注闽台两地古今妈祖立体塑像造型，在《闽台两岸妈祖造像比较研究》[3]一文中，将闽台两地清代以前妈祖神像造型界定为传统式，将现今塑于户外的妈祖立像界定为创新式，认为台湾妈祖塑像造型是受到神格阶序和供奉场所、制作仪轨的影响而呈现出传统制式化的特点，受到现今宣扬城市规划与现代普世精神等作用和目的的影响，大陆地区的妈祖塑像呈现出异于传统的创新造型的发展趋势。

2012年，福建师范大学美术学院的王英暎完成了博士论文《闽台妈祖图像研究》[4]，采用的是广义上的妈祖图像，在研究论文中将其细分为肖像式妈祖组合图像和圣迹叙事式妈祖图像两大类；凭借美术学的视角考察了闽台妈祖图像在不同历史时期的流变、闽台两地造型美学，通过敬奉场域、信仰人群等群体对妈祖图像进行多维度探究，深入比较了闽台妈祖图像之间的渊源和继承关系，并从现代政治、信仰、视觉审美文化

[1] 王艳明：《天妃圣母图像源流考》，《美术研究》2019年第5期。

[2] 杨永智：《降世神图话妈祖：从台闽流传雕版图画印证天后圣母形象》，冯骥才主编：《当代社会中的传统生活：国际学术研讨会论文集》，天津社会科学院出版社，2014年，第175~190页。

[3] 张珣：《闽台两岸妈祖造像比较研究》，叶明生：《贤良港妈祖文化论坛 海峡两岸传统视野下的妈祖信俗研讨会文集》，宗教文化出版社，2013年，第9~23页。

[4] 王英暎：《闽台妈祖图像研究》，福建师范大学博士论文，2012年。

等方面分析了两地妈祖图像的流动传播及在现代产生的意义和价值。2013年肖海明先生在中国社会科学院世界宗教研究所将《妈祖图像研究》[5]作为其博士后研究课题，2017年将课题成果出版成同名专著。该著作中妈祖图像的分类方式借鉴了《闽台妈祖图像研究》博士论文中提出的两种类型，将圣迹叙事式妈祖图像细分为圣迹图式妈祖绘画、圣迹图式妈祖版画和圣迹图式妈祖民间图画，分为四个章节作重点探讨；该研究还注重研究了官方传统图像与民间传统图像之间的互动关系，并提出了"图像人类学"的研究方法。此外，各地学界还定期或不定期的召开妈祖相关的研讨会，各领域的学者从多学科、多视角对妈祖信俗及妈祖图像和塑像方面展开研究，多维度地展示出妈祖课题的文化意义和文物价值。

师从于著名明清史和经济史专家傅衣凌的李伯重先生认为，在妈祖研究中，首先要正确认知妈祖形象。现有研究成果中，学者们注重对古籍、民俗、神话等中所反映的妈祖形象进行梳理与探讨。"妈祖形象"与"妈祖形像"有别，前者是通过知觉所形成的对于某个事物的整体印象，后者是一种物体本身所具备的固有形貌与影像。虽然妈祖神威显著，生平事迹深植人心，奉祀人群多元，但是信众们对于妈祖形像的认知仅停留在意象层面，在区分妈祖和其他神明时，多半需要借助其配祀或坐骑进行判断，而非通过妈祖的形貌特征。妈祖具体形像的模糊性，造成了信众群在印象和认知上普遍出现了莫衷一是的现象。

本书的研究重在围绕奉祀用妈祖图像和塑像中的具体形像加以探讨，即将"妈祖形像"视为民间宗教艺术中的一种表现形式和视觉符号。运用文献学的研究方法，梳理和探究了妈祖信仰习俗及其下妈祖形像的发展与演变；基于现存实物、根据时间轴剥离和还原出妈祖在不同历史阶段中所出现的各种形貌与仪容，提出妈祖的三大形像，为妈祖艺术原型符号的构建提供了可依之据。基于艺术符号的相关理论，在民间信俗视野下

❺ 肖海明：《妈祖图像研究》，文物出版社，2017年。

提出妈祖艺术原型符号的建构之基和建构之道，为信众提供一套完整且正确的显性识别之征。运用考古学、图像学、历史学的分期研究方法等，分析妈祖塑像和平面图像的造型风格及工艺技法。通过不同地区妈祖图像和塑像呈现的特征和制作技艺进行比较，提出了闽台妈祖技艺的标准化建立，为各地区妈祖图像和塑像制作技艺提供了摹范之本。传播各地后的妈祖图像和塑像技艺不仅融合宗教神像的制作仪轨而且还将地方性的技艺纳入其中，通过北方两大典型地域的剖析，提出妈祖制作技艺的本土化和在地化发展。民间民俗艺术自身具有一定的延续性，它不会随着朝代的更迭而中止或突变，妈祖塑像艺术亦然。通过梳理现存各地的妈祖塑像和妈祖平面图像，发现其演化规律，建立纵向妈祖图像发展序列，找出横向的同时期共存的女神塑像、其他民俗平面图像，采用纵横双维度对妈祖塑像和图像艺术进行综合研究。

本研究共分为七章进行研究：序言部分主要围绕"妈祖"和"信俗"进行界定，"妈祖信俗"的标准名称得到国家、世界的正确认知和充分肯定，围绕妈祖信俗及妈祖图像和塑像艺术的研究现状进行了介绍和综述。第一章基于妈祖从巫到神及多元神职探讨妈祖信仰的源起，探讨其传播的路径、原因及载体。第二章依据妈祖塑像造型及服饰形像进行分期研究，提炼与总结出历代妈祖塑像所呈现的不同风格与特征。第三章围绕妈祖塑像技艺展开研究，重点选择南（福建、台湾）北（天津、山东）两大区域的代表性城市，探讨塑像技艺在发源地和不同的传播地域所呈现的标准化、在地化和本土化的发展趋向。

第四、五章重点选取了妈祖平面图像中颇具代表性、极具民俗性的"观音妈联"和"妈祖纸马"两类雕版图像进行探讨。通过分别对这两大类图像的由来溯源，通过构成图式的解析，探讨其与民间其他神像版画之间的关联性及其隐含的寓意和内涵。

第六章基于对现有遗存的妈祖塑像和图像艺术的分析，基于人类学研究者提出的妈祖形象，提出妈祖具有初始形像、转型形像及典型形像的三大形像的观点，并围绕其演变及关系展开具体且深入分析。

第七章基于艺术符号的相关理论，探讨了妈祖图像和塑像艺术符号、艺术中的符号及其中的暗指和意喻；从民族文化认同的视角提出妈祖塑像和图像艺术原型符号的建构之基和建构之道。

通过以上七个章节研究，提出了以下几个观点：

第一，基于民间多神信仰，提出集合式妈祖图像的三种图式，与其他神像版画间具有一定的关联性。"观音妈联"是一种集合式的平面图像形式，其萌起之源为古代佛教版画，产生之基为民间宗教版画；基于现存"观音妈联"构成图式的研究，提出了第一种图式：边角式构图是南宋山水画角边构图的遗韵；受到二合一的木质雕版合成方式的影响形成第二种图式：双层式构图；第三种：多层式构图则是民间多神信仰的集中体现。闽台地区较为常见的"观音妈联"在神像图式的组成和样式方面对江南及其他地区的神像版画作了不同程度地模仿与借鉴，并结合所处地域的审美、民间信仰、民众家庭不同的需求进行的重组与新创。

第二，基于民间匠作技艺，提出妈祖塑像制作具有约定俗成的比例关系与量度规律。妈祖塑像的雕作大小须根据文公尺上所标明的吉数、字义指示，具有统一的度量制；从材料选用到神貌完备的整个妈祖塑像的雕作过程，始终贯穿着祈求善福的宗教仪式和民间习俗；妈祖塑像将佛、道教造像量度比例、规范等仪轨转为通俗经验式的画塑口诀，吸纳所处时代盛行的雕作技法，融入地方技艺。民间信俗下的妈祖塑像不仅夹杂着宗教造像特点及长期积淀和形成的匠作习惯，兼具规范性、自由度及世俗化于一体的匠作特征。

第三，基于民族文化认同，提出妈祖塑像和图像艺术原型符号的建构之道。原型符号的建构首先需要具有世俗母爱情感和女神宽怀般的神力的表征要素；妈祖的身服、首服、足服不仅仅是一种妈祖躯体的装饰物和覆盖物，更是民众通神达意、传达念想和意愿的符号语言。妈祖原型艺术符号所透射的文化和象征意蕴，远远超过具象化、形态化的妈祖神像本身，是民族内部文化身份认同和妈祖文化传播与辐射的一种重要形式载体。

古代妈祖塑像和图像艺术是非常丰富多彩的，本书的研究除聚焦了妈祖立体的塑像艺术外，对于妈祖平面图像则采用了以点概面的方式，对于壁画类、图志类妈祖平面图像研究虽有涉及，但未作深入探讨；较为注重研究南北两大代表性地域的妈祖制作技艺的同时，对于其技艺的现代传承和活态化发展，对妈祖塑像和图形艺术的生存土壤和场域空间的关注，对于同时期与妈祖相关的横向民间艺术方面的探讨还有待进一步展开。妈祖信俗作为我国优秀民族文化的瑰宝，妈祖图像和塑像历经千年发展更是形成了其特有的文化内涵和艺术魅力，本研究只是冰山一角，书中存在的不足及错误之处，恳请专家学者批评指正。

角色转变与身份认同
妈祖信仰的源起及其信俗的传播

第一章

妈祖信仰肇始于宋时，历经千年时光流转，是中国历史上受到统治阶级和知识分子关注最多的一种特殊的民间信仰。妈祖因其屡次显圣庇佑，获历代朝廷册封，其身份及形象也不断发生着变化，从一个"里中巫"被敕封为"天妃""天后"，从一个神格单一的护航神到无所不能的万能神，也从一个偏安一隅的海岛小神上升为中国沿海地区及海外华人聚集区最大的海神。

福建闽南地区特定的自然地理环境、气候特点、人文因素等孕育了妈祖信俗，通过水上漕运航线传播至江浙一带以及广东、山东、河北、北京、天津、辽宁等地，同时亦凭借兴盛的海上贸易和数次移民传播至台湾、澳门、香港乃至日本、新加坡、印尼、马来西亚等地区和国家。

作为中华民族共同的精神家园和认同标志，妈祖信俗已然成为各国和平交流的一个重要的文化纽带。

第一节 | 从"人""巫"到"神"：妈祖信仰的源起

一 妈祖殊多身世及身份角色的演进

宋代传世文献中关于妈祖的最早记载，论者们大多首推南宋廖鹏飞所撰《圣墩祖庙重建顺济庙记》、南宋初年莆田进士黄公度约作于绍兴二十年的《题顺济庙诗》、绍熙初成书的《兴化府志》、嘉定二年成书的《莆阳比事》、绍定三年丁伯桂的《顺济圣妃庙记》、淳祐十一年李丑父的《灵惠妃庙记》、宝祐五年成书的《仙溪志》以及《梦粱录》《咸淳临安志》等有关方志、笔记等。其中关于妈祖身世及生卒年的记载，或阙如，或记载得较为简略，说系林姓但却无名，因此妈祖的生卒年月、亲缘关系以及何时立庙奉祀等信息均无从稽考，后经元、明、清等朝，由各种文本和图像记载的不断补充，至清代增添得颇为丰富与完整。元、明以来的古籍记载中，对于妈祖的生卒时间逐渐多元起来，说法尚存不一。据宣统元年叶德辉校刊本《三教源流搜神大全》中《天妃娘娘》载"唐天宝元年三月二十三日诞"❶〔图1·1〕；据《天后圣母圣迹图志》卷一"前序"载"诞降于有宋建隆元年"❷〔图1·2〕；据《东西洋考》卷九《舟师考》"祭祀"载"生于宋元祐八年三月二十三日"，其中注引

❶ [宋]佚名辑、[清]叶德辉校：中国社会科学院藏本《三教源流搜神大全》卷四《天妃娘娘》，清宣统元年刊本，第16页。

❷ 清道光十二年寿恩堂刊本《天后圣母圣迹图志》，日本国立国会图书馆藏。

图1·1　清宣统元年叶德辉校刊本《三教源流搜神大全》卷四《天妃娘娘》/ 中国社会科学院藏

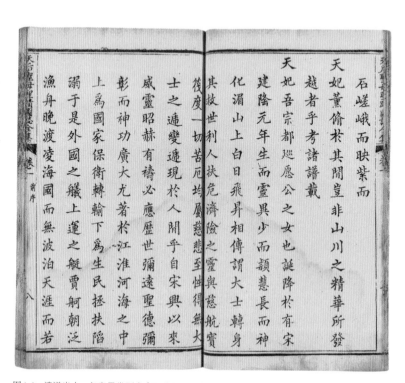

图1·2　清道光十二年寿恩堂刊本《天后圣母圣迹图志》卷一《前序》/ 日本国立国会图书馆藏

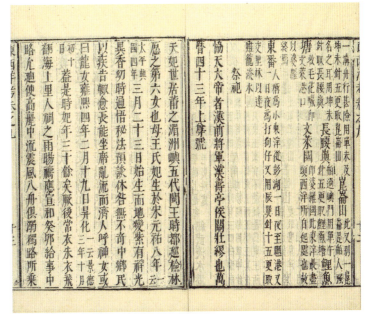

图1·3　明/张燮/明万历四十六年王起宗刊本《东西洋考》卷九《舟师考·祭祀》

为"一云太平兴国四年"〔图1·3〕又载"雍熙四年二月二十九日升化"，其中注引为"一云景德三年十月初十日"，"盖是时妃年三十余矣"[1]。

现有史料中关于妈祖的出生地，主要有莆田贤良港和湄洲屿两种不同的说法：《圣墩祖庙重建顺济庙记》载："墩上之神，有尊而严者曰王……不知始自何代；独为女神人壮者尤灵，世传通天神女也。姓林氏，湄洲屿人。初，以巫祝为事，能预知人祸福；既殁，众为立庙于本屿。"[2]《莆阳比事》卷七〔图1·4〕中提及："湄州神女林氏生而神灵能言人休咎死庙食焉。"[3]《宝祐仙溪志》载"湄洲林氏女为巫能知人祸福……航海者有祷必应。"[4]〔图1·5〕可见，妈祖姓氏为林，湄洲屿人，生前被当地人奉为"以巫祝为事"的"里中巫"，死后乡人为感恩其为民治病和海上救人的恩德，为其设立了"神女祠"。还有一种说法妈祖出生于贤良港，主要是依据清代及以前的《林氏族谱》，但此族谱明以前已无存，若以清乾隆以后纂修

❶ [明]张燮著，谢方点校：《东西洋考》卷九《舟师考》，中华书局，1981年，第185页。

❷ 转引蒋维锬、郑丽航辑纂：《妈祖文献史料汇编》，第一辑碑记卷，中国档案出版社，2007年，第1页。

❸ [清]阮元辑编，《宛委别藏50莆阳比事》，江苏古籍出版社，1988年，第282页。

❹ [宋] 赵与泌修、黄岩孙纂，中华书局影印本《宋元方志丛刊（第八册）：仙溪志》中卷三《祠庙》，中华书局，1990年，第8309页。

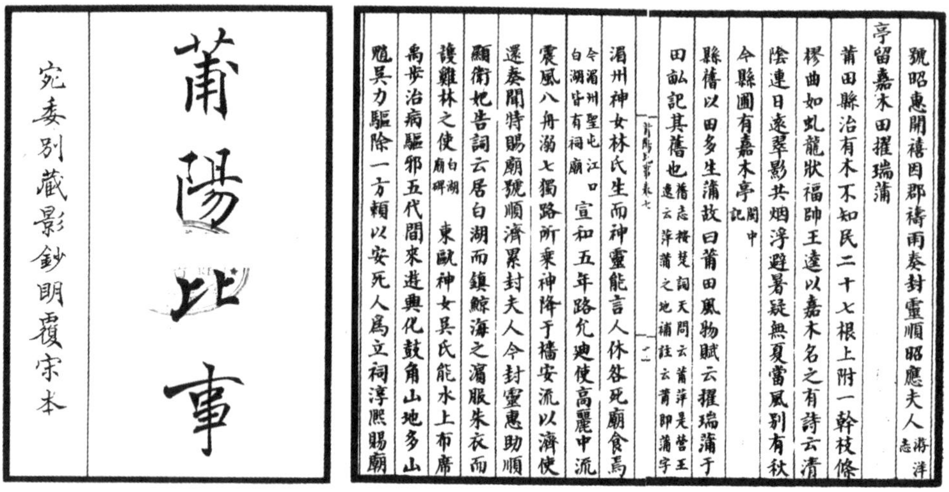

宛委别藏影鈔明覆宋本

莆陽比事

號昭惠開禧因郡禱雨奏封靈順昭應夫人 游洋志
亭留嘉木田擢瑞蒲
莆田縣治有木不知民二十七根上附一幹枝條
樛曲如虬龍狀福帥王逵以嘉木名之有詩云清
陰連日遠翠影共烟浮避暑疑無夏當風別有秋
今縣圃有嘉木亭 閩中記
縣舊以田多生蒲故曰莆田風物賦云擢瑞蒲于
田畆記其舊也 舊志楚詞天問云莆萍是營王逸云萍蒲之地誧注云莆即蒲字

莆陽比事卷七 十二

湄州神女林氏生而神靈能言人休咎死廟食焉
今湄州聖屯江口白湖皆有祠廟 宣和五年路允迪使高麗中流
震風八舟溺七獨路所乘神降于檣安流以濟使
還奏聞特賜廟號順濟累封夫人今封靈惠助順
顯衛妃告詞云居白湖而鎮鯨海之濱服朱衣而
護雞林之使 白湖廟碑 東畝神女吳氏能水上布席
禹步治病驅邪五代間來遊興化鼓角山地多山
魈吳力驅除一方賴以安死人爲立祠淳熙賜廟

图1·4　宋 / 李俊甫 / 宛委别藏影钞明覆宋本《莆阳比事》卷七

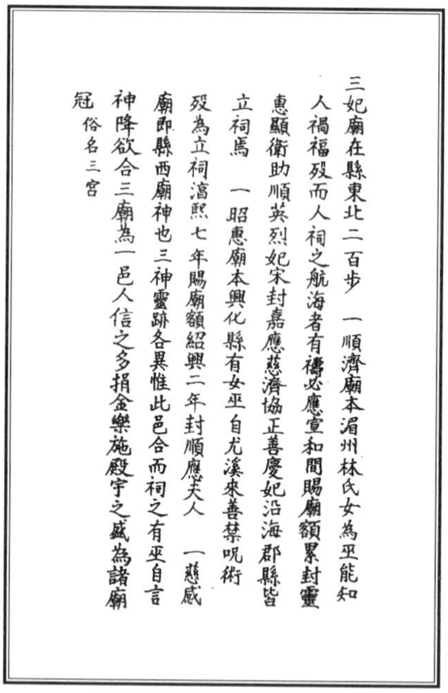

三妃廟在縣東北二百步　一順濟廟本湄州林氏女為巫能知
人禍福歿而人祠之航海者有禱必應宣和間賜廟額累封靈
惠顯衛助順英烈妃宋封嘉應慈濟協正善慶妃沿海郡縣皆
立祠焉　一昭惠廟本興化縣有女巫自尤溪來善禁呪術
歿為立祠淳熙七年賜廟額紹興二年封順應夫人　一慈感
廟即縣西廟神也三神靈跡各異惟此邑合而祠之有巫自言
神降欲合三廟為一邑人信之多捐金樂施殿宇之盛為諸廟
冠 俗名三宫

图1·5　宋 / 赵与泌、黄岩孙 / 中华书局影印本《仙溪志》卷三《祠庙》

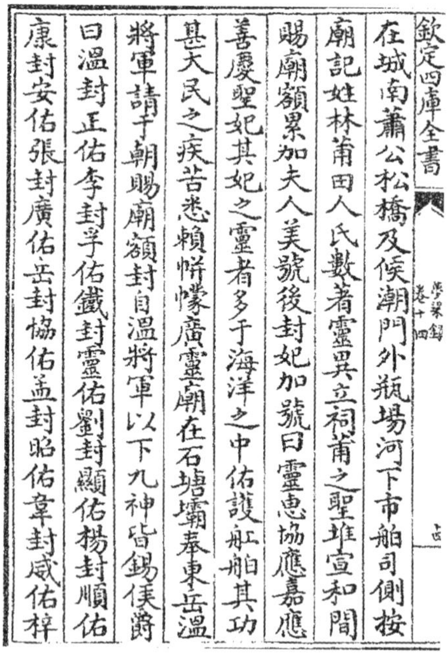

欽定四庫全書　夢粱錄 卷十四

在城南蕭公橋及候潮門外瓶場河下市舶司側按
廟記姓林莆田人氏數著靈異立祠莆之聖堆宣和間
賜廟額累加夫人美號後封妃加號曰靈惠協應嘉應
善慶聖妃其妃之靈者多于海洋之中佑護舡舶其功
甚大民之疾苦悉賴憐㦬廣靈廟在石塘壩奉東岳溫
將軍請于朝賜廟額封自溫將軍以下九神皆錫侯爵
曰溫封正佑李封孚佑鐵封靈佑劉封顯佑楊封順佑
康封安佑張封廣佑岳封協佑孟封昭佑章封威佑梓

图1·6　宋 / 吴自牧 /《梦粱录》卷十四《外郡行祠》

的《林氏族谱》来断定妈祖出生地实不足为凭。

梳理宋至清时的史料可以发现，妈祖被赋予了多重身份角色。第一种身份角色是妈祖生前常被定格为一位能预知吉凶祸福具有一定通天神力的巫女，宋代史载显之。《顺济圣妃庙记》《灵惠妃庙记》《白湖庙诗》等宋代史料不仅载有妈祖出生之地，特别是如《梦粱录》卷十四所载："妃姓林，莆田人氏，素著灵异。"[1]〔图1·6〕将妈祖记述成为一位对祸福具有预知能力的神异巫者角色。明清两朝的史书不仅记载了妈祖降世之奇，还详载了妈祖的家族和身份角色，如"五代闽王时都巡检林愿之第六女也"[2]〔见图1·3〕、"莆田林氏都巡君之季女"[3]〔图1·7〕等。莆田九牧林氏族谱明代前已存散佚，后人撰修整理《莆田九牧林氏族谱》，谱系中妈祖为晋安郡王林禄的第二十二世孙女，在林氏家族世系中将妈祖列为莆田九牧林披公第六房蕴公第六世孙，惟悫公之女，家族后裔亲切地称其为"六房妈"。清人杨浚辑的《湄洲屿志略·妈祖世系图》〔图1·8〕则清晰且直观地反映妈祖的身份，林氏始祖林披，字茂彦、莆田人，其生九子；妈祖是林愿（如世系图族谱中作宋都巡官惟悫）的第六女。史料中所刊载的妈祖父亲为都巡简林愿，与《莆田比事》所记林氏九牧第一个进士林藻和一生忠烈为官的林蕴之"藻蕴横行"佳话联系在一起的话，妈祖当为名门望族之后。但亦有学者对此质疑有二，一为对林愿之女身世真实性的怀疑；明人周瑛认为："今续志皆称都巡检愿女，渐失真矣。"[4]二为宋代是否设立都巡检这一官职的疑义；有学者认为北宋前期时莆田沿海没有设立都巡检一职，且以北宋蔡襄《乞相度沿海防备盗贼》奏折为证，"兴化军巡检一员，却在兴化县山中，去军城百里，海上别无巡检。"[5]因为历朝历代官贵民贱的思想根深蒂固，所以往往会将名人身份进行附会、杜撰或演绎。同时中国民间对于妈祖的传说，大多认为是一名熟知水性、精通天象、爱心仁慈的渔女。大海变幻莫测、险恶未知，对于以渔业为生的海边渔民而言，柔弱娇贵的官家之女很

[1] [宋]吴自牧：《梦粱录》卷十四，条"外郡行祠"，浙江人民出版社，1984年，第131页。

[2] [明]张燮著，谢方点校：《东西洋考》卷九《舟师考》，中华书局，1981年，第185页。

[3] [明]严从简著，余思黎点校：《殊域周咨录》卷八《琐里、古里》，中华书局，1993年，第306页。

[4] [明]周瑛、[明]黄仲昭著，蔡金耀点校：《重刊兴化府志》卷之二十五《礼纪十一》，福建人民出版社，2007年，第665页。

[5] [宋]蔡襄著，[明]徐㷆等编，吴以宁点校：《蔡襄集》，上海古籍出版社，1996年，第370页。

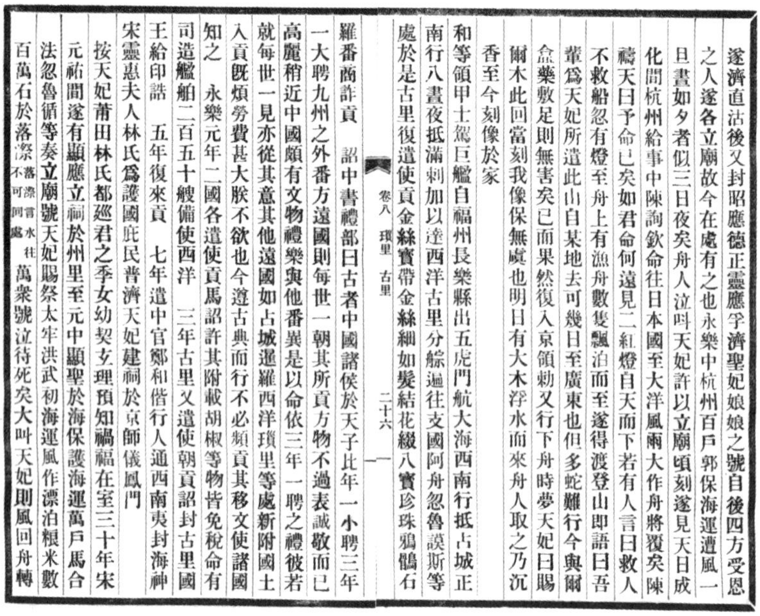

图1·7　明 / 严从简 /《殊域周咨录》卷八《琐里 古里》

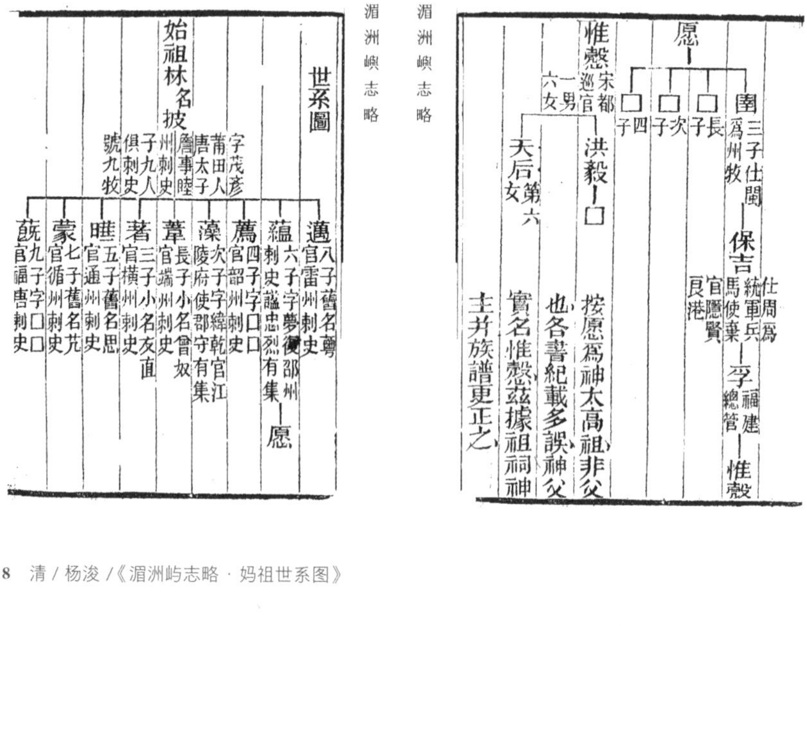

图1·8　清 / 杨浚 /《湄洲屿志略 · 妈祖世系图》

难与恶浪滔天的海上救难、化险为夷的惊人壮举联系起来。据此，妈祖的第二种身份角色可被推断为官宦名门之后或渔家平民之女。

如果前两种身份角色是根据妈祖的身世和生前事迹加以推测的话，那么第三种身份角色则为妈祖羽化升天以后，被历代朝廷册封的天妃、天后、天上圣母等天神身份，明清文献记载尤甚。如宋宣和年间路允迪出使高丽途中遇险妈祖佑其平安无恙，朝廷特赐"顺济"庙号；淳熙时加封"灵惠"；后又因灭寇、救灾等事迹被敕封"灵惠昭应夫人""灵惠妃"；元代由于妈祖保佑漕运海事平安，由"妃"升祀为"天妃"，并将妈祖祭祀晋升为国家重要典祭；明代从初期所封"灵惠夫人"，而后改封"圣妃"，因郑和下西洋，妈祖屡佑和灭寇有功，再次册封为"天妃"；清代又因协郑驱荷、助打明郑、收复台湾等，被敕册至高无上之封号"天后"等。明清的史籍、通俗小说皆用妃、天妃、天后称之，如《天妃显圣录》《天后显应录》《天上圣母因果源流》等。特别是《天后显应录》中列出妈祖生前和飞升之后的诸多神韵圣迹，神力在宋元时海上护佑，祈福消疫等基础之上无限得以延伸扩展。

二 民间信巫习俗与妈祖信仰的源起

妈祖出生于福建的山区僻壤、海滨孤岛。宋初福建农村、山区和岛屿有可耕之地，但农户们所耕种的土地往往受潮汐出没的影响很大，由于海塘、水门等水利设施建造的不足，耕种之地常常浸没于浩浩洪流白浪之中，致使大片土地斥卤不毛，五谷难种。居住之地的荒凉，旱涝灾害的频发，肆虐疾疫的侵袭，使得人们的生存处于极为艰难的境地之中。田园不足于耕，部分滨海百姓则以海为田、以渔为业，然古代大海茫茫、变幻莫测，对自然现象缺乏认知和了解的人们，唯求寻找到能够"知人祸福"的保护神作为精神寄托，所以唐宋时期"信鬼尚祀”的巫觋习俗在福建这些依靠江河湖海生活的地区颇为流行，可谓上至军国大事，下至民间细故，无一不尚巫。妈祖作为既能给百姓治病又能预知祸福，既上知天文地理下知气象医药，又能言事多中、洞悉巫术且超出常巫的灵女，在当时百姓的生活中起着十分重要的作用，在目不识丁的民众眼中，妈祖是具有神通法力之人，莆田当地的文人将民众眼里具有法力的女巫进行神化。潜说友在《咸淳临安志》卷七十三“顺济圣妃庙”之记文中载：“神莆阳湄洲林氏女，少能言人祸福，殁庙祀之，号通贤神女或曰龙女也。”[1]〔图1·9〕；“妃林氏，生于莆之海上湄洲，洲之土皆紫色，咸曰：‘必出异人。御灾患，有功德于民，宜秩典祀，而地之相去则有疑焉？或曰：妃龙种也……’。”[2]仁宗朝名臣蔡襄曾提及的“闽俗左医右巫，疾家依巫索祟，而过医之门十才二三，故医之传益少”[3]是民间普遍存在的社会问题。这些地区存在着多种巫觋，不单单是林氏女巫一人，这些巫觋死后人们就按照自己的意愿塑造出多种功能的民间庇护神，后经朝廷赐庙额、封神职后，女巫的神权地位便得以确认。

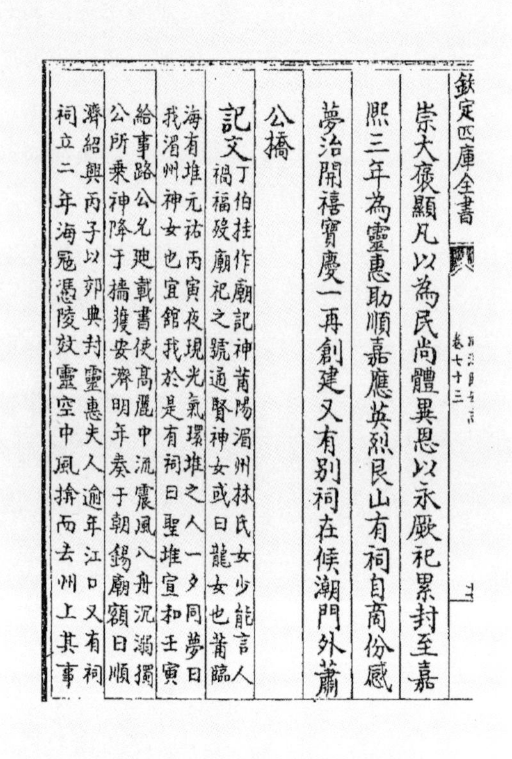
欽定四庫全書 卷七十三
崇大褒顯凡以為民尚體異恩以永厥祀累封至嘉
熙三年為靈惠助順嘉應英烈艮山有祠自商份感
夢治開禧寶慶一再創建又有別祠在候潮門外蕭
公橋
記文丁伯桂作廟記神莆陽湄州林氏女少能言人
禍福歿廟祀之號通賢神女或曰龍女也莆臨
海有堆元祐丙寅夜現光氣環堆之人一夕同夢曰
我湄州神女也宜館我於是有祠曰聖堆宣和壬寅
給事路公允廸載書使高麗中流震風八舟沉溺獨
公所乘神降于檣獲安濟明年奏于朝錫廟額曰順
濟紹興丙子以郊典封靈惠夫人逾年江口又有祠
祠立二年海寇憑陵效靈空中風掩而去州上其事

图1·9　宋 / 潜说友 /《咸淳临安志》卷七十三《顺济圣妃庙 · 记文》

妈祖信仰正是起源于刀耕火种的蒙昧时期，地理上位处海隅僻陬，当地居民因经济和文化的贫困与落后而认知低下，因闭塞而愚昧。张大任在《宋代妈祖信仰起源探究》一文中亦认为：湄洲这个海滨孤岛出现一位在世为巫、死后为女神的民间神，乃因人们不能理解和驾驭自然力量和社会力量时，便产生对她的信仰和崇拜的结果。这也是民间神产生的一个普通的规律[4]。有求必应且能预知祸福的灵女，自然成为民众们

[1] [宋]潜说友纂:《咸淳临安志 第8册》卷七十三，“顺济圣妃庙”条之“记文”，浙江古籍出版社，2012年，第2605页。

[2] 转引蒋维锬、郑丽航辑纂:《妈祖文献史料汇编》，第一辑碑记卷，中国档案出版社，2007年，第4页。

[3] [宋] 蔡襄著，[明] 徐𤊹等编，吴以宁点校:《蔡襄集》，上海古籍出版社，1996年，第519页。

[4] 张大任:《宋代妈祖信仰起源探究》，《福建论坛》(人文社会科学版)1988年第6期。

渴望得以庇护的依赖对象。福建籍或在当地为官的一些文人将妈祖由从事巫祝、擅长水性的巫女改造成"生来灵异"的龙女，既迎合了当时甚为流行的龙王信仰，也更有利于推动妈祖信仰的兴起。自此当地百姓开始私自奉祀妈祖，妈祖信仰因源而起。

肇始于宋时的妈祖信仰，历经千年时光流转，现已成为中国历史上受到统治阶级和知识分子关注最多的一种特殊民间信仰。妈祖是以历史人物为原型的民间宗教信仰对象，最初仅是源于福建海滨岛屿地区的人们根据生活所求、意愿所需创造出的能够降福消灾、守护地方的神祇，后经过累世附会出妈祖的身世和生平事迹，因其屡次显圣庇佑，获历代朝廷册封，其身份及形象也不断发生着变化，从一个"里中巫"被敕封为"天妃""天后"，从一个神格单一的地方守护神到既能护航、护国、庇民又能主宰旱涝的雨水神，进而演变为驱疫、生育、助战等无所不能的万能神祇。诚如顾颉刚先生在《我是怎样编写〈古史辨〉的？》一文所认为："古史的传说固然大半由于时代的发展而产生的自然的演变，但却着实有许多是出于后人政治上的需要而有意伪造的。"❺

在闽南地区渔民、航海者的合力推动下，尤其在妈祖身世及身份角色的构建中文人力量的介入，妈祖信仰口头传说得以流传、经卷文本的刊印得以多种形式的扩散和传播，不仅使妈祖的身份上也增添了几分神话色彩，从一个偏安一隅的海岛小神上升为中国沿海地区及海外华人聚集区最大的海神，而且使一个根植于草根特质的民间妈祖信仰得以超越时空局限流传、保留和传承下来。在封建朝廷不断遣使致祭、甚至列入国家祀典等官方主导和推波助澜下发展出自上而下的全国性崇祀的官方信仰，妈祖的法力和角色得以"标准化""正祀化"，赋予妈祖身份以灵异色彩并加以粉饰，致使妈祖神格被尊为"通灵女神"，从而吸引了更多民众的注意力，这是古代中国东南地区巫风盛行之下发展起来的典型民间信仰。

❺ 顾颉刚：《古史辨》自序，上海古籍出版社，1982年，第25页。

闽人·宫庙·会馆：
妈祖信俗重要的传播载体

一 具有会馆功能的民建妈祖庙推动了
妈祖信俗的本土传播

　　妈祖宫庙是妈祖信俗本土传播的重要载体之一，一个地区妈祖宫庙的分布数量和坐落情况能够反向追溯妈祖信俗在此地区是否繁盛的重要依据。除当地居民或以家族名义独建，或以出资合作鼎建，或以朝廷官方创建之外，妈祖信俗还通过宦游各地的闽籍官员、福建移民客居异乡的奉祀以及贾贩四方闽商的商业活动等，在我国沿海、沿江及内陆地区兴建的具有会馆性质的妈祖宫庙而不断扩散与传播。

　　妈祖信俗自福建莆田在宋时由福建船商传入宁波。据程端学《积斋集》卷四《灵济庙事迹记》载："浙鄞之有庙，自宋绍熙三年（1192年），来远亭北。舶舟长沈法询往海南遇风，神将于舟，以济。遂诣兴化，分炉香以归。见红光、异香满室，乃舍宅为庙址，益以官地，捐资募众，创殿庭像设。"[1]《四明谈助》亦载，宁波天后宫旧名天妃庙，又名"福建会馆"，始建于南宋绍熙二年[2]。英国社会纪实摄影师约翰·汤姆逊（John Thomson）于1872年4月经海路南下宁波时拍摄到经康熙、咸丰和同治年

[1] [元]程端学撰：《四库全书 第1212册 集部151 别集类：积斋集》卷四《灵济庙事迹记》，上海古籍出版社，1987年，第353页。

[2] [清]徐兆昺著：《四明谈助（下）》，宁波出版社，2003年，第965页。

图1·10　福建会馆（宁波天后宫）/
英 / 约翰·汤姆逊（John
Thomson）摄

间扩建、重修后的天后宫照片〔图1·10〕，他不仅将该照片作为
1873年出版的英文原版著作《Illustrations of China and Its People》
《中国与中国人影像》四卷其中第三卷的卷首，而且他在照片旁
用文字记述为"福建会馆"："宁波城里最具吸引力的地方是天
后宫（Tien-how-kung），它是福建商帮奉神议事的地方。"虽然
约翰是英国人，但他在中国游历的时间不超过两三年，但在宁
波短短时日的旅行后却能够很敏觉地感知到"没有任何一个国
家比中国更清楚联合与合作的益处……每一个行业都有它自
己的商会或行会……这些行会在每个城市、每个村庄都有自己
的寺庙或会馆，供奉某个本地的神，在这里开会议事、制定行
规、举办宴会。"❸船商沈法询移居宁波后，于南宋绍熙二年间
舍宅建庙，供奉的本地神来自船商原乡福建信奉的海神妈祖，
宁波天后宫因此成为浙东地区第一座妈祖古庙。德国建筑师
恩斯特·柏石曼（Ernst Boerschmann）于1906~1909年间拍摄
的宁波天后宫正殿的照片〔图1·11〕，并出版在了中国古建筑摄影
集《Baukunst und Landschaft in China》《中国文化史迹》中。
正殿中央的高台上供奉的是天后妈祖像，其是南宋随舶商从
莆田祖庙分灵（分炉香）而来，并在宁波就地塑像加以奉祀❹。

❸ [英]约翰·汤姆逊著、徐家宁译：
《中国与中国人影像：约翰·汤姆
逊记录的晚清帝国》，广西师范
大学出版社，2015年，第298、
299页。

❹ [德]恩斯特·柏石曼著：《中国文
化史迹：中国的建筑与景观》，浙
江人民美术出版社，2018年，第
276页。

福建船商虽在宁波建妈祖庙，但宋时的妈祖并没有成为宁波民间信仰中专一的海神。浙江宁波港早在西晋时期就有泛船长驱的航海交通记载，隋唐时期，大运河开通，宁波港逐渐成为重要的商港。唐宋时期，宁波被称为明州，这里不仅拥有手工技艺的造船工匠，具有先进的造船业，而且海上交通和贸易日趋发达，海洋活动渐趋频繁和活跃。远洋航行途中险境重重，当地居民必然去庙宇祈求神祇佑护，以保驾护航。据明代丘浚《重修京都天妃宫碑》载："在宋以前，四海之神各封以王爵，然所祀者海也，而未有专神。"[1]南北两宋时妈祖并不是明州奉祀的专一海神，地方的不同庙神逐渐被赋予了海洋护航的某些功能和神

Ningpo. Fukien hui kuan. Prov. Chekiang
Altar of the Celestial Queen in the Fukien Club   Autel de la Déesse du Ciel dans le Club Foukien
Altar der Himmelskönigin im Fukien-Klub

图1·11　宁波天后宫／德／恩斯特·柏石曼（Ernst Boerschmann）摄

性，如北宋时的宁波民间信仰出现了多个海洋神祇：鲍盖、罗清宗、黄晟、姜毛二神、妈祖、如意娘娘等。南宋时期主要信奉：演屿神、湄洲神（妈祖）、龙神及鲍盖神等。停泊在港口的船只大多归属于福建商人，从事中日海外贸易商船上的水手也大多是福建人，妈祖信奉最初只限于福建籍的船员或迁居慈溪、镇海、舟山、象山等地的福建渔民。妈祖信俗随着福建商帮在明州港的发展带入明州民间，通过在庙宇中信奉妈祖，将福建商帮联合起来。宁波天后宫就是这样一座带有会馆性质的妈祖古庙，是宁波港商业船帮团结同乡、凝聚人心、共襄商事的集会场所，更可谓是最早商帮会馆的雏形。

❶ 转引蒋维锬、郑丽航辑纂：《妈祖文献史料汇编》（第一辑　碑记卷），中国档案出版社，2007年，第54页。

图1·12　芷江天后宫/
陈剑摄

图1·13　芷江天后宫妈祖正殿/
陈剑摄

　　明代以来，福建客家人通江达海、四处经商，他们由水路沿着洞庭湖入沅江，进潕水到芷江，河流沿岸原有福建客商200多户聚居群落，他们敬祀原乡神祇妈祖，于是便在潕水河西岸的芷江修建天后宫并将其作为同乡会馆。始建于清乾隆十三年（1748年）芷江天后宫〔图1·12〕，至嘉庆、道光年间总面积达到6532平方米，成为中国西南内陆地区最大的妈祖宫庙。虽然宫庙整体规模庞大，咸丰年间曾毁于大火，但同治十三年福建商人捐资重建，现存建筑面积1970平方米，位于中轴线最深处主祀妈祖的正殿〔图1·13〕相较其他地区具有会馆性质的妈祖殿而言规模较小，仅面阔三间，进深四间。妈祖宫庙很自然成为客居异地且心系桑梓的福建商人和情系故里的移民寄托情感和相互联系沟通的精神纽带，成为身处异乡的闽人共同协商议事、相互交际和联络感情的理想场所。

南京、天津、烟台、营口等地的妈祖庙也与芷江天后宫一样，充当了当地福建会馆，其中最典型的当属浙江平湖市的天后宫。该天后宫亦是由旅居平湖的闽籍商人创建的，据清光绪《平湖县志》卷九《祠祀》载："闽省贸迁于乍城者不一事，而业杉者十居二三。会乡井于他邦，揖让相将，其可无行礼之地乎？缘于康熙己丑购唇园旧址，崇建天后殿宇，虔奉祀事，用酬航海安澜之庇，置田延僧永香火焉。殿东旁更辟厅事，前疏方池，以为朔望令节饮福之所，并桑梓宦游亦得憩息于斯，庶几出入相友之遗意也。而坐业于是者当亦无荒于嬉矣。"❶平湖市天后宫既有祭祀妈祖的殿堂，可供福建商人初一、十五在此共祭妈祖，又有"联乡谊、崇乡祀"的会馆，称为"三山会馆"。闽籍官员途经此处可以作为歇息之处，闽籍商人可以在此进行宴饮交际，闽商子弟们也可以在此读书修业等等。因此，平湖市天后宫是一座典型的集祭祀和联络乡谊、族群认同的会馆功能于一体的妈祖庙。

闽人在异乡创建具有会馆性质妈祖庙的这种"宫馆合一"做法也影响了其他省份的商人，他们也效仿闽商的做法，集资兴建妈祖庙充当位处地域的会馆。如辽宁盖平县的三所天后宫：福建会馆天后宫、三江会馆天后宫、山东会馆天后宫，分别是福建、江苏、安徽、江西、山东等多地商人、移民或宦游者驻留和联络所用的会馆。

二 海上漕运和官建妈祖宫庙推动了
妈祖信俗的域内传播

宋时，中国的经济重心转移至富饶的江南地带，稻麦二熟制的形成和稻作技术的提高大大提高了粮食的产量，成为全国

❶ [清]叶廉锷等纂：《中国地方志集成·浙江府县志辑（第20册）：光绪平湖县志》卷九《祠祀》，上海书店出版社、江苏古籍、巴蜀书社，1993年，第219页。

重要的粮仓。元朝建都以后，大都（今北京）成为全国的政治与文化中心，由于连年战火，北方经济十分落后，为了稳定和平复战乱中初建起的元代政局，保证北方民众的生活之需，粮食与物资都要依靠南方供给。《元史·食货志》中开篇即载："元都于燕，去江南极远，而百司庶府之繁，卫士编民之众，无不仰给于江南。"[2]原先江浙一带的漕粮是从扬州沿着古运河北运，考虑到内河淤塞和多次装卸等原因，内河运输粮食存在着很大的不稳定性。为了能从江南顺利调运大批粮食，元世祖忽必烈采纳了朱清、张瑄的献策进言，开辟海运航道运输粮食到达大都城，海运漕粮逐渐取代了唐、宋时期大运河的运输功能，成为维系朝廷政权的生命线。位于长江出海口且港地深阔的刘家港（今江苏太仓浏河）是元代初创京师海运漕粮时重要的出海始运港，海运皇粮主要依靠当时福建、浙江、江苏三省的船员和商贾，在开洋起航之前，他们都要举行隆重的祭祀妈祖的仪式和活动。诚如元人郑元佑在《重建路漕天妃碑》中云："盖海舟岁当春夏运，毕集刘家港，而路漕实当港之冲，故天妃宫在路漕者，显敞华丽，实甲他祠。"[3]元廷每年春季在漕运粮船起锚开航前，都会专门遣使集中至太仓城南娄江边的路漕天妃宫和刘家港天妃宫降香祭天妃、敬供祭品，以期妈祖能护佑海运平安、安稳民心。

从刘家港出发海运漕米一路北上至直沽（今天津），然后再由白河运往通州，最后经由通惠河运至大都（今北京）。直沽（今天津）成为元代海运漕粮进京的必经之地，位于南运河、北运河与海河交汇处的三岔口是当时京城中都运粮十分繁忙的中转站。元代朝廷为了加强直沽的守备，于延祐三年（1316年）将金代贞祐元年（1213年）在三岔口一带建立的"直沽寨"改为"海津镇"，并于泰定三年（1326年）"遣使祀海神天妃"，据《元史·泰定帝本纪》载八月下令"作天妃宫于海津镇"[4]，这座天妃宫也是天津官建的第一座妈祖宫庙。每逢漕运开始，元廷漕运官都要到妈祖宫庙祈求安全。由日本人儿

❷ [明]宋濂撰：《元史》卷九十三志第四十二，中华书局，1976年，第2364页。

❸ 太仓县纪念郑和下西洋筹备委员会，苏州大学历史系苏州地方史研究室编：《古代刘家港资料集》，南京大学出版社，1985年，第113页。

❹ [明]宋濂撰：《元史》卷三十本纪第三十《泰定帝二》，中华书局，1976年，第671、672页。

图1·14　清末天津天后宫／日本／儿岛鹭麿（児島サギ）摄

岛鹭麿拍摄编辑的《北清大观》中拍摄的清末时期天后宫的珍贵影像❶〔图1·14〕，就位于三岔口的西岸，坐西朝东，面向海河。天后宫最初创建时主要为船夫、渔民和商贾祈求妈祖保佑他们在航海漕运过程中船民行船安全之所，后来慢慢从主祀妈祖海神之后又从祀了殊多其他神祇，不仅成为百姓消灾祈福的地方，且以此为中心成为天津最早的居民聚落点。为了护卫漕运，元泰定年间在大都（今北京）亦建有海神天妃祠庙。可见，元廷出于保护漕运的经济需要，为了安定民心，在宋代褒封的基础上，首封天妃，视妈祖为团结海上漕运水手、船员的精神纽带，在沿海各地纷纷兴建妈祖宫庙，极大地推动了妈祖信俗在全国的传播。这也标志着妈祖超出了地方神祇的地位，成为全国性的神灵。

随着漕运的发展，妈祖发展成为全国漕运的保护神，其信俗范围也从东南沿海地区扩大至北方的津京地区，鉴于海上漕

❶ [日]儿岛鹭麿:《北清大观》，天津紫竹林英租界山本写真馆出版，1909 年 1 月，照片编号 0033，http://dsr.nii.ac.jp/toyobunko/III-2-C-a-145/V-1/page/0065.html.ja。

运对于元朝政府的重要作用，妈祖信俗被元朝中央政府所认可，统治阶级通过行政的力量，大力推行妈祖信俗，祭祀妈祖升为国家祭典之一，据《元史·祭祀志》中载："凡名山大川、忠臣义士在祭典者，所在有司主之。惟南海女神灵惠夫人，至元中，以护海运有奇应，加封天妃神号，积至十字，庙曰灵慈。……皇庆以来，岁遣使香遍祭，金幡一合，银一铤，付平江官漕司及本府官，用柔毛酒醴，便服行事。祝文曰：'维年月日，皇帝将遣某官等，致祭于护国庇民广济福惠明著天妃'"[2]。

政府在漕运的航线地区陆续修建了许多天妃庙，妈祖信俗随着漕运，传播至江南到北方等地。山东沿海地区作为元朝漕运的必经路线，如在威海成山头，由官方建立的成山天妃祠，并奏请朝廷建立成山祠，"公请立置成山祠以祷，朝廷从之"[3]。如天津直沽天妃宫东庙与西庙就是由朝廷多次拨款修建，于是妈祖信仰随着漕运继续向北方传播。江南地区在元代承担着海漕任务，该地区的妈祖庙与海漕有着密切联系。如浙江宁波最早记录妈祖的地方史志《延祐四明志·祠祀考》曰：天妃庙：在县甬东隅。皇庆二年重建。延祐元年十月内，软奉制书："爱人利物，……顾东南之漕引，实左右其凭依。"[4]宁波作为当时南粮北运的一个重要中转站，作为航海保护神的妈祖信仰在当地极为普及。如《畏斋集》卷五《重修灵慈庙记》载："庙史述鄞人之意以事状来曰，国朝岁漕米三百万石给京畿，千艘龙骧，鲸波万里，飓风或作，视天若庙，号神求援。"[5]《燕石集·天妃庙代祀祝文六道》载："神佑国家，食我京邑，漕舟岁发，起碇于兹，利涉无虞，神庇悠久，敬遵彝典，庸答明灵（路漕、庆元、温州、台州并同）。"[6]可见，由于浙江在海漕上的地位，该地区的庆元、温州与台州都成为元代遣使致祭妈祖的地点。元代苏州也是漕运都府所在地，南京虽不是开洋港，但当地的漕粮海船也要开赴此处装粮食。根据文献记载，如太仓地区的周泾桥灵慈宫与刘家港北澶漕口的天妃行宫、苏州报国寺附近的天妃庙、常熟地区的福山岳庙的天妃宫以及南

❷ [明] 宋濂撰：《元史》卷七十六《志第二十七》，中华书局，1976年，第1904页。

❸ [元] 虞集撰：《道园学古录》卷四一《昭毅大将军平江路总管府达鲁花赤兼管内劝农事黄头公墓碑》，商务印书馆，1937年，第705页。

❹ [元] 马泽修，袁桷撰：《延祐四明志》卷十五，转引中华书局编辑部编《宋元方志丛刊》，中华书局，1990年，第6356页

❺ [元] 程端礼撰：《畏斋集》卷五《四库全书 第1199册 集部138 别集类》，上海古籍出版社，1987年，第687页。

❻ [元] 宋褧撰：《燕石集》卷十一《四库全书 第1212册 集部151 别集类》，上海古籍出版社，1987年，第470页。

京的清凉山上的天妃庙等，都与当时海运有着密切关联❶。

可见，古代航海为了安全起见，以及避风、泊船、供给等需求，只能在近海地区逐岛航行。到了元代，国家对海运的依赖程度增加，由于政策的扶持，让海运行业迅猛发展，一个方面是发明了适合深海航行的尖底船，使得船只可以向远海地区航行，而另一方面是妈祖信俗的传播发展，以及妈祖护航灵验的事迹，都鼓舞航海者勇于向广袤的大海继续航行。到了明代，在海运方面远不如元代，实行海禁政策，官方有诸多限制，但妈祖庇护漕运的功能还是得到了公认。《明史·河渠三》记载："明成祖肇建北京，转漕东南……逮会通河开，海陆并罢。南极江口，北尽大通桥，运道三千余里。"❷同时这并未影响民间与海外各国之间的贸易，反而使闽、粤等地的海商迫不得已在海外定居，同时也将妈祖信俗带入东南沿海各国，零星地分布于华人聚集区。另外，郑和下西洋与册封琉球国皆秉承着对日本与东南亚诸国推行怀柔政策，建立友好邦交关系，这样的历史机遇也促使了妈祖香火向海外诸国扩张。

三 商贸远航的闽商和移民推动 妈祖信俗的域外传播

妈祖信俗因闽籍海商的航海贸易活动渐渐传播到了东南亚及港澳台地区。据《宋史·外国七》之条"日本国"："咸平五年，建州海贾周世昌遭风飘至日本，凡七年得还，与其国人滕木吉至，上皆召见之。"❸北宋时的福建海商周世昌因遭遇海难漂到日本，留居多年才得以返乡。明清时期的航海商品贸易以及官员间的海外往来愈加兴盛和频繁起来。明代琉球（现日本冲绳）的中山、山南和山北三国王属于中国的朝贡国，其三王经常来华朝贡，明朝廷"赐闽人三十六姓善操舟者，令往来朝贡。"❹这些在原乡时就常以舟为伴、以海为生的闽籍船工，因善于操舟而为琉球使者开船，充当他们的翻译，因明王朝

❶ 转引陈政禹：《宋元以来江苏妈祖信仰研究初探》，《中国地方志》2017年第2期。

❷ [清] 张廷玉撰：《明史》卷八十五志第六十一，中华书局，2000年，第1385页。

❸ [元] 脱脱等撰，《宋史》卷四九一，中华书局，1985年，第14136页。

❹ [清] 龙文彬纂：《明会要》卷七十七《外藩一·流球》，中华书局，1956年，第1503页。

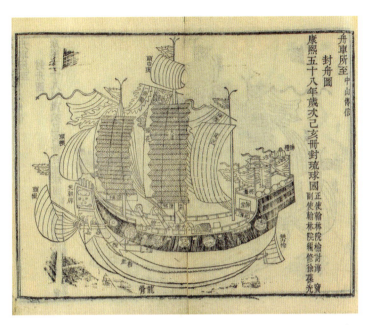

图1·15　康熙五十八年册封琉球国用封舟图／清道光二十三年琴川郑氏青玉山房刊本《舟车所至·中山传信》

与朝贡国琉球之间的外交使命而背井离乡，"昔闽人移居中山者创建'天后'庙祠，为国祈福。"[5]这些闽籍船工安全登陆琉球后，于永乐二十二年在琉球王府的帮助下建造了天后宫，此举为妈祖信仰在琉球的传播提供了有利的条件。自中琉建立封贡关系以来，明清两朝多次派遣了大规模的册封使团，远渡重洋前往琉球。册封琉球用主要交通工具是封舟，这些封舟一般都是在福建修造。由于海洋的变化莫测和惊涛骇浪对于船员抑或移居者而言都非常恐惧，妈祖在他们冒风飔、涉重洋直至安全到达目的地期间起到了保障生命安全、免灾去难的心理和精神作用，因此舟上会专门设有神堂、神龛以供奉妈祖神像或神位，或悬挂神灯、神旗等方式，作为祭祷妈祖神祇之所。徐葆光撰《中山传信录》载"康熙五十八年岁次乙亥册封琉球国"[6]用的封舟图〔图1·15〕，舟尾悬挂神灯，在尾舱专门设有神堂，妈祖旗杆上悬挂有妈祖旗帜，每一侧的船舷绘有五个圆形鸟图腾，以祈祷航海出行的顺利。

[5] [琉球]郑秉哲等编：《球阳》卷二《传世汉文琉球文献辑稿》(第17册)，鹭江出版社，2012年，第381页。

[6] [清]徐葆光撰：《中山传信录》，《四库全书存目丛书 史部 第256册》，齐鲁书社，1996年，第393页。

图 1·16 长崎崇福寺妈祖堂和堂内木雕妈祖像／日本／增田福太郎摄

　　册封使团中还配置"香公"，专门负责在封舟上朝夕祈祝妈祖祐护平安。封舟到达琉球后，必须举行隆重的仪式恭请妈祖神龛上岸，安放在专门的庙祠之内。日本长崎福济寺于明崇祯元年（1628年）由福建漳泉帮船主倡议和集资在分紫山创建的，崇福寺则于崇祯二年（1629年）在圣寿山由福建福州帮船主发起并捐资创建的，这些创建者都是在海上从事航海贸易的海商，他们在这些寺院中设有专门供奉妈祖的殿堂。日本增田福太郎先生于昭和三十九年拍摄的崇福寺所设的妈祖堂以及堂内主祀的妈祖像〔图1·16〕，寺院还旁祀三官大帝，还在护法堂内供奉关帝和观音。福济寺也专设青莲堂主祀妈祖，旁祀关帝和观音。

　　如北宋福建海商船主周世昌一样漂风遇难至琉球的较为常见，琉球大学附属图书馆藏宫良殿内文库中就有部分关于漂流文书，这些文书是漂风商船户主向当地政府上报船只的来源、船上装载的人员和货物等情况。福建省福州府商船户主李振春于乾隆三十六年十二月廿八日漂流至八重山时的报告书中〔图1·17〕，记载了船只的大小和装载货物，船户、舵工和水手

❶ [清] 李振春：《難船唐人の報告書》，宮良殿内文庫 MI 142（琉球大学附属図書館所蔵），https://doi.org/10.24564/mi 14201

❷ [清] 陈泰宁：《唐人難破船よりの礼状》，宮良殿内文庫 MI 140（琉球大学附属図書館所蔵），https://doi.org/10.24564/mi 14001

❸ [清] 徐三贯：《漂流唐人の経過報告書》，宮良殿内文庫 MI 135（琉球大学附属図書館所蔵），https://doi.org/10.24564/mi 13501

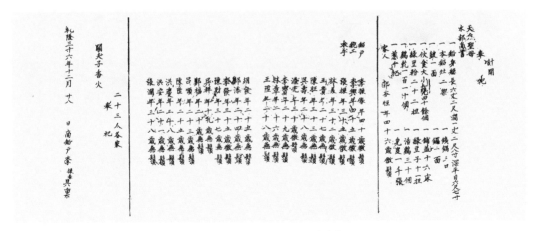

图 1·17　宫良殿内文库之漂流文书《難船唐人の報告書》/ 琉球大学附属图书馆藏

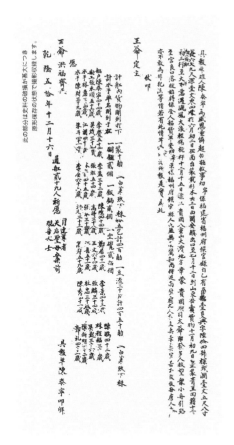

图 1·18　宫良殿内文库之漂流文书《唐人難破船よりの礼状》/ 琉球大学附属图书馆藏

的姓名、年龄、面容以及"奉祀天后圣母、水部尚书"记述[1]。乾隆五十年十二月十六日福建省福州府侯官县船户陈泰宁的上报文书《唐人難破船よりの礼状》[图1·18]，记述了船只大小、出发地、出发时间、装载货物情况、在大洋遭遇飓风大浪后漂流至八重山大滨地方的过程以及"通船二十九人祈愿目连尊者、天后圣母、观音大士案前"[2]。清代福建省泉州府同安县难民徐三贯于嘉庆七年（1802年）十二月七日上报的文书《漂流唐人の经过报告书》[图1·19]，记述了十一月十日船只到达东大洋时船因大桅折断随风漂流，当晚又遭遇触礁撞破"货物……一尽沉没无迹，惟有所祀佛祖（全）、圣母（金）座晋存……通船计共三十二人，常祀观音佛祖、天后圣母、诸神香火。"[3]从清代这些汇报文书中可以看出福建籍海商大都随船都奉祀妈祖及其他神像，祈祷和保佑他们在航行过程中的平安和顺利。这些漂流难民要等到船只修好或者搭乘琉球的进贡船才有可能返回自己的家乡，因此逗留的时间一般都需要数月。在逗留琉球国期间为了能够

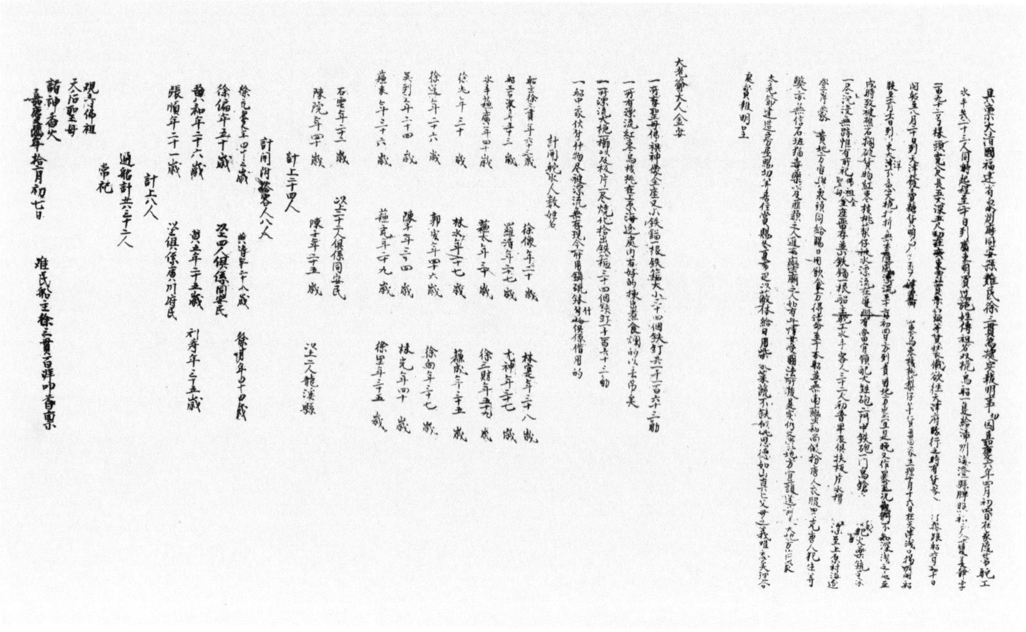

图1·19　宫良殿内文库之漂流文书《漂流唐人の経過報告書》／琉球大学附属图书馆藏

早日实现返回原乡的心愿，这些难民在此期间会非常虔诚地祭奉随船而来的妈祖及其他神祇，这些福建民间信俗和信奉方式耳濡目染着琉球国居民，对琉球人的信仰产生了一定引导和影响。

随着闽人三十六姓、海商、册封使团等的入琉，将妈祖信俗传播至的琉球同时，也带去了福建先进的航海造船技术，琉球国在学会自造进贡船的同时，也传承了福建闽人的习俗和信仰，他们在进贡船也设有专门供奉妈祖的地方，并设立总管职专门如封船中的"香公"一样，朝夕焚香祈祷妈祖庇护。琉球民间船只和福建航船一样，有些设有专门供奉妈祖的地方，有些未设妈祖神堂、神龛，而是在出海前先祭拜妈祖，带着妈祖庙祠分灵求得的香灰用金纸包好放在船舱的干燥处；有的船只悬挂着妈祖旗和妈祖旗杆或在桅杆上悬挂妈祖神像，或妈祖神灯。

海水所到之处可谓就有闽人经商的足迹，清朝初期曾因郑成功占据台湾后与朝廷对峙，清廷颁布禁海令使闽人海外经

　　　　民间信俗下古代妈祖塑像和图像艺术研究

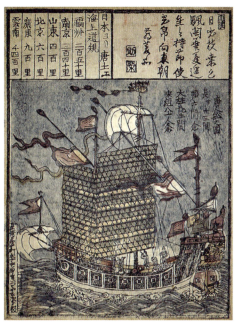

图 1·20　唐舫图 / 布鲁克林博物馆（The Brooklyn Museum of Art）藏

图 1·21　唐人舩之图 / 日本神户市立博物馆藏

商受到限制；后因郑氏归降朝廷，设台湾府，海禁政策因此解除，再次打开了闽地商船驶往海外贸易征程。清朝赴日的商船不仅被日本官方详细记载下来，还被一些画家用手中的画笔绘制了福建及中国其他港口开出的商船到达日本进行贸易的写实船图，珍贵的图像资料现收藏于日本松浦史料馆内以及日本收藏家手中。从文锦堂的彩色木刻版画《唐舫图》❶中所记的从中国各港口到达日本长崎港的海路路线及里程数："崇明二百十一里……宁波 三百里、南京 三百四十里、泉州 四百廿三里、登州 四百九十三里、福州 五百五十里、厦门 六百里……广东 九百里"〔图 1·20〕。可见，江浙地区至日本长崎的里程数要比福建、广东相差较大。日本神户市立博物馆收藏的一幅江户时代的纸本木版画《唐人舩之图》❷也刻载了"福州 二百五十里、南京 三百四十里、山东 四百里、北京 六百里、广东 九百里、云南 千四百里"〔图 1·21〕。

❶《唐舫图》，布鲁克林博物馆藏，https://www.brooklynmuseum.org/opencollection/objects/100623

❷《唐人舩之图》，日本神户市立博物馆藏，https://www.kobecitymuseum.jp/collection/detail?heritage=366715

图 1·22　长崎港南京贸易绘图 / 东京早稻田大学图书馆藏

　　由于闽商至日本商贸的海航里程较远，一般赴日福建商船不仅会在船上供奉妈祖神龛或神像，还会先到江浙地区的港口中转，再出发至日本长崎港。日本的长崎港自1633年以来被指定为唯一的对外贸易港，只允许中国人和荷兰人在此经商。1688年在长崎修建唐馆，次年完工后规定所有来长崎的清代闽商只能居住在此，虽然到日本经商的清朝商人的外出受到了限制，但在唐馆之内，他们依然保持着跟随四季变化举行不同的祭祀活动。《长崎港南京贸易绘图》描绘了唐馆内留居的中国人舞龙灯、旗杆上悬挂天上圣母神旗，特别是保留了妈祖祭祀习俗〔图1·22〕。图中描绘有左右排列成两排的唐人，正前方中间有一位身着蓝袍者正手足并用、前后进退地朝着他们，手举着一根杆头上扎着长长的红色飘带、约六尺长的直库（铁姑），作上下转动、左右摇摆状；其身旁左右两侧并排拿着铜锣者，正卖力地用左手举起铜锣、右手用力敲打着节奏；左右两侧手提天后圣母灯笼者位列敲锣者的后方，其中一人正转头望着其身后手捧神案身着清朝官服、头戴暖帽者。手捧的案桌中间安放着一尊妈祖像，妈祖像的左右各放置一尊千里眼像和

　　　　民间信俗下古代妈祖塑像和图像艺术研究

顺风耳像。在其身后有一名头戴瓜皮帽的唐人正手举着华盖跟随其后。与此祭祀比较相同的还有菩萨安置和菩萨装载仪式，即清商到达长崎港后，都要入住唐馆，无法保护和供奉船商的妈祖像，所以在船舶入港停留期间，将船上供奉的妈祖像安放在唐寺的妈祖堂中，这样的下船和安置仪式在当时叫作"菩萨安置"。待船只出航时，将妈祖像从唐寺的妈祖堂中请回放置到船只神案上，上船和安置仪式在当时叫作"菩萨装载"。

据《长崎市史　风俗篇（上）》所载，中国的商船在长崎靠岸后将船内所供奉的诸神暂放唐寺，离港返航时再将神像从唐寺请回船上的祭祀仪式，称为"菩萨扬"[1]。19世纪日本人仿清代早期《长崎贸易图》绘本（台北故宫博物院藏）中，就描绘了有自商船驶抵长崎外港后将妈祖供奉于南京寺的纪实图文〔图1·23〕。从"南京寺"一则的文字记载可以看出，当时所有进入长崎港的华商船上都供奉有妈祖像，船工们卸完货物后就有将船上的妈祖像请上岸，安置在南京寺中完成菩萨的仪式。回程离港时再请回船上的做法和习俗和闽商在异地他乡建妈祖庙或会馆一样，都是为了祈求妈祖能够庇护他们在远航过程中一帆风顺、平安无事。

背井离乡、漂洋过海的闽人是个传统籍贯观念特别强烈的民族，他们在无本国政府作后盾又无当地政府扶掖之下只能和衷共济、自力更生，于是便有了具有归属感的会馆。虽然远居异域，但他们都带有浓厚的传统信仰，最普遍奉祀的是土地神和妈祖天妃。因为在他们心目中，他们之所以能战胜惊涛骇浪安全漂渡，完全依赖妈祖佑护，奉祀无畛域之分，且不限于是设立在先建立的宫庙之内，还是设在会馆之内。位于新加坡直落亚逸（马来语：Telok Ayer）街的天福宫就是漳泉人陈笃生、薛佛记在1839年开始兴建，1840年初初步落成。同年4月20日在福建雕作的妈祖金身由兴化府湄洲湾运至新加坡，《新加坡自由西报》（Singapore Free Press）于4月23日报道了当时迎接妈祖入庙时盛大的迎神赛会的空前盛况。之后，闽帮议事会所

❶ 长崎市役所编纂：《长崎市史　风俗篇（上）》，藤木博英社、重诚舍，1925年，第460页，https://dl.ndl.go.jp/info:ndljp/pid/978670

图1·23　长崎贸易图／台北故宫博物院藏

就附设于此，福建会馆就附属在天福宫之内。

　　此外，在马来西亚、越南等国，宫馆合一的祭祀场所也比较常见。如创建于1962年的柔佛州麻坡琼崖会馆就是借用原先的妈祖宫，聚会议事以及联络感情；该国的沙巴亚庇海南会馆、霹雳太平琼州会馆以及越南会安中华会馆、广肇会馆、福建会馆等。宫馆合一的形式既满足了海外华侨沟通情感、协议商事的场所需求，又保留了原乡的信仰习惯和祭祀形式，形成了以认同相一、崇拜相延、血脉相连的，并能够充分自发联结了地缘、业缘、亲缘等人际关系的一种公益型组织。

本章小结

从宋至今，妈祖由一个地方性神祇成为全国甚至是跨国性的海神，在妈祖信俗发生及向外传播的过程中，妈祖神格吸收当地神祇的职能，呈现出多元化与地方化的特征。在宋代，妈祖还只是湄洲岛屿的一个地方小神，到了元明时期，妈祖神格上升成为护航之神，主宰海上生产以及渔民的安全，明末清初之后，妈祖信俗由海洋走向陆地，神格也得到在地化发展，妈祖成为具有多功能的神灵，掌管战争、施雨、生育、驱疫等神职，而在清代的中后期，妈祖被敕封为"天后"，其神格也达到了国家海神的最高峰。

可见，妈祖从"人""巫"到"神"的角色转变与身份认同，以及妈祖信俗产生和传播，与封建王朝不断对其敕封有很大的关系，自北宋宣和五年（1123年）以来，至清同治十一年（1872年）止，历代帝王对妈祖褒封共36次，封号也从夫人晋升为妃、天妃、天后，直至天上圣母，且不断遣使致祭，将祭祀妈祖列为三大国家祭典之一。一方面，朝廷对妈祖的褒封大多出于维护统治阶级的利益之需，由于妈祖信俗在民间的影响力日趋增大，统治者们为笼络民心，维护国家统治，需要顺应民意来达到长治久安的目的。另一方面，由于历代封建统治者对妈祖不断进行褒封，受帝王尊崇上行下效的影响，进一步促进了妈祖信俗在中国沿海地区的传播。此外，航海贸易往来、移民等亦将妈祖信俗的传播范围延展至域外，特别是航海沿线地区和国家得以广泛推广和宣扬、甚至落地生根。

第二章

"造型"，亦可作"造形"。"造"即为创造、创作；"型"或"形"指的是物体的结构组成和体型形状。顾名思义，造型是通过一种主观意象和人为处理，创造对象或物体的形像和态势。民间信俗下的妈祖塑像造型艺术含有更多的主观色彩，是与所处时代的宗教体系、当时已有的神像造型艺术紧密联系在一起的。民间信仰崇拜的神灵以及不同信俗活动的相互影响、相互交融、相互包容中，对于宗教艺术和民间艺术造型的采借、涵化，使得所处不同时期的妈祖塑像造型艺术具有各个时代的特色与精神。

第一节 | 妈祖塑像造型艺术的探索期

南宋、元代妈祖塑像是否有遗存，或现存的女神塑像是否就是妈祖，始终是一个未解且存疑的问题。目前学界将现收藏于莆田市博物馆以及现供奉于莆田市区文峰宫内的几尊女神塑像推测为南宋时期的妈祖塑像。这几尊塑像保存较好，虽然部分塑像的局部出现了虫蛀、风化、褪色等现象，但整体造型线条依然比较清晰，特别是塑像温和含蓄的面部表情、流畅生动的衣纹线条，表达栩栩如生且富有情趣。本节将基于对这几尊疑为妈祖的南宋女神塑像进行探析，以期能够对初期的妈祖塑像造型艺术管窥一二。

一 素雅简朴的南宋木雕神女塑像造型艺术

《湄洲日报》曾于2009年6月22日第7044期A版中《上百件尘封妈祖文物将与广大市民见面》一文刊载了几幅妈祖文物图片，其中的一张木雕塑像其附图说明为"南宋木雕妈祖神女像"，报道中提到该尊木雕塑像为国家二级文物。神像圆雕，像高约20.3厘米，底部最宽处约3.3厘米、最长处约9厘米；从神女塑像下身膝盖处的凸起状可以判断该女神呈坐姿，但因缺座故而无法辨别其坐器为何〔图2·1〕。该尊神女塑像额头饱满开阔，脸部圆润，五官秀气，嘴角似带笑意，神态活泼自然；手臂严重残损，右臂已经完全缺失，尚存的左上臂自身前伸向右侧，肘部以下即左前臂亦失；左臂肘部依稀可以看清尚存方形孔洞，似为连接前臂和上臂的榫卯结构；左上臂边缘残存有一小段披帛，似因左侧上肢的舞动而呈现出一种飘盈飞舞的动态之美。

该塑像以简洁概括的造型线条将神女形象结构建立起来，以具象的语境、写实的手法，清秀细腻地雕刻出世俗信仰下的身形结构，神女宝相端庄妙丽，面庞圆润丰腴，身形匀称修长〔图2·2〕；身着袍式长衣，左右衣襟处各设一系带，因系结于腹前，系束后的余带沿着两侧大腿垂落至膝处。衣身腹部因系结及蹲坐动势等原因形成了一些自然的褶皱，衣褶阴刻，褶纹如白描，线条遒劲流畅、粗细有致且精炼到位；直领衣襟处存有一宽度的刻痕，似雕刻的是衣襟处的缘边，系结至摆缝处的缘边或因膝处向外打开而呈现出向外翻折之势；侧身腰部以下通过内凹起伏状刻画出前后袍身侧缝处的开衩。

神女塑像所着的合领对襟开衩袍服样式与福州地区南宋陈元吉夫妇合葬墓出土的女俑服饰几近相同。该墓葬位于福州市东郊金鸡山西坡，1966年1月由福建博物院（原福建博物馆）清理发掘出了一大批具有代表性的福州地区南宋墓葬随葬器物❶。其中雕刻细腻的寿山石雕人物俑虽作为随葬明器之用，但却经匠人之手将南宋福州人的生活风貌以及日常形象反应得淋漓尽致，充满鲜活且富有情趣的"烟火气"。女俑皆身着开襟窄袖袍服，年轻女子头梳双髻、年长的女子顶梳单髻，均合手而立，双手掩于袖内并交叉置于身前。妇人的发髻、衣褶以及对襟、袍摆处的缘边等细节被简练而分明地刻画出来，以亲切而富有生活化的艺术语言勾勒出宋代朴实、平凡的妇女形象及生活缩影〔图2·3〕。神女木雕塑像、寿山石雕女俑皆反映出南宋

图2·1　南宋木雕妈祖神女像／湄洲日报刊载

❶ 张焕新：《福建博物院藏南宋陈元吉墓出土器物》，《文物》2011年第7期，第71页。

图 2·2　南宋木雕神女像及线描图 /
莆田市博物馆藏

图 2·3　南宋寿山石雕女俑及线描图 /
陈元吉夫妇合葬墓 / 福建省
博物馆藏

❷ 福建省博物馆编：《福州南宋黄昇
墓》，文物出版社，1982 年，正文
部分第 8 页、图版部分第 77 页。

时期的塑像雕刻开始注重诠释日常生活和世俗情趣，逐渐弱化
了宗教信仰造像的庄重肃穆之感。

　　同处福州地区，1975 年 10 月福建博物院（原福建博物馆）
的考古人员在北郊的浮仓山福州七中操场清理了一座南宋仕郎
赵与骏之妻黄昇的墓葬，出土了一批保存基本完好的随葬服
饰，为研究南宋妇女服饰提供了非常宝贵的实物例证。墓葬中
出土有一黄昇生前所使用的假发髻〔图 2·4〕，可见宋承袭前代，
依旧崇尚高而大的发髻❷。北宋末年至南宋妇女爱把长发盘缠成

图2·4 假发髻及线描图 / 福州南宋黄昇墓 / 福建省博物馆藏

髻，为了使自己的发髻显得更为高大，通常在自己的头发中加入
髲髢或者直接做成假发髻以便于随时装戴，这种高髻上下效仿、
远近流行。世俗生活中妇女崇尚高髻的风尚被雕作匠人真实地再
现在了此尊南宋木雕神女塑像的发髻样式之中。《宋史·舆服志》
中关于非命妇"不得作高冠及高髻"❶的记载也反映出黄昇以及
塑像中的神女身份非命妇，当为宗室贵妇、世俗闺秀。

黄昇墓葬中出土的袍为单层裁缝，按照袖型分为广袖袍和
窄袖袍两种，均合领对襟开衩，加缝衣领，身长过膝，襟上无
纽袢或者系带；广袖袍的领、襟、袖缘及下摆缘都缝有一道花
边；窄袖袍的领、襟、袖缘及下摆缘之内有印金彩绘、素色和
加缝花边之分。这两种长衣袍制在《宋史·舆服志》称为"大
袖""背子"，其中"大袖"是举行隆重仪式时后妃、命妇所穿
用的一种礼服，袖口非常宽大，约身长的一半❷。"背子"与
"大袖"衣式类同，但袖口为窄袖，系宋代妇女宴客、外出的
一种常服。窄袖袍称为"背子"，即"褙子"，在宋代男女皆可
服，长袖，腋下开衩，即前后袍身侧缝处不缝合，在腋下和背
后缝缀有带子；褙子领型有合领对襟式、斜领交襟领、盘领交
襟领三种。作为常服，妇女着合领对襟式褙子的着装风尚在宋
代雕塑、绘画等艺术作品中比较常见，如山西晋祠圣母殿的侍
女塑像❸〔图2·5〕、故宫博物院藏南宋绢本设色《杂剧打花
鼓》❹中所绘的两位杂剧女角〔图2·6〕中的妇女着装及细节缀

图2·5 宋代侍女塑像 / 山西晋祠
圣母殿

❶ [元]脱脱等撰：《宋史》卷一五三
志第一百六《舆服五》，中华书局，
2011年，第3574页。

❷ [元]脱脱等撰：《宋史》卷一五三
志第一百四《舆服三》、志第
一百六《舆服五》，中华书局，
2011年，第3535、3578页。

❸ 李钢、董晓阳主编；晋祠博物馆
编：《中国晋祠（中英文本）》，山
西人民出版社，2005年，第163页。

❹ 高春明著：《中国历代服饰文物图
典·宋代》，上海辞书出版社，
2018年，第834页。

民间信俗下古代妈祖塑像和图像艺术研究

图2·6 宋／佚名／杂剧打花鼓／故宫博物院藏

图2·7 南宋贵妇石俑、持扇女侍石俑（一对）／
中国寿山石馆藏

图2·8 窄袖袍系带及线描图／江西德安南宋周
氏墓／德安县博物馆藏

饰都非常相近，特别是2017年11月3日~12月2日中国寿山石馆举办的"匠心千年——寿山石文物精品展"中展出的南宋贵妇俑及其身旁的一对手持团扇的女侍〔图2·7〕，居中的贵妇俑盘发高髻，身着对襟褙子，帔帛环于手肘两侧双手拢于胸前而垂至足前。神女塑像所着服饰的襟缘处并非无或少有纽襻及系带，穿着时往往两襟敞开，而是采用了系带系结的方式。窄袖褙子对襟处设纽襻和系带，在江西德安南宋周氏墓出土的数件窄袖袍被发现，该墓出土的一件窄袖袍中的系带细部[5]，可见这是宋朝廷南渡后流行于官宦之家妇女服饰中细节变化及新的一种着装现象〔图2·8〕。

　　由此可见，此尊传为南宋时期妈祖的木雕神女像，其服饰形象是匠人根据世俗妇女装扮加以提炼和表现，通过不同粗线、长短、刚柔、疏密等线条的变化和有序的结合，表现出以南宋世俗妇女服饰为原型的着装样式与结构关系，既充满浓郁的生活气息，又拉近了世俗神祇与平民大众之间的距离。

[5] 周迪人等著：《德安南宋周氏墓》，
江西人民出版社，1999年，第页。

图 2·9　仙游灵应堂木雕夫人神像及线描图／莆田市博物馆藏

二　神凡交融的南宋木雕夫人神像造型艺术

　　原存于福建仙游县枫亭海滨村灵应堂、现藏于莆田市博物馆的一尊木雕夫人神像同样被定为市二级文物〔图2·9〕。与前尊上肢呈动态感的神女塑像相比而言，差异较为明显：该尊夫人神像略高，增设了垫脚底座，虽然较为简约，但却一定程度上加深了神像雕塑的整体厚重感。神像整体造型简洁流畅，给人以安静温婉之感；其身体端坐于无靠背和扶手的坐具之上，双手合于衣袖之内，拢于腹部前；手肘处以及宽大的袖口垂落于膝处，衣纹部分显得较为自然流畅、简朴且凝练，虽寥寥数根但却表达得恰到好处、惟妙惟肖；塑像面容丰腴而内敛，略带一丝蒙娜丽莎式微笑似乎传递着女神大音希声、大美不言的淡雅和从容。雕塑匠人以极为洗练的雕作刀法，突破传统雕塑中程式化的造型以及条条框框规矩的限定和束缚，集世俗生活之所需、念之所想、心之所向，自由地表达对神像的美好想象与寄托。

图 2·10　宋／佚名／宋太祖坐像图／台北故宫博物院藏

神像服饰装扮也许伴随着身份的差异而有所变化。妈祖起初时作为地方性的巫女，据《天妃降诞本传》所载，因护佑路允迪出使高丽的航程中护佑有功，回到汴京后，路允迪向宋徽宗奏请封赐海神湄洲神女，妈祖从地方小神上升到国家正祀，其身份第一次得以巨大转变[1]。第二次身份的转变发生在南宋时期，据《宋要会辑稿》载，在绍兴二十六年（1156年）的郊典中，宋高宗为了得到诸神的保佑，给许多神灵封号，作为湄洲神女的妈祖不仅被列入祭祀范畴而且还被封为灵惠夫人[2]。高宗于绍兴二十六年，对神祠及神祇加赐庙额和封号的这些做法并非首创，而是延续了宋徽宗时期大观年间就已经确定的封赐制度，正如《文献通考》中所载："大观三年三月二十三日诏：神祠封王、侯、真人、真君，妇人封妃、夫人者，并给告赐额降敕。"[3]而"夫人"只是宋代对于命妇以及其母亲的封号，对男性臣民而言并无此封号，对于神灵特别是女性神祇的封号，只是借鉴或引用了世俗皇朝中皇帝与臣民命妇进行赐封的一种做法。

莆田市博物馆收藏的此尊木雕夫人神像身着大袖圆领袍服，双手拢于大袖之内，腰间束带。大袖圆领袍服制式在宋代被视为公服，《宋史·舆服志》中载其制式：曲领大袖，下施横襕，束以革带，幞头，乌皮靴[4]。这种袍服之制沿袭了唐代制式，故宫南薰殿旧藏的《宋太祖坐像图》[图2·10]就描绘出宋太祖身着淡黄大袖袍服、腰束朱带，常朝则服之。2016年浙江台州黄岩区发现了一座宋太祖七世孙赵伯沄的南宋古墓，出土了一件圆领素罗大袖袍服成为现今唯一存世的宋代公服。宋代公服除广袖之外，亦有窄袖之式，如中国国家博物馆收藏的

[1] 蒋维锬、周全琰辑纂：《妈祖文献史料汇编 第二辑 著录卷（上）》，中国档案出版社，2009年，第77页。

[2] [清]徐松辑、刘琳、刁忠民、舒大刚等校点：《宋会要辑稿2 礼二十》"神女祠条"，上海：上海古籍出版社，2014年，第1018页。

[3] [宋]马端临著、上海师范大学古籍研究所点校、华东师范大学古籍研究所点校：《文献通考（点校本 全十四册）》，中华书局，2011年，第2773页。

[4] [元]脱脱等撰：《宋史》卷一五三志第一〇六《舆服五》，中华书局，1985年，第3561页。

图2·11 （传）宋／刘松年／中兴四将图／中国国家博物馆藏

南宋绢本设色《中兴四将图》〔图2·11〕所描绘的南宋四位抵御金兵入侵的将领，以及笔者曾在拙作《彬彬衣风馨千秋：宋代汉族服饰研究》❶列举了宋墓出土的一些着公服的宋代文官俑线稿图，均形象地勾勒出宋代官员身着窄袍公服制式，皂纱折上巾，通犀金玉环带。腰间束单条带式且环于腹上的玉饰革带形式唐代颇为常见，如台北故宫博物院收藏的南薰殿画像轴《唐高祖立像》〔图2·12〕以及唐代德宗、玄宗等其他帝王的立像之中。

宋代沿袭了唐代束带之制，腰束革带在宋代已为常制。除此以外亦有在腰间围系软质织带，如福建博物院藏北宋寿山石执扇女侍俑〔图2·13〕，头顶梳着一小髻，余发散于脑后，身着圆领袍服，双手环抱执扇于胸前，织带在腰间松松地缠结后两端带头作自然垂落状。同时，还出现了在束腰带之上再加附一条带式，这条带式则环于腹部之上，宋人孟元老在《东京梦华录》中将其称为看带。其中，卷六中就记载了正月十四日皇帝车驾巡幸五岳观迎祥池，有赏赐群臣的宴会，晚上回到内宫时，皇帝近身随行重重禁卫，其中"御龙直，一脚指天一脚圈曲蹼头，着红方胜锦袄子，看带束带，执御从物……"同书卷七《驾登宝津楼诸军呈百戏》中又记载了宋代哑杂剧演员亦设看带，"烟中有七人，皆披发文身，着青纱短后之衣，锦绣围肚

图2·12 宋／佚名／唐高祖立像／台北故宫博物院藏

❶ 张蓓蓓著：《彬彬衣风馨千秋：宋代汉族服饰研究》，北京大学出版社，2015年，第132页。

图 2·13　北宋寿山石执扇女侍俑及线描图 / 福建博物院藏

❷ [宋]孟元老撰、[明]胡震亨、毛晋
　同订：哈佛大学汉和图书馆藏明崇
　祯版《东京梦华录》卷六《十四日车
　驾幸五岳观》，第6页；卷七《驾登
　宝津楼诸军呈百戏》，第9页。

❸ 赖金明、丁航：《江西宋墓出土的墓
　主人俑简析》，《文物天地》2021年
　第1期。

❹ 孙机著：《中国古舆服论丛》，文物
　出版社，1993年，第222页。

图 2·14　宋代男墓主人坐俑及线描图 / 江西南丰县桑田宋墓 / 南丰县博物馆藏

看带……引百余人，或巾裹，或双髻，各着杂色半臂围肚看带……"❷1984年南丰县桑田乡发掘的一座石室宋墓出土的男墓主人坐俑〔图2·14〕，"头戴黑色平顶菱形帽，身着红色圆领至足袍服，腰系革带，胸前勒环弧状胸带，右侧露带头。"❸同墓出土有22件侍从俑头戴幞头，身着圆领袍服，"腰系革带，上环胸带，前佩大带。"❹福建博物院藏南宋陈元吉墓出土的

图 2·15　南宋石举手俑及线描图 / 陈元吉墓 / 福建博物院藏

图 2·16　宋 / 佚名 / 宋仁宗坐像图 / 台北故宫博物院藏

石举手俑〔图2·15〕、故宫南薰殿旧藏《宋仁宗坐像图》〔图2·16〕以及孙机先生在《中国古代的革带》一文中也附以成都东郊北宋张确夫妇墓出土的陶俑线稿图例证了宋代在束带之上再加看带的着装现象❶。

　　腰束双带的形式早在汉时已经出现，《汉书·郊祀志上》中提及的"缙绅"❷就是指官宦上朝时所用的笏插在大带与革带之间。这种双带系束形式一直延续到唐代，《新唐书·舆服志》不仅规定了"钿钗礼衣者，内命妇常参、外命妇朝参、辞见、礼会之服也。制同翟衣，加双佩、小绶，去舄，加履。"❸而且还记载了不同礼衣的形制穿搭，如花钿礼衣是六品以下妻、九品以上妇女的嫁服，形制为青色大袖连裳，配搭素纱中单、蔽膝、大带、革带等。宋代朝廷命妇的服制亦头戴花钗冠、博鬓饰宝钿，身着青罗翟衣、腰束大带革带，佩绶，脚穿青袜丝舄。其中的大带就是一种软质织带的形式，但在唐代文物图像资料中几乎未见将大带环于腹上，但在宋代出土俑中则较为常见，只不过织带上无任何金或玉饰。

❶ 江西省文物工作队、南丰县博物馆：《江西南丰县桑田宋墓》，《考古》1988年第4期。

❷ [汉]班固撰、[唐]颜师古集注：《汉书》卷二十五《郊祀志上》，中华书局，1962年，第1195页。

❸ [宋]欧阳修、[宋]宋祁撰：《新唐书》卷二十四志第十四《车服》，中华书局，1975年，第523页。

民间信俗下古代妈祖塑像和图像艺术研究

莆田市博物馆收藏的此尊木雕夫人神像束带上有着明显的几何形式，形同出土革带上的金饰或玉饰。作为民间信仰中的夫人塑像，其服饰形制无须完全遵循于所处时代的特定身份的服制规定，匠师们可以参照服饰形制以及同时期其他神祇塑像的服饰形式，特别是对塑像神职、地位、身份的理解进行主观性的理解，在"人神同形""神超于人形"之间进行适度的艺术创作。

三　亦凡亦神的南宋木雕夫人像及神妃像造型艺术

莆田学者肖一平、林祖韩曾在《宋代木雕天妃神像》一文中提及"一九八五年四月份莆田市城厢区举办妈祖诞生1025年史迹展览，会上展出了二尊原白湖庙的宋代二尊木雕天妃像，大的一尊高1米10公分，在'文革'期间由于保护不受抄家毁坏，放在枯井中，头部虫蛀而重新雕刻，身躯、手足保持原貌。小的一尊高42公分，完整无缺地保持原貌，均系坐雕。"[4]目前供奉于莆田市文峰宫三代祠神龛内的南宋木雕夫人像有可能就是肖一平先生在文章中提及的那一尊保存完好的塑像，相传是南宋名臣陈俊卿告老还乡后捐建的白湖顺济庙供奉的神像。此尊彩绘圆雕坐像樟木雕制〔图2·17〕，通体仪态端庄、慈眉善目、面部温和圆润，高额高鼻，头梳"朝天髻"，双耳低垂、附有耳坠；袍原为红色，原漆已退，残缺剥落的彩绘漆色中隐约残存着铁锈色的袍身主体色及湖泊蓝的云肩和帔帛用色；腰间束带，双手拢于身前，有覆巾盖之。整尊塑像在精致雕作之下，彰显出亦凡亦神般的雅致与高贵气韵。

与前文提及的其他几尊神像高髻的首服以及手势姿态方面，存在着明显差异的是福建省莆田市博物馆收藏的另一尊亦同样源于莆田仙游枫亭灵应堂的南宋木雕神妃像〔图2·18〕。虽同为端坐状，但该尊像的台座椅面略大，神像头戴高阔的旒

❹ 肖一平、林祖韩撰:《宋代木雕天妃神像》,《海神天后的史迹初探》, 莆田市城厢区人民政府文化局, 1985年, 第33页。

图2·17　南宋木雕夫人像 / 莆田文峰宫藏　　　　　图2·18　南宋木雕神妃像 / 莆田市博物馆藏

冠，从覆巾上部中央的孔状推测，该尊神像覆手持圭于胸前，
而原有的手持物已在日积月累的岁月里遗失。从服饰构成而
言，除首服外，该尊神像与文峰宫南宋木雕像〔图2·17〕基本相
近，皆为云肩、帔帛、袍服、覆巾组成，这是前文提及的两尊
神像〔见图2·2、图2·9〕中所未见的。

　　云肩，是围合于人体领肩部的一种独立衣饰，覆盖于前
身、后背以及肩部，长及至肩部稍下而止，衣饰摆部为云头
造型，故而得名。从文献史载来看，云肩的文字可见于《金
史·舆服志》，规定宗室及外戚并一品命妇禁用"日月云肩、
龙文黄服"❶等。《元史·舆服中》载其形制："云肩，制如四
垂云，青缘，黄罗五色，嵌金为之。"❷《元典章》中亦记载了
一种用于织造的云肩襕袖机❸。从金代的服饰禁令、元代的形
制规定和织机来看，云肩所呈现的是一种装饰纹样，织入织物

❶ [元]脱脱等：《金史》卷四十三志第
二十四《舆服中》，中华书局，1975
年，第980页。

❷ [明]宋濂：《元史》卷七十八志第
二十八《舆服一》，北京：中华书
局，1976年，第1940页。

❸ 陈高华等点校：《元典章（大元圣
政国朝典章）》卷五十八《工部一》，
中华书局、天津古籍出版社，2011
年，第1958页。

图2·19　敦煌莫高窟第62窟隋代壁画／西壁
龛内北侧上部持佛的天部

图2·20　五代《菩萨头像》残片／德国柏林印度美术馆藏

袍料，饰于肩颈处。从考古资料来看，云肩"较早见于隋代敦煌画观音身上。"[4]隋代敦煌第62窟西壁龛内北侧绘有一手持长柄拂子、头戴宝冠的天部，其颈肩部围合了一种衣饰，肩摆部虽未呈云纹或如意纹而为燕尾状〔图2·19〕。壁画清晰地勾勒出了一种独立衣饰的穿戴形式和封闭式的围合方式，似为云肩的一种初始衣着形貌。五代的一幅绢画残片中的菩萨头像则将这种衣饰之态和形制更为形象地勾勒出来〔图2·20〕，菩萨颈肩部的围饰似为五代时人和凝《采桑子》词所云的"蜻蜓领上的诃梨子。"[5]诃梨子，清人朱竹垞将其释为"妇女之云肩也"[6]，认为是六朝时期对云肩的一种称谓。肩部云头微微翘起，可见其是一种独立于主体身衣之外的衣饰。五代敦煌第36窟壁画的天女〔图2·21〕、龙女服饰中将"制如四垂云"的云肩描绘得更加淋漓尽致。宋代菩萨服饰中的云肩则沿用了五代"四垂

❹ 沈从文编著《中国古代服饰研究》，上海书店出版社，2005年，第592页。

❺ [五代后蜀]赵崇祚辑，房开江注，崔黎民译：《花间集全译》卷六，贵州人民出版社，1997年，第420页。

❻ [清]袁枚：《随园诗话》卷十三，浙江古籍出版社，2011年，第268页。

图 2·21　敦煌莫高窟第36窟五代壁画 /
　　　　　南壁西侧天女

图 2·22　宋代文殊菩萨骑狮像 / 峰峰文物管理所藏

图 2·23　宋代木雕观音菩萨坐像 / 台湾 / 私人藏

　　　　民间信俗下古代妈祖塑像和图像艺术研究

a   b

图2·24　辽代观音菩萨坐像
　　　　a.首都博物馆藏　b.大同市华严寺薄迦教藏殿藏

云"的制式，如一尊结跏趺坐、神情安详的宋代圆雕观音菩萨
像〔图2·23〕，在其宽袖红袍之上有一个云肩围于肩背、垂于两
肩，其边缘曲线变化，形似卷云。再如，宋代另一尊骑狮的文
殊菩萨像〔图2·22〕和辽代观音菩萨坐像〔图2·24〕所着的云肩结
构则更为清晰，前身、后背处的如意云纹互逆对旋、勾卷曲度
稳中有韵、平中见曲、婉转有姿。宗教人物所服的云肩形式虽
与五代乐伎、舞伎（四川成都王建永陵出土的五代前蜀光天元
年[918年]的乐伎、舞伎石雕）所着多有相似，但衣着目的当
同中存异。世俗伎乐女子为了弹奏、展姿等动作表现、为以增
强视觉观赏之美感、呈现特殊的艺术效果等表演需要而着，具
有较强地装饰与装扮功能。而宗教菩萨衣饰中的云肩，不乏意
在装饰之需求，但更重要的是凭借衣饰外观形态突显服用者本
身的特殊身份、地位等。

　　帔帛，历代妈祖史料中尚未对该衣饰有所提及，但从现存
据传为宋代的塑像中却可以较为明显地看到在云肩之上，还存
有一条披于肩背、绕于双臂、悬于身侧的长形带状之物。该

衣饰在隋唐五代时期就已经盛行于佛像服饰艺术，如现为大英博物馆收藏的敦煌石室发现的绢本"观世音菩萨图像""佛画断片""引路菩萨图像"等等。除佛教图像之外，也流行于世俗妇女衣俗之中，无论是俑像还是图画、雕刻上，经见其形。关于帔帛的形制来源，孙机先生认为"帔帛大约产生于西亚，后被中亚佛教艺术所接受，又东传至我国。"[1]持有相同观点的还有段文杰先生、赵超先生、Mr. Alexander C. Soper等诸多中外艺术史学研究学者。童书业先生认为唐代的帔帛受到同时期西域天竺波斯等国服饰的影响，"是一种'洋装'化的'土装'。"[2]五代马缟所撰《中华古今注》的"女人披帛"词条中亦云："古无其制。"[3]可见，披挂形式的帔帛并非纯粹的中原产物，受到外族文化特别是佛教艺术的浸染与影响，是多元文化互融的产物。如同云肩一样，信众将对敬仰与信奉映射到神像和佛像中的衣饰之中。在世俗凡人心向所往之下，帔帛成为飘之若仙、超凡脱俗的神伦之美的承载之物，是神凡交融的物化载体。中晚唐五代敦煌壁画的诸多女供养人像中，帔帛常与大袖衣组合搭配，成为妇女的礼仪盛装。发展至宋代，帔帛呈现两种主要形式的发展，一为妇女命服之霞帔，一为平民妇女之直帔[4]。因此无论是据宗教艺术人物服饰的组成还是世俗贵族妇女衣饰之貌，帔帛理应成为妈祖塑像中服饰组成不可或缺的一类衣饰。

此外，从史籍的记载可以看出，南宋时期是妈祖信俗的原始期，妈祖初为一个平凡的民间女子，在经历了从巫到神的变化之后，逐步演化成福建地区的民间信俗中的一位女神。在"信巫尚鬼"、巫觋气氛浓厚的福建地区，其信俗的产生轨迹与同处闽地的女神临水夫人非常相似，她们的原型都是同是生前为巫者，升天后成神祇。但临水夫人肇始于唐，发展于宋至清，是先于妈祖出现的闽地女神之一。宋时，妈祖与临水夫人作为地方重要女神，同时祭祀于一个宫庙、甚至同奉一龛的现象在当时的闽地已经形成一股民间风气。同时妈祖庙、临水夫

❶ 孙机：《中国古舆服论丛》，文物出版社，1993年，第180页。

❷ 童书业：《童书业史籍考证论集》（上册），中华书局，2005年，第567页。

❸ [五代]马缟：《中华古今注》卷中，中华书局，1985年，第21页。

❹ [宋]高承撰，[明]李果订，金圆、许沛藻点校：《事物纪原》卷三《衣裘带服部第十五·帔》，中华书局，1989年，第150页。

人庙旁一般均建有观音殿专祀观音。匠师们在进行塑像时，往往将这些女神的形像塑造得几乎一模一样，相异的仅仅是她们的服饰颜色和神像的注名。同时，民间的匠师通常并非专为某一神祇进行塑像，而是根据信奉者的不同诉求，进行多个神像的雕作。因此在神像塑造时，不同材质的雕作技法和流程大体相似，在形像的塑造上也会在同一类型的不同神像间进行相互参考与借鉴，因此，塑造出的神像既渗透着民间匠师的主观性与自由度，同时也夹杂着神祇形像上的共通性与相异处。加之，唐宋以来，随着佛教造像日趋世俗化的倾向，民间神像的塑像也随之呈现出世俗化的态势，由于妈祖在南宋的神职并不高，在其塑像造型时是以民间女子为形貌原型，总体呈现出的素雅与简朴艺术风格，同时妈祖形像在塑造时受到观音文化形像的影响，在仪容和形态间又彰显出神像应有的肃穆与庄重感。

元代南起海南、北至直沽，可谓海运漕粮的沿线重要地方都设有官建妈祖庙，造就了妈祖在国家祭祀体系中的特殊地位。元代妈祖祭祀在承前的基础上，融入了蒙古礼制，如祭牲中加入马作为"割奠"物品，祭器好用蒙古权贵喜好的金器，祭乐中添入了蒙古乐元素等。元代妈祖祭祀的规格堪称历代之首，但遗憾的是，众多官庙中能够遗存至今的妈祖塑像寥寥无几，零星的几尊存疑的石雕像虽然显得非常古朴厚重，但远远不能代表元代妈祖金身的真正造型艺术，静待日后能够拨开迷雾，通过实证加以正确辨识与探究。

第二节　妈祖塑像造型艺术的繁荣期

明代妈祖塑像形体延续了宋代神像的基本特点，身型比较瘦长的造型比例，妈祖大多以坐姿状态居多，手势仍普遍为置于胸前的"朝天式"，用巾帕覆手、持圭，宽袖自然下垂贴着双膝，衣纹处理简洁顺畅。基座样式非常简洁，未见靠背式的椅式，像身依然显得比较简练。但在单体妈祖塑像基础之上出现了妈祖与陪神组合式塑像造型形式，在塑像仪容与形貌上也出现了多元化并存的格局。

一　单体妈祖像与陪神组合式塑像的出现

伴随着佛教、道教介入妈祖信俗，出现了陪神与妈祖的组合式塑像形式。如明初永乐年间刊印的《太上老君说天妃救苦灵验经》一书中，妈祖被附会为"北斗降身"的妙行玉女转化而生，首次将妈祖引入道教神话体系。该经的《启请咒》中载："（天妃）头戴花冠乘凤辇，身披羾服仗龙形……又以太上老君敕封的形式：老君……赐（天妃）珠冠云履，玉佩宝圭，绯衣青绶，龙车凤辇，佩剑持印……有千里眼之察奸，顺风耳之报事。"❶太上老君赐予的妈祖服饰形像及提及的妈

❶ 上海书店出版社编：《道藏 11》，上海书店出版社、文物出版社、天津古籍出版社，1988 年，第 408、409 页。

图2·25　明德化窑妈祖瓷坐像及线描图／福建博物院藏

祖陪神在明代的一尊瓷质妈祖与千里眼、顺风耳的组合式坐像得以具体体现。该组合式的妈祖坐像为福建省博物馆现藏的迄今发现的唯一一尊德化窑白瓷妈祖坐像〔图2·25〕，高19、底座长13.9、宽5.9厘米，原为1965年福建省文物总店购得。因选用材质与制作技艺的不同，故此尊与木雕妈祖像相比，通体没有过多的装饰和细部纹样，仅在头戴冕冠的帽梁、博鬓以及袍服下的蔽膝部分，做了细节刻画，故像身胎质显得尤为的纯净洁白，满釉，釉色均匀明亮呈乳白泛青色。妈祖脸部丰满，表情慈祥温和，头戴无旒冕冠，冠后两耳旁下垂有博鬓，云肩，双手于覆巾之内相拱于前，作手持状，手执物已经缺失。妈祖两侧旁立有两尊高仅为6.5厘米，形体较小，皆光头裸脚、袒胸露脐、衣着简朴的侍从像，与端坐中间的妈祖位于同一基座之上，座上饰以云纹。左侍者左手高抬遮于前额之上，双目炯炯有神，注视远方，当为千里眼；右侍者右手侧掩耳旁，貌似耳闻八风之音，应为顺风耳。两位旁侍活泼生动的造型与憨态可掬的神情，与慈眉端坐的妈祖像形成鲜明对比，显得肃穆而生动。该组合式妈祖瓷像吸收了当时的民间神话传说加以塑造，妈祖作为海神，身边需要能够明察千里、耳闻八方的神力予以协助，所以千里眼和顺风耳两个陪祀的出现也是顺应信众崇祀祈求的心理需求，组合式的妈祖像不仅提升了妈祖的地位，更增添了神性的魅力。整体坐像为分段分件模制而成，妈祖的头部、冠后两边的博鬓以及身旁的顺风耳和千里眼，都是分别模制，然后附加上去的，经过接合后浇釉入窑焙烧而成。由于瓷质地坚硬，妈祖像形体大小适当，因此便于携带，适于海上航行者随船供奉。瓷质组合式妈祖坐像的出现，亦反映出明代漕运和海航业的发达，妈祖信仰也伴随着海运和出国的华人华侨得以海外传播。

二　形体瘦长的朝天式妈祖塑像形制

当代存世称为明代妈祖塑像容貌有着与观音像比较近似的俗成特征，前额开阔，两眼呈三分开，表情含蓄，嘴角微上扬，面带笑意，下巴丰腴略尖。明代的妈祖首服极具时代特点，大致可以分为以下几种类型：

其一，形如帝后的旒冠或冕冠造型。泉州市天后宫正殿供奉的明代妈祖像〔图2·26〕，头戴面旒，表情含蓄温婉，下巴丰腴略尖，面容清秀柔美宛如豆蔻花季少女。双手平置胸腹前朝天手势持圭，形体较为瘦长，坐于明式太师圈椅之上，上身略前倾，广袖自然下垂服帖于双膝，褶皱曲线流畅且自然。

其二，为民间客家妇女常梳的高髻样式。闽地妇女为客家人，常梳三把头、两把头和一把头的发髻，俗称为客家髻鬃。妈祖塑像就是梳着典型的三把头，即将头发分成上、中、下

图2·26　明代木雕妈祖像 / 泉州市天后宫

图2·27 明代妈祖铜像／南通博物苑藏

图2·28 束发金冠／南京江宁将军山沐瓒墓／
南京市博物总馆藏

❶[清]张廷玉等撰：《明史》卷六十七
志第四十三《舆服三》，中华书局，
1974年4月，第1634页。

三股，其中从正面看到的额前到头顶的这股成为
门股，门股常常会垫一些假发或用刮发的方式将
门股部分梳成蓬松且又饱满的造型。上、中、下
三股在脑后要通过合拢、折叠等方式梳成发结的
效果。门股下面的那一股头发成为髻尾，通过中
间这股头发弯曲高过头顶一部分，从前方正视看，
宛如传统高髻的样式。

其三，形如民间男、女日常闲居所用束发冠
或道冠造型。南通博物苑收藏的一尊明代妈祖
铜像〔图2·27〕，其面容、坐姿和朝天手势与泉州
市天后宫正殿供奉的明代妈祖像几近相同，但冠
式则具有明显的差异。该尊铜质妈祖像，束发于
顶，在高髻之上罩以小冠，用簪贯以穿之使之固
定。这种束发冠的形式出现于五代，宋时作为官
员、文人闲居首服单独佩戴，明代延续了束发冠
之俗，亦有将束发冠掩于巾帽之下的搭配方式。
从明代墓葬中出土的一些束发冠来看，材质比较
多元、冠身有不同梁数，如国家博物馆收藏有一
尊明代水晶冠，冠身雕七梁，两侧呈卷云状，下
有贯簪之孔。南京市文物保管委员会于1960年
发掘的中华门外郎宅山（明朝称雷家山）西麓的
宋朝用和他夫人的墓葬出土的一顶云纹束发金
冠，冠高4.7、长8.6、宽3.9厘米，冠面锤鍱五
道梁；此外，南京将军山沐瓒墓亦出土五梁束发
金冠，江西南城株良乡万历二十年某代益王墓出
土有四道梁的束发金冠〔图2·28〕，南京江宁殷巷
天启五年沐昌诈墓出土有六梁束发金冠等。《明
史·舆服志》对明代文武官员朝服中的首服形制
做了明确规定，一品至九品官员首服为梁冠，以
冠上梁数作为等级之差❶。孙机先生在《明代束

发冠、鬏髻与头面》一文，将墓葬主的官阶、出土束发冠的梁数与服饰制度中规定的梁数作出比较，认为"其束发冠之形制亦与朝服中的梁冠无涉。"[1]束发冠在明代并不仅限于男子佩戴，苏州张士诚父母合葬墓以及山西大同冯道真墓中就出土有女冠[2]，前者出土女冠比一般束发冠大，却比实际梁冠要小；后者出土的女冠高度略高于阔度且顶部弧线蓬起。墓葬中出土男用束发冠形状造型，都是阔度大于高度，与南通博物苑收藏的这尊妈祖铜像中的束发冠形式差异较大，妈祖所用的束发冠高度大于阔度且冠顶较为扁平，与明代墓葬出土的女冠造型亦存在着明显的差异，疑为官员的梁冠、贵妇用束发冠与道冠的结合，从而突出妈祖在明代民间神祇信仰中地位和身份。此外，明代妈祖像中还出现了高髻缀展翅凤鸟为饰，脑后发髻出似有包巾飘带等首服形式。

从妈祖的服饰构成、穿搭形式及手势而言，大体出现有几种类型：第一类为圆领袍服，帔帛与云肩组合成一种新的样式，搭于两侧肩部后沿前侧自然垂下，双手覆巾拢于胸前。山东青岛市民俗博物馆收藏的一尊木雕妈祖像〔图2·29〕，妈祖像坐器较简，面部残损较为严重，手部持物亦遗失，云肩处的纹饰虽然有些模糊不清，但通过残存的纹饰可以看出其精美程度。广式袍袖顺着两膝垂下，呈现出层层折叠自然下垂的褶皱流线，显得流畅且自然。大甲镇澜宫收藏一尊妈祖像〔图2·30〕，神像通体的彩漆虽有剥落，但残存的色彩还是清晰地将袍服、帔帛及云肩区分为三种颜色。像身前胸并没有被云肩所覆盖，而直接露出袍身的红漆，云肩仅存肩至肘部的如意云纹造型，帔帛披于其上，从而形成一种新的披挂组合造型。第二类为圆领袍服，帔帛搭于两侧肩部后自然垂下，无云肩。仙游坝垅宫的一尊身着圆领袍服的妈祖像〔图2·31〕，帔帛披于两侧肩部后顺着胸侧垂下，袍服上饰精美的服饰纹样。该尊妈祖像通身包括面部采用了髹金工艺修饰像身。关于髹漆工艺在明代黄成《髹饰录》一书集中说明，《髹饰录》杨明序："漆

[1] 孙机：《明代束发冠、鬏髻与头面》，《文物》2001年第7期。

[2] 苏州博物馆编著：《苏州博物馆藏出土文物》，文物出版社，2009年，第211页。大同市文物陈列馆、山西云冈文物管理所：《山西省大同市元代冯道真、王青墓清理简报》，《文物》1962年第10期。

图 2·29　木雕妈祖像 / 山东青岛市
民俗博物馆藏

图 2·30　木雕妈祖像 / 台湾大甲镇澜宫藏

图 2·31　金漆妈祖像及线描图 / 仙游坝垄宫藏

之为用也……皆取其坚牢于质，取其光彩于文也……今之工法，以唐为古格，以宋元为通法。又出国朝厂工之始，制者殊多，多为新式"。《髹饰录·坤集》评述了髹漆的工艺特征"黄髹，鲜明光滑为佳，揩光亦好，不宜退光，其带红者美，带青者恶" **❶**。妈祖通体髹金，一方面为了更好地保护木体，更一方面通过金漆饰身，以衬托民间信俗下妈祖不凡的神职与天妃之尊。

除此以外，还有袍服与云肩、肩部无帔帛的搭配，如德化窑白瓷妈祖坐像〔见图2·25〕；上文提及青岛市民俗博物馆藏的木雕妈祖像〔见图2·29〕，仅穿着了袍服，袍身亦布满丰富的纹饰，但作为船头供奉的更具亲近感的神像，所以其肩部未作帔帛状。该尊妈祖也采用了木刻涂金的工艺形式，即木胎红漆底，涂金，以体现妈祖贵为天妃的身份和地位。这尊妈祖与上文提及的其他呈现端坐状的妈祖像有所不同的是，妈祖坐在老虎身上，神态安详，从而体现出妈祖因供奉场域的不同，在服饰、坐姿、发髻上呈现出了多元的变化。明代妈祖像大部分反映的是豆蔻年华的年轻女子样貌，对应的是妈祖出生和羽化时的年龄阶段；当然妈祖像中亦有彰显的是一位娴淑端静、气度不凡的长者之容，这是受到闽地"崇母"习俗影响下，面部表情的塑造更酷似一位长者，以凸显出妈祖端庄、仁慈的法相。

❶ [明]黄成著、[明]杨明注、王世襄编：《髹饰录》，中国人民大学出版社，2004年，第3~5、34页。

第三节 | 妈祖塑像造型艺术的过渡期

在明晚期至清前期，妈祖信俗不论是从统治者的敕封，还是在国家统治系统中的影响力，都为相对比较弱的一个阶段，国家统治阶层对妈祖信俗的重视程度虽会随国家政策的改变而有起伏，但在明代后期关于的妈祖的传说与版印刊物种类丰富、风格各异；明晚期至清早期妈祖塑像亦较前期而言，呈现出宋明造型向清代样式过渡的时代特点，烙上了这一时期典型的辨识特征。

一　持圭及胸式无扶手台座的妈祖塑像形式的延续

明末妈祖塑像并没有将宋至明中期的造型完全弃之不用，依然呈现的是继承与发展的一面。这尊泥塑彩绘妈祖像就是对前朝妈祖造像承继的最好例证〔图2·32〕。妈祖像高98厘米，虽然所坐台座已遗失，但可推测其造型非常简单，而非明式圈椅座椅。其头戴旒冠，两侧博鬓较宋明中期时偏上，博鬓底部与耳朵上部齐平；整个博鬓更靠近冠身两侧，而非下垂于侧耳处，长度接近于肩部之上。耳朵和面部均趋于丰腴，特别是

图 2·32 明末泥塑加彩妈祖像及线描图／莫千里《中国古代佛像》刊载

耳垂和面部下巴处。妈祖身着立领对襟式云肩和袍服，帔帛于两肩披挂下来，双手拢于胸前，掩于覆巾之内，手持物不明。但这尊妈祖像与同时期其他妈祖像差别较为明显之处在于，覆巾正中设一面圆形明镜，仿佛借用镜子彰显妈祖能够静观世间万事、信众痛苦与否妈祖心中如明镜一般洞悉与知晓，一切众生苦难皆看在眼中、记在心中，同时借用明镜象征其法力无边之意❶。

妈祖体态表现以正襟端坐姿态为主，变化的造型要点在于妈祖手部姿势及面容与手部用色方面的过渡。从上文可见，宋至明中期，妈祖坐像中的手势以手藏于覆巾之内，既而持圭于胸前。从仙游坝垅宫的这尊木胎妈祖像来看〔图 2·33〕，冠及服饰部分均沿用了传统的涂金工艺，在金色的对比之下，凸显了面容和露出的手部所用的黑色，这是继前朝面容和手部设色方面的延展。同时，露出的手部姿态为双手平放于胸前作打揖

❶ 程群：《道教器物的宗教文化精神考察》，《文化遗产》2014 年第 7 期。

图 2·33　明末木雕涂金妈祖像 / 台湾历史博物馆藏　　　　图 2·34　明晚期木雕妈祖像 / 台湾 / 私人藏

状，呈朝天手持大圭的形式，这种手势在福建以及台湾早期的妈祖庙的镇殿妈祖塑像居多了，成为明晚期妈祖塑像的典型辨识的主要特征之一。

端坐式的妈祖仪态，其变化的造型要点还在于妈祖的座器，从宋至明中期的无扶手的台座向明式圈椅的过渡，妈祖手势出现了依扶手而置的造型。台湾新港文教基金会策划的"历代妈祖金身在新港"中展出的一尊妈祖像〔图 2·34〕，从妈祖座椅宽大的椅面以及两侧的洞孔可以推断妈祖当时是坐在明式圈椅之上，左右两手肘分靠圈椅扶手分置，右手安放于左膝处、左手空握似手持某个法器。该妈祖的服饰基本沿用前期，头戴冕冠、博鬓，身着圆领袍服，腰束大带与革带，肚子微微凸起，帔帛变窄，呈细长状从左右两侧环着上臂垂下。该尊妈祖因年代久远，早已漆脱、金箔落，但从残留的漆饰仍可以看出妈祖不俗的气质与风范。

二　两臂分依圈椅扶手而置的妈祖塑像
形式的转变

　　妈祖像的座椅以及服饰装饰保存较为完好的是一尊现存于台湾省台南市北区自强街12号的开基天后宫供奉的一尊妈祖木雕神像〔图2·35〕，背面刻有"崇祯庚辰年湄洲雕造"的字样〔图2·35c〕。崇祯庚辰为公元1640年，先于郑成功复台二十一年，是一尊明末从福建湄洲祖庙出灵至台湾的黑面妈祖金漆木雕像。妈祖正襟大坐于红色圈椅之上，两手肘分依圈椅扶手，左手势与图2·34相同，但右手亦靠扶手安放于腹前，与图2·34中放于膝上的姿势有所区别。该尊妈祖从雕作技法而言，彰显出明显的泉州风格，因为泉州风格的塑像以木胎体外讲究糊纸、披土、漆线、贴金和彩绘等工序，工法装修为准则❶。此尊妈祖整体像身除面部和手部外，均以生漆为主要原料手工搓成漆线，在妈祖像胚体上盘绕堆结成凸起的图案，通过贴金、彩绘等工艺使得塑像显得更为高贵和庄严。由此不仅可以看出，明末妈祖塑像开始向注重塑像色彩装饰、纹样雕作的繁复的趋势过渡，而且该造型亦成为台湾各地妈祖塑像的母型。

　　妈祖右手手持法器保存较好的是一尊现收藏于台湾省鹿港天后宫中的妈祖彩绘木雕像中〔图2·36〕，其整体造型形式、冠冕服饰以及妈祖座椅样式均与开基天后宫明晚期的妈祖塑像非常相近〔图2·35〕。妈祖身型既不像宋时那么瘦长，同时腹部并没有丰腴凸起式的大肚状，是介于明末和清初型制的典型代表，特别是右手持的如意配置是明晚期双手作揖呈朝天持圭样式之后的转型代表和并存手势。且从以上明晚期至清初期的这三尊妈祖像来看，妈祖脚踏部分在原有底部的基座之上加设了一座脚踏，妈祖的神像体态则由明早中期的略高挑的身线转向稍缓舒放的大坐架势。

　　据以上现存明中晚期和清代早期遗存妈祖塑像分析来看，

❶ 赵利权：《海峡两岸木雕艺术口述史》，福建教育出版社，2018年，第87~89页。

a

图 2·35　木雕妈祖像 / 台湾台南市开基天后宫藏
a.侧面　b.背面　c.铭文局部

b

c

图 2·36　清初木雕妈祖像及线描图 / 台湾鹿港天后宫藏

明末清初时期的妈祖塑像造型艺术逐渐呈现清代样式的过渡期，并逐渐形成其特定的样式和符号特征：妈祖头戴九旒冕冠及冠后左右两边的博鬓形制较前一时期更为夸大；宋明时期常见的云肩、帔帛配置式微，身服代之以圆领袍服为主，袖子略窄不再宽博，帔帛宽度趋于细窄化，原自肩部下垂的帔帛佩挂位置和方式被环于上臂佩挂的形式取而代之，腰束的玉带从一根发展至两根。手部仍多见持圭朝天式，但也开始有两手肘靠圈椅把手分置，或者一手持法器，一手放于膝上或把手上安放的手势设计。妈祖的身形体态已由明式略高挑纤瘦的身线转向稍显丰腴的身体在圈椅大坐的架势，以彰显稍缓舒放的塑像比例构成。可见，明代妈祖塑像在整个历代妈祖塑像造型艺术中起到了承上启下的作用，它既承袭了宋元妈祖塑像的素雅简朴，同时又是妈祖向清代新样式与造型转变的一个重要的过渡阶段。

　　　民间信俗下古代妈祖塑像和图像艺术研究

第四节　妈祖塑像造型艺术的多元期

一　清中期妈祖塑像造型艺术的新型式

清中期以乾隆、嘉庆、道光时期成型，妈祖塑像从仪容方面在宋明时期颇具典型的女性外貌及服饰特征的基础上，面部和身型等造型方面更强调富态、强化官相式凸显的造型。清早期出现的两手分置于座椅扶手，右手持如意或笏、左手安放的手势成为清中期民间庙宇供奉的妈祖像非常普遍和常见的肢体符号。而官方庙宇供奉的妈祖则仍以双手朝天执圭居多。

清中期妈祖塑像造型艺术的新型式主要体现在三大方面，第一，面部更为圆润，呈明显的双下巴；腹部更为隆起，体态浑圆，强调鼓肚圆凸。第二，两膝与肩同宽，或略宽于肩，足部略收，膝至足部呈现明显的"V"字造型。第三，受到手势以及腿式的影响，妈祖服饰在袖口及袍摆处的衣褶呈现动感的流线状，服饰及圈椅特别是扶手前端更注重其纹样的繁复与装饰性。闽台缘博物馆馆藏的这尊木雕彩绘妈祖像〔图2·37〕则集合了以上这几点变化特征，妈祖面部圆润丰腴、眼睛向下俯视凝望，右手持如意，端坐于圈椅之上。头戴的冕冠主体部分还残存着红、蓝、金、黄等彩绘颜色，与肩披的云肩、身着的圆

图2·37　清代木雕妈祖像及线描图 / 闽台缘博物馆藏

领袍服上的彩绘色彩交相辉映。看带、革带环于圆润凸起的腰腹间，腹前上饰正向龙纹，龙目圆睁、龙角外延、龙须怒张，龙身鳞甲整齐匀密，如意云纹遍饰袍身，通体精湛繁缛的纹饰给妈祖神像增添了威严之势。

　　台湾私人收藏的这尊妈祖像〔图2·38〕与闽台缘博物馆藏的妈祖〔图2·37〕体态动作一致，右手空握、持物遗失，左手倚椅头手心向下自然垂落，双脚垂于四足方型垫上，下有扁圆形座。妈祖脸型丰满圆实，眼睛上扬与鼻梁呈15度斜角，鼻头微凸、鼻梁高挺，小嘴与鼻同宽，从呈俯视状的眼睛可以看出，该妈祖像通常需要放置在位置较高的地方进行供奉，信众们仰首恰好与妈祖眼神相望，以托付心事、寄托心灵。妈祖像端坐于圈椅之上，腰腹处束有两根玉带，使得圆腹与腹部龙头

图2·38　清代木雕妈祖像 / 台湾 / 私人藏

纹样更为突出与凸起。由于妈祖两腿向内合拢，使得妈祖自肚子一下比例略宽于肩部，显得尤为浑厚圆润。圈椅扶手用龙首造型作为扶手前端，与腹部龙头纹饰相呼应，以衬托端坐于上的神祇特殊的身份与地位。从正面前视，太师式圆弧形椅圈清晰可见，椅前设脚踏几座。座椅配件造型较为平实，为明代圈椅的写实再现。

比该龙首圈椅更为精致的是鹿港新祖宫于乾隆五十五年（1790年）入祀安座的妈祖塑像的坐具〔图2·39〕。该妈祖像坐在象征帝后神格的龙首圈椅之上、该椅脚呈外倾弧线型，椅脚分踏卧狮，踏几座的前中呈如意纹造型，其上雕饰非常华丽精美。头戴九旒冕冠及左右凤饰帽翅为这一时期约定俗成的符号，身着圆领大袖袍服，细窄型的帛带左右环于两侧上

图 2·39　清代木雕妈祖像及线描图 / 台湾鹿港新祖宫藏

臂，腰间上束玉带、下围佩玉革带，腰前居中至袍摆处配细窄状箭形蔽膝，上饰道教八仙法器飘带纹❶。祥云、龙凤狮鹤以及十二章纹的部分纹饰、佛道教八宝法器飘带盘长纹几乎遍及全身，在金色服饰底色的衬托之下，显得华丽炫目。该尊妈祖像以整块木头采用立体圆雕而成，全身带座，像高约一尺八寸，是雕刻、漆线、彩绘、贴金及镶嵌工艺交互运用的集中体现。受到佛像金身彩妆观念的影响，妈祖除面部及手部外，通身敷贴金箔，呈黄金色。漆饰和朱漆虽为清中期以后重新妆饰，但仍能看出清中期妈祖塑像的典型特征，正襟端坐，两膝于足部略收，呈现倒八状，整体呈现四平八稳之势。该尊妈祖以世俗化妇女为本，冠后露出的发髻造型为莆田原乡妇女常梳

❶ 李奕兴：《百变造像，金身如一：台湾妈祖造像的形式与特征》，黄旭主编《流动的女神：台湾妈祖进香文化特展》，台湾自然科学博物馆出版，2011年，第55页。

的船帆髻❷。妈祖像慈眉善目，鼻头如小丘，双下巴，耳垂及脸颊皆丰满浑圆，眉目与鼻、嘴间构成了明显的倒三角造型。双手均舒摆于圈椅两端，左手明显以手肘倚靠椅圈，手掌向内握持如意。

清中期所建立和逐渐成形的妈祖新型式使其成为之后妈祖塑像的基本范本，并日趋标准化且亦呈现出模式化的发展趋势。妈祖塑像的表现形式、写实技法较之先前时期有所提高，线条畅快自然，雕刻也细致入微。妈祖的脸部大都圆润丰腴，常见有双下巴的富态，容貌更似尊贵大气的中年贤妇，头戴冕冠，冕冠的博鬓通常由上往下呈弯曲状，尾端上卷如卷云纹样，服饰以圆领袍服为主，多见装饰花纹繁密的蟒袍、龙袍，两臂缠绕披帛，胸前束玉带、腹部系玉腰带的搭配成为常态，腹部更为突出，双脚向内扣，使膝部形成多条弧形衣纹。从服饰的形制与搭配，可见妈祖的神格之高、地位之尊，但亦有刻画过多，稍有累赘之嫌，在塑像创作方面走向富丽繁琐的风格。

二 清晚期妈祖塑像造型艺术的迟滞式

清代中期以来，朝廷出于政治目的，对妈祖的敕封日益提升，清代晚期国内局势动荡，所以借妈祖之名来笼络民心与稳固政权，妈祖由晚清政府不遗余力的推崇与宣传，其封号甚至被累计多达六十四字。受到社会经济的衰落、市场需求等诸多因素的影响，清代晚期如同治、光绪时期的妈祖塑像在造型艺术方面以延续前朝范本居多，照本宣科式的塑像造型较多，缺乏艺术创新。因此较前一时期而言，清晚期呈现出迟滞发展的态势。

从清晚期现存的妈祖塑像来看，表现形式、写实技法虽较之先前时期有所提高，线条畅快自然，雕刻细致入微，但也因其刻画过多，稍有累赘之嫌，既显得繁缛复杂缺乏创新与新变，又极具模式化与程式化倾向。如这一尊清朝晚期的妈祖

❷ 黄成、卢新燕：《福建莆田湄洲女发型"船帆髻"海洋文化符号解读》，《贵州大学学报（艺术版）》2014年第6期。

图 2·40　清末木雕妈祖像 / 台湾 / 私人藏　　　　　　　图 2·41　清末木雕妈祖像 / 台湾 / 私人藏

像〔图 2·40〕，妈祖头戴九旒冕冠（旒已缺失），冕冠两边刻有
垂至肩部的博鬓，博鬓较前朝向横向和纵向均进行了延展，夸
大的博鬓造型显得较为生硬缺乏流线式的韵律之美。圆领袍服
自领口处至腹部、袍摆等处均用漆线等方式作成纹样装饰，但
两肩的纵向褶线表现模糊，腹部上部亦设规整褶皱排列的软带
围裹。袖口垂于膝下，但褶线过于平直使得袖口看起来非常坚
硬毫无衣服材质的柔软飘逸之感。妈祖一高一低的手部姿态虽
然亦延续了前中期手势，但该尊妈祖的手势与略驼背的上身躯
体造型来看显得非常的生硬，手势动作显得尤为僵硬且极不自
然。两侧手臂毫无倚靠椅圈之感，给人以萧规曹随、生搬硬套
前时期手势之感。袍身部分的衣褶显得比较生硬，毫无流线式
且下身比较短缩，显得上身比例过长。加之，面容部分呈现老
妇状，整体塑像缺乏妈祖固有的灵性和特有的神格魅力。

无独有偶，图2·41的这尊妈祖木雕像较图2·40而言，有过之而无不及。该尊妈祖像不仅面部比例显得过长，而且其腹部上带的位置过于居上，几与环臂的帔帛齐平，使得塑像缺乏胸部应有的身型和比例，腹部和肚子的凸起显得凹凸兼具，呈现出过于的随意化和毫无章法和比例之感的程式化。妈祖的冕冠呈现前窄后宽状，博鬓增添为三层卷云纹，袍身纹样及衣褶流线缺乏生动与流线感，给人生搬硬套之感。因此，从塑像的工艺技法、呈现方式以及妈祖的冠履服饰方面来看，繁复有余，毫无新创，造型艺术明显处于停滞期。

本章小结

　　古代妈祖塑像造型艺术在宗教艺术和民间艺术造型的影响下、一般经历了的探索期、繁荣期、过渡期及多元期四个期，形成了不同时期的时代特色和不同艺术风格。宋元时期的妈祖塑像总体呈现素雅简朴、神凡交融的艺术风格，也不失神像应有的庄重感。明代妈祖塑像形体延续了宋代神像的基本特点，身型比较瘦长的造型比例，妈祖大多以坐姿状态居多，手势仍普遍为置于胸前的"朝天式"，用巾帕覆手、持圭，宽袖自然下垂贴着双膝，衣纹处理简洁顺畅。基座样式非常简洁，未见靠背式的椅式，像身依然显得比较简练。但在单体妈祖塑像基础之上出现了妈祖与陪神组合式塑像造型形式，在塑像仪容与形貌上也出现了多元化并存的格局。明末清初时期在古代妈祖塑像造型艺术历史长河中是个过渡期。清代晚期的妈祖塑像在造型方面，整体趋于雷同，圆润的脸部与稳重的表情与前时期无异，甚至出现比例失调之感；在服饰及纹样方面，冠冕袍服并无增减，然从颜色和纹饰来看日趋世俗化、民间化；从面容法相上来看，妈祖呈现出明显的老龄化趋向。在塑像制作工艺和表现技法方面显得过分强调工巧繁缛，过于注重细节的装饰，未能开创出妈祖造型艺术精益求精、面相多元的新境界。

第三章

妈祖信俗虽然发源于福建，但伴随着航线的延展和妈祖神职的扩大，妈祖在沿海各地落地生根，并融入地方民俗，妈祖塑像呈现了形像世俗性、技艺地方性和特色化、材质多元化、供奉形式多样化等特点。一般而言，妈祖塑像根据供奉场所的不同而采用不同的制作技艺，宫庙正殿中的大型妈祖神像大多就地取材，以泥塑彩绘制作技艺的居多；宫庙外、大海边、广场上等位居户外的场所多为大型妈祖立像，这些立像大多以汉白玉、石雕的方式加以呈现；中、小型妈祖神像，常以木雕为主，有用一整块木头雕制而成或由数块木材榫接而成的硬身妈祖像〔图3·1〕，有雕作成活动式的关节可坐于椅上的软身神像〔图3·2〕。陶瓷烧制的妈祖像、砖烧的妈祖像和一些木雕的妈祖像因尺寸较小，便于携带和移动，常用于宅居〔图3·3〕、

图3·1　硬身木雕妈祖像／台湾台南市开基天后宫藏

图3·2　镇殿软身妈祖像／台湾鹿港天后宫（旧祖宫）藏

图3·3　清代家庙神龛中的木雕妈祖像 /
柏林国家博物馆藏

船舶〔图3·4〕或妈祖进香活动中〔图3·5〕。纸糊的妈祖像，造型简单、色彩鲜艳，但因材质特性不易保存，主要被用作祭祀活动。

　　福建地区妈祖塑像的制作技艺较为成熟，虽然分派出各地代表性的制作派系，并传播至台湾，但终保持着南方闽地原乡风格，为各地妈祖塑像的制作提供了模本之范。但妈祖信俗在各地区落地开花之后，福建地区以外的匠人往往将地方特色的技艺运用于妈祖像的雕作，从而促进了妈祖塑像技艺的本土化和在地化的发展。天津和山东地区虽然同属于妈祖信俗在北方的传播典型代表区域，但因各地民间信俗的浸染出现了异质化发展态势，呈现出两种不同风格的北方制作技艺。

图3·4　清代木雕妈祖像 / 日本博物馆藏

图3·5　进香活动时置于篮中的小型木雕妈祖像 / 李奕兴摄

第一节 | 闽台塑像妈祖技艺的标准化建立

宋至明代以来，妈祖塑像技艺在福建等地得以率先和长足发展，福建不同地域及师傅技艺风格的不同，神像雕刻技艺渐渐演化成不同的塑像派别。明清以来，福建各地的民间匠人雕刻的各种妈祖木雕像传入台湾，落地后，各地庙宇有将早期的妈祖木雕像奉为开基妈祖，即根据妈祖分祀来源地的不同，在称谓上冠以地区名，如由湄洲分灵台湾的妈祖称为"湄洲妈"，由同安分灵而来的叫做"银同妈"，由泉州分灵者则称作"温陵妈"。虽然称谓名称有所不同，但其实都是指的同一个神祇：妈祖。位于台湾台南市北区自强街12号的开基天后宫供奉的一尊妈祖木雕神像〔图3·6〕，台湾历史博物馆筹备处收藏的近十件清代妈祖木雕神像〔图3·7〕，雕刻手法和风格与同时期福建民间的妈祖神像基本一致。在福建，闽南和闽北的妈祖塑像技艺与风格略存差异，传入台湾后一般分为三大派系：漳州派、泉州派及福州派，但主要是以后面的两大派系较为

图3·6 木雕妈祖像／台湾台南开基天后宫藏

图3·7　清代木雕妈祖像 / 台湾历史博物馆藏

常见。泉州和福州派的明显差异在于"在神像各部位造型所形成的整体感所致；而刀法、漆法较无区别。但在神像衣着上的图案、浮雕衣饰及漆在线色这三部分有很大不同"❶。闽北福州以妈祖塑像装扮和修饰见长，体型趋于写意式；闽南泉州则以写实风格为主，妆饰不失华丽。这些富有典型和鲜明特色的福州、泉州派的妈祖塑像技艺均得以在台湾各地传播，并被台湾不同地区的匠人所学习和效仿，为早期台湾的妈祖木雕提供了一定的木雕技术支撑和塑像艺术摹本。

一　闽台塑像妈祖度量制的统一化

古代建筑和佛教造像都非常讲究尺度和比例，宋代的《营造法式》和佛教《造像量度经》〔图3·8〕等分别对建筑各部位比例、尺度关系和佛像度量作出了非常细致的规定和说明。古之尺度，各朝不同，民间各地在遵循和沿用古代尺制系统之下，根据对象的不同也形成了相应的度量用具。闽南《洪潮和通书》载："门乃屋之咽喉，出入开关之处，所系最重"❷。可见福建地区非常注重家居建筑的布局和风水，特别是沟通天地的门户，甚为讲究。古时工匠常用"鲁班尺"测量门窗的尺寸，鲁班尺的记载最早见于南宋陈元靓《事林广记》❸〔图3·9〕，尺上分为八等份，标以"财、病、离、义、官、劫、害、吉（也作本）"八个字，这八个字亦靠北斗星与辅星决定。鲁班尺，又称为文公尺，在南方民间工匠用书《鲁班经》和《绘图鲁班经》〔图3·10〕中有明确记载，为闽台等地大多数神像工匠雕作妈祖等神佛、神龛时专用的量度工具。若以唐大尺（约29.7厘米）作为曲尺长，用1.44曲尺换算，文公尺全长约为42.76厘米，沿用南宋时期的八个大字"财、病、离、义、官、劫、害、本"，作为空间上区分吉凶的标准。受此吉凶理念的影响和延伸，闽台等地在神像、神龛、神座等祭祀相关的木制雕作时也适用该尺。台湾匠人雕作神

图3·8　《造像量度经》封面

❶ 熊品华：《台湾陈靖姑造型艺术与意涵》，闽都文化研究会编：《闽都文化与台湾》，海峡文艺出版社，2015年，第324页。

❷ 林衡道口述、杨鸿博整理：《鲲岛探源（二）》，稻田出版有限公司，1996年，第276页。

❸ [宋]陈元靓撰：《事林广记》甲集卷上，中华书局，1999年，第7页。

图3·9　元至顺年间西园精舍刊本《纂图增新类聚事林广记》封面／日本内阁文库藏

图3·10　《绘图鲁班经》封面及其中关于鲁班真尺长度的刊载

图3·11　文公尺／台湾南投县台湾文献馆电子报刊载

像必备的文公尺〔图3·11〕，每尺上标八字计分八大格即八个刻度，每个刻度其下再细分为四小格，并列出细分的四个词，一尺中共计32个词表示吉凶意义，神像雕作尺寸大小，择吉选用。一般选用其中四字"财、义、官、本"为吉；其余的各字为凶，禁用。

《汉声·中国人造形专集》的"传统雕塑的殿堂大天后宫"一文中刊载了黄永松先生拍摄的台湾大天后宫内数十尊大小不一的泥塑神像作品。观音座前的玉女像〔图3·12〕，从其容貌和形体来看与民间妇女极为相似，生动、自然且活泼的塑像原型可谓基于现实生活中的人物形像，又高于生活常态的艺术化提

图3·12　观音座前的木雕玉女像／台湾　　　图3·13　镇殿木雕妈祖像面部／台湾台南大
　　　　台南大天后宫藏　　　　　　　　　　　　　　天后宫藏

炼与具象化表现。据传这些作品出自近三百年前一位泉州师傅的手作，此人鸦片瘾很大，每次过完鸦片瘾后就会灵感迸发，塑造出许多造型各异、高低不等的神像。在拍摄镇殿妈祖面部近照时〔图3·13〕，江声先生这样描述："在摄影灯的强光照明下，奇迹出现了，妈祖低俯、埋藏在阴影下的眼睛，突然显现出清亮的瞳仁来，使得我们看清楚了这大约有两人高，庞大的妈祖坐姿雕塑，是具有何等慈悲和庄严的法相。""那对发亮的瞳仁，可不正垂视着我吗？也与垂视我同样的，妈祖也垂视着芸芸众生。"● 正殿大型妈祖泥塑雕像永远是固态的、永恒的状态，但灵动的妈祖泥塑神像作品却寄托着匠师对中华民族容颜美的理念与追求。匠师需要不断琢磨民间各种人物的典型及妈祖的德行言表，不断模拟妈祖的心态和神情，以其自己精湛的雕作技艺和丰富的艺术想象与创造力，以最凝练的艺术语言，塑造出具体且生动的艺术作品。看似有些随心所欲的雕造，实则在神像匠人那里却有着一定的量度规律所依。正如家有家规、行有行规，妈祖神像雕造的尺寸实际是需要符合一定

● 汉声杂志社：《汉声·中国人造形专集》1980年第7期，第51、59页。

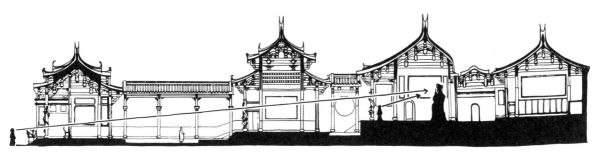

图3·14　镇殿木雕妈祖像与三进式敬奉动线和路径空间／台湾大天后宫

的标准与规矩的，必须根据文公尺上所标明的吉数、字义指示，具有统一的度量制。

虽然从现存的众多闽台两地的妈祖塑像来看，神像作品存在着尺寸上的差异。但妈祖神像雕造大小是与文公尺中诸多的吉凶概念相结合的，尺寸均统一于一个标准之下，家庭供奉的妈祖塑像高度常有八寸六分（约合24厘米）、一尺三寸（约合39.5厘米）；供奉于神坛庙宇的高度为一尺六寸（约合48厘米）；供奉于宫庙中的妈祖塑像尺寸，一般按照正殿神房空间要素来决定其高度和体量，镇殿最小约为二尺二寸（约合67厘米）。妈祖塑像雕作时通常将文公尺用于神像尺度的吉字量度，台湾大天后宫镇殿妈祖神像的高度约为一丈八尺。按照一丈约330厘米，一尺约30厘米加以计算，近6米左右高的妈祖神像给进入正殿厅堂的信众以强大的视觉冲击和心灵震撼。"大天后宫由入门到正殿神像座前，距离有五六十步远，然而当人们一步步深入走近时，不会觉得妈祖神像有突兀变大之感。那是因为在临近的过程中，不知不觉经过了三进厅堂，地面也挨次升高了三层的缘故。"❷宫庙镇殿妈祖塑像高度与宫庙建筑有着密切的配比与关联，在空间布局上也极为讲究。信众自宫庙入门口隐约可见正殿袅袅香烟下的镇殿妈祖的身影甚至面容，显得神秘而又充满亲切之感〔图3·14〕。伴随着大天后宫三进厅堂地基台阶的逐步增高，信众与妈祖神像之间距离的逐步缩短，妈祖神像始终维持着恰如其分的视觉大小与高度。渐

❷ 汉声杂志社：《汉声·中国人造形专集》1980年第7期，第59页。

进式的敬奉动线和路径空间，有效地避免了近一层楼高的塑像给供奉者造成的视觉和心理重压。匠人几近完美的雕作技艺之下，安详庄严的妈祖神态、雍容华贵的卓然气度传递给信众的是一种信任、需要和尊崇，令人倍感温和与亲切的同时，虔诚之心油然而生。环绕在周边的大小各异的神像与妈祖塑像共同营造出一种神圣肃穆的敬祀氛围，一种能够与信众形成同理共情，赋予其更好的安全感和更佳的情感寄托与心理诉求的空间。

二 闽台木雕妈祖的雕作仪式与禁忌

从材料选用到神貌完备的整个妈祖塑像的雕作过程，其实也是神像匠师工艺技巧和仪式行为相结合的呈现过程。从木料的选择到妈祖开光点眼的全过程中，始终贯穿着民间一些祈求善福的仪式和习俗。

1.选材、择日、开斧的仪式与禁忌

闽台妈祖神像的木材选用一般就地取材，常用的有檀香木、樟木等等，种类繁多。选用的标准为木质坚硬、纹理密细、防蛀耐久，忌选如松木般木纹平直、纹理较小、结构细致、松软易开裂，经不住磕碰和承重的这类木材。通常木材在刚刚砍伐后是不宜立即拿来雕作神像，为了防止雕作成像后发生变形，通常需要将木材放置约一至三年左右的时间，使其自然阴干。木材的选定一般是神像雕刻需求者或雕刻匠师选材取用，抑或是受妈祖梦托其所授意的寄身之处取材。木材选定之后，有将择木放置在宫庙中，也有置于雕刻匠师店中。为了纳吉避凶，需要进行净化仪式，即先将为妈祖雕作的木材加以清理干净，施以大悲咒、敬天地神咒等咒术，用洁清净水从而祛除晦气。台湾省台南开基天后宫正殿妈祖像前的案桌上陈设有开斧前的三块择木，其上贴有红纸〔图3·15〕。木块移放于宫庙

图3·15　正殿案桌上陈设的三块贴有红纸的择木／台湾台南开基天后宫

图3·16·　王仕吉雕作的妈祖神像／台湾台南老神堂

时，一般会准备简花、果供品、神明金纸等，并举行焚香祝祷仪式，直至礼成。择定的雕作神像用木块至少要放置一年半载，一方面使木头保持干燥待雕状态，一方面置于妈祖宫庙中以祈灵安尊定神。

雕作开斧的时间是通常根据妈祖神祇的生辰来选定开斧、入神和开光的良辰吉日，或掷筊请示神明定下正式雕刻的良辰吉时，以避开冲克的时辰和日子。开斧吉日吉时，匠作之人摆上供品，点燃清香，施清净符、念开斧请神咒，并边用斧头点向选定的木材上端四个地方，边念咒"点天天清，点地地灵，点人人长生，点鬼鬼灭亡"。念完咒后，将斧头置于木材之上，把标有妈祖名和开斧日的金纸红纸贴于木上，即完成开斧仪式，这是神像匠师在塑像雕作时实施的第一道宗教科仪。妈祖塑像雕作之前，通常需要在木材上画上草图，用大型刀具切除不用的部分，打出妈祖坐像或立像粗胚的基本形态后，再修整和确定妈祖的脸型五官和身型，磨光体态和线条。妈祖木雕像的面部还清晰存留着其在为妈祖神像开脸前，用红笔绘制的面部对称中轴辅助雕刻作用的线迹〔图3·16〕。

2.入神、开光点眼的仪式与禁忌

妈祖神像粗胚雕作完成之后，进行后续妆饰之前，神像匠师通常需要实施第二道宗教科仪，也就是入神仪式。福建地区的匠师大多会在妈祖神像的肚脐处或座椅背面凿一小洞，台湾地区则常在妈祖神像背部上方所挖的小洞中，放入七宝（金、银、铜、锡、珍珠、玛瑙、玉石，象征财富和人的五脏内腑）或五宝（金、银、铜、锡、玉石），妈祖庙宇的灵符、香火（炉丹，象征妈祖灵力）等一些宝物，然后以木塞填堵入神孔（又称"圣门"），以示外有神形、内有神藏。同时，雕刻匠师画清净符、写上咒语，待良辰一到，即摆上供品、烧香念咒请神，点燃清净符并于妈祖胚像四周比划晃动念咒；然后将神像放在香炉上熏一熏，表示"过香烟"，供奉于神桌。经过这样一个完整的入神仪式之后，妈

图3·17　台南开基天后宫妈祖像背后的长方形入神孔

祖塑像便从一个纯粹的木雕艺术作品转变成为一个已进驻独特灵性的神明，妈祖神明可以透过该神像驱使法力和神意。

在妆饰像身之前完成填塞、封堵小孔的入神作法，其实是匠师出于妈祖金身成型的外观毫无孔迹的工艺层面考量，因为填补的小孔经过砂纸打磨平整、木身打土、安金箔等后续妆饰，这一道道工序打造和掩饰之后，神像外观毫不留痕。因此，如今庙宇中收藏或供奉的妈祖木制雕像，大都因外部涂上底漆、上漆线、贴金色等处理后，不仔细观察是很难辨识有无入神孔洞的。台南开基天后宫的其中一尊妈祖神像〔图3·17〕背后虽然被匠师作了工艺上的处理，但依稀可见神像背后上方至其圈椅靠背上沿处有个长方形的拼接印记的凹痕。无独有偶，台湾省大甲镇澜宫收藏的一尊头戴帽翅高冠的妈祖木雕像，从红漆脱落、通身斑驳的背部上方亦可以看到有一个方形的印痕线迹〔图3·18〕，当为该尊神像雕作仪式中所挖的入神孔，在雕

图3·18　头戴帽翅高冠的妈祖木雕像／台湾大甲镇澜宫
　　　　a.正面　b.背后的长方形入神孔

像体内塞入宝物后，用与开孔大小匹配的方形木块加以填塞封孔。与方形入神孔有所不同的是，妈祖神像背后也有圆形的入神洞孔，如台湾省新港奉天宫五妈神像背后就是圆形入神孔，而二妈神像背后则是方形的入神孔[1]，这些妈祖木质雕像的入神仪式和工艺处理其实是完全相同，只是入神孔有正方形、长方形和圆形等不同形状而已。基于民众对于神像是否入神的疑惑，而今闽台等地的匠师改变了填宝、妆饰的工艺次序，也就是先完成塑像的妆饰部分，而后再钻孔入神，并在入神孔处贴上八卦符纸。工艺改良后的入神仪式就可以与开光点眼的仪式同时进行，而非传统的先入神后开光。台湾省大甲镇澜宫的另一尊木雕妈祖神像〔图3·19〕却与前两尊妈祖像的入神孔截然不同，显得比较特殊，妈祖雕像身后的背洞从背部上方沿着背中线一直开到腰线左右的位置，孔洞因呈现开放式，故而背洞里塞满

[1] 李建纬：《女神的容颜：新港奉天宫妈祖神像造形研究》，《台湾文献》2015年66卷第1期，第90页。

a   b

图 3·19 　木雕妈祖像 / 台湾大甲镇澜宫藏
　　　　　a.正面　b.背洞放入的香纸、香火等

粗胚　　　　　　修整　　　　　　开脸　　　　　　按金上色

图 3·20 　王仕吉雕作妈祖像的制作过程图 / 台湾台南老神堂　　　　　　图 3·21 　王仕吉按金上色后的妈祖
　　　　　　　　　　　　　　　　　　　　　　　　　　　　　　　　　　　　　　　像 / 台湾台南老神堂

的香纸、香火等物一目了然。由于这尊妈祖像已经去漆，已经没有神了，台湾叫"去神"，一般民间会将之焚化，此尊妈祖已经成为大甲镇澜艺术收藏用妈祖雕像了。

开光点眼仪式是神像雕作过程中的第三道宗教科仪，即通过对神像漆底漆、花脸、上漆线、贴金上色等妆像工艺全部完成之后进行的仪式。多半在神像所在地，由定制神像的主家、匠师或当地的法师进行开光点眼仪式。在神桌供奉供品、清净水、笔和圆镜，桌下置一白公鸡。开光时辰一到，主家抱着白鸡，匠作师傅一手持神笔、一手握神镜，用符纸与咒语进行净化，取鸡冠之血与朱砂混合，用神笔书写圆镜上的咒语，用镜子将阳光反射到神像身上，边念咒、边用神笔从头到脚（头、眼、嘴、耳、手、脚、四肢关节、背部）逐一点过，不同部位具有不同的意义，如额头象征点开天灵地盖，眼睛象征开启天眼等，仪式完成后，燃放鞭炮，将妈祖像先后置于神桌、神轿之上，待真神降临，此尊妈祖塑像便注入且具有无边法力之真灵。开光仪式除在神像所在举行以外，也有在庙宇举行，以增强妈祖神明的威力。

台湾省台南市老神堂的神像雕作匠师王仕吉先生演示手作新雕神像的制作流程〔图3·20〕，从粗胚、修整到开脸，一块普普通通的木头在民间匠师的手作技艺之下，通过人为的设计和雕琢，如脱胎换骨般转化成为一尊富有张力和灵性的木雕艺术作品〔图3·21〕。继而再通过三道不同的宗教仪式，按照既定的规仪符咒进行施作，赋予普通的木雕作品以超凡入圣的神性，化身成为一尊具有灵力的可供信众膜拜以趋吉避凶的神像，可谓巧夺天工。从木头过渡到神像，宗教仪式中人-神像-神的互动关系，既是神像灵性的视觉媒介，更是各种社会群体认同观念的共同建构。而源于福建的妈祖神像的雕作技艺和神化仪规，逐渐成为沿海各大地域妈祖神像制作的摹本之范。

第二节　天津泥塑妈祖技艺的本土化延展

一　"泥人张"风格的妈祖塑像技艺：
以天津天后宫为例

天津西临京城，东临渤海，北依燕山，处在海河流域的下游，海河上吞九水，中连七十二沽，下游入海，大运河流经此地南下，唐时成为南方粮、绸北运的水路码头。元时作为海运漕粮的终点、转入内河装卸漕粮的中转码头，伴随着此时海上漕运的进一步发展，妈祖以护海佑民职能身份随之传播到天津。现存天津古城东门外海河边的天后宫（元时称天妃宫），始建于元朝泰定三年（1326年），不仅成为天津受到皇封的现存年代最久远的妈祖庙之一，而且与福建的湄洲妈祖庙、台湾的北港朝天宫并称为世界三大妈祖庙，是妈祖信俗在北方传播的中心，见证天津城市形成和发展，所以在天津民间流传着一句老幼皆知的俗语："先有天后宫，后有天津卫"或"先有娘娘宫，后有天津卫"。妈祖信俗传入天津后，很快融入地方民俗，妈祖从保护海航的单一职能拓展成为保护天津地方的多职神祇，被尊奉为可司各事的天后娘娘。天后宫被誉为"天津福主"，在庙内民众们不仅请进众多地方神灵，而且还专设了"子孙娘娘""瘢疹娘娘""耳光娘娘""眼光娘娘""送生娘娘""千子娘娘""百子娘娘""乳母娘娘""引母娘娘"等不同职能的娘娘，作为天后娘娘的分身和化身。

现今天津天后宫正殿内的妈祖塑像是于1985年重建天后宫时新塑的〔图3·22a〕，妈祖像高达270厘米，因体型较大，塑像其内被植入直径为20厘米左右的主心木，作为骨架加固神像的基础。与湄洲祖庙妈祖殿的妈祖像、台南天后宫的镇殿妈祖一样，作为镇殿用的主神像，通常会采用泥塑形式加以塑造，先用颗粒细的黏土，浇水搅拌后加入纸筋或麻筋，使其柔软，以防干裂；接着用石板或木板作底，在底座中央打孔立木作身，参照大型神像的基本仪规、量度确定合适比例的肩宽，然后再用枝条捆扎体态轮廓，雕作五官和衣纹，打磨刷泥；然后在中胚之上运用彩绘的形式表现神像细部。传统妈祖塑像着色是用色粉加胶水，或用水粉画颜料。但新塑的妈祖像却使用了颜色饱满鲜润、不易褪色和发生龟裂的丙烯颜料。妈祖身部的冠履服饰都是工作人员参照明代皇后的制式进行设计：新塑的妈祖像的头冠是综合了定陵出土的明代孝靖皇后的三龙双凤冠和明成祖孝文皇后像中的冠式去繁就简设计出的凤冠，取代了原有妈祖像头部饰有绒球、挂穗的凤冠样式；身着团凤纹的红色大袖袍服、霞帔均依据明太祖皇后像及其他明皇后的服饰样制改设而成，其外身披内红外黄的披风〔图3·22a〕。妈祖圆润的面容和慈爱的眉宇间，透着一种普世天下的祥和之气。从塑像的造型和赋色来看，林祖良先生认为带有北方流传的民间彩塑"泥人张"的风格[1]。

天津天后宫的妈祖泥塑神像，不管是损毁之前的妈祖神像还是新塑的妈祖神像，其面部都为肉粉色，几百年以来始终未予改变过。旧时遗存习惯，即每一年都要给"老娘娘洗脸"，也就是拂去妈祖神像面部灰尘和香火留痕，重新粉饰一次，就是为了保留这一面色。现今天津天后宫正殿供奉的泥塑妈祖像，用玻璃隔板保护起来〔图3·22b〕，黄色的灯光照射下，虽

❶ 林祖良编撰：《妈祖》，福建教育出版社，1989年4月，第56页。

a

b

图 3·22　妈祖泥塑像／天津天后宫
　　　　a.林祖良1989年摄　b.作者2019年摄

然妈祖塑像几经更衣和粉饰，仍可看出肉粉色的面容。这种淡红肉色面容的妈祖在福建、广州、浙江、台湾等地区亦存，因为妈祖保持着凡人的面色，拉近了与信众的距离，使敬奉者倍感亲切。供桌中央摆放的可请回家宅供奉的小型妈祖像其面容也大多采用此色，在大殿日常光线下显得愈发的偏粉偏红色。近现代，天津当地的一些能工巧匠采用极具天津特色的泥塑技艺塑造妈祖像，这些小型妈祖像也大多采用这种面色。据报道，"泥人张"彩塑匠师逯彤参与了1985年重修天后宫工程的妈祖像塑制工作，他向记者张连杰介绍，2006年他和天津民俗博物馆馆长同往法国参加卢浮宫美展时，看到西方教堂中的圣像，萌生了塑一尊代表天津文化的独具特色的天妃像的念头，所以其创作的适合家庭陈设并亮相于天津妈祖节的，《护海妈祖》就刻画了一个有别于宫庙大殿中穿着凤冠霞帔仪态端庄的妈祖形象，而是身着宋代渔家女子服饰，双手擎着红灯伫立在波涛中的"泥人张"风格的妈祖彩塑[1]。

二 "拴娃娃"习俗下泥塑技艺的新创：
以锦彩泥塑妈祖为例

在天津妈祖信俗的在地化发展过程中，与当地的婚育习俗发生了融合，产生了天津特有的"拴娃娃"习俗。"拴娃娃"其实就是抱娃娃，很多婚后为求早生贵子或久婚未孕的女子，纷纷到天后宫抱求或偷求一个小小的泥塑娃娃，以祈求天后娘娘能够早赐生子。娃娃拴回家后要供奉起来，待如真人，照顾每日餐食，逢年过节需换上"百家衣"。如若如愿生了娃娃，"拴娃娃"就要变成"洗娃娃"，也就是将原有拴娃娃的泥土粉碎后加入新泥，制作成比原来泥娃娃大一些的娃娃大哥，年复一年，泥娃娃不断洗塑长岁。同时，在孩子出生后还要择吉日去天后宫还愿，即信众要依照原有拴娃娃的模样再塑十多个甚至多至九十九个摆放在主掌生育的娘娘塑像旁，以便其他求子人

❶ 张连杰报道：《逯彤创作〈护海妈祖〉："泥人张"彩塑大师》，《天津日报》2010年8月9日。

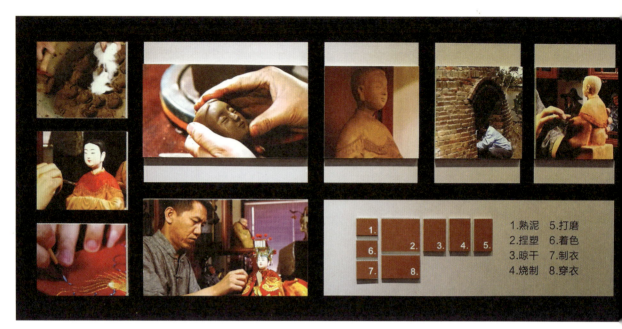

图3·23　张宝义妈祖泥塑像的制作工序／天津"福禄斋"

土"拴娃娃"。"拴娃娃"习俗促进了当地洗娃娃铺的大量产生，洗塑娃娃的匠人们将重塑娃娃雕作得愈发精彩纷呈、愈发活灵活现，大大促进了当地泥雕彩塑技艺的提升与发展。

天津特有的"拴娃娃"习俗衍生出了许许多多形态各异的祈福娃娃，这些祈福娃娃便是锦彩泥塑的前身。据天津和平区非物质文化遗产展览馆中的一幅关于"福禄斋张家锦衣泥人制作工艺"的图版文字介绍，天津的锦衣泥人技艺来源于天津卫历史悠久的妈祖信俗。展陈的图片还以图示的方式展现了"福禄斋"张家锦泥塑传承人张宝义塑造的一尊妈祖像〔图3·23〕及该传承人通过熟泥、捏塑、晾干、烧制、打磨、着色、开眼、涂胶、穿衣等几十道工序的制作过程。

锦彩泥塑的材料选用、制作方法、使用工具和工序流程为：泥塑的原料一般选用当地的黏土，黏土取来之后首先要用水进行搅拌，掺入适量的棉花或毛头纸后用木槌捶捣，直至棉花与泥土均匀融合在一起，其后再用湿泥置于大缸之内，用塑

图3·24　妈祖泥塑像／天津"福禄斋"

料布或盖子封存，只有这样做才能保证制作出的泥人历经久远、不燥不裂。制作塑像所用工具比较简单，一般为泥刀、拍泥的板子和塑型用的"轧子"。"轧子"的一头为细尖形，用于塑造面部五官等细小部位；一头为扁圆形，用作压制衣纹之用。做完的泥塑需要用700℃左右温度的窑火烧制成陶，以便于携带和搬运。出窑后，通过一定的打磨整理，然后以涂、染、勾、描、润、擦、点、画等多种技法进行彩绘上色。该工序与泥人张的制作流程大体相似，但最大的不同是泥人张的塑像服饰是画上去的，而锦衣泥人技艺塑造的妈祖像，其服饰是经过量身剪裁，通过刺绣、缝纫制作出真实的锦质服饰及冕旒凤冠，为塑像穿戴〔图3·24〕。此外，民间极为隆重的民俗活动天津皇会中銮驾出巡的妈祖及其他娘娘像，均大多也是采用泥塑的形式加以塑造，极具北方特色的粉面妈祖为民众散播生活的希望与好运。

第三节 | 山东铜铸妈祖技艺的在地化发展

一 宋代铜铸技术下庙岛显应宫妈祖的塑像技艺

　　山东烟台长岛，又称庙岛群岛，南北纵贯渤海海峡，位于胶东、辽东半岛之间，处在黄海、渤海的交汇处，因其具有天然的地理优势，曾是南北海上航运枢纽和漕运必经之地。宋时长岛庙岛常常商贾如云、阜物如山，成为南北海商聚集之地。公元1060年，妈祖信俗由福建船民带入山东，并将妈祖神像供奉在庙岛的沙门佛院，妈祖文化由此兴起。长岛庙岛显应宫，亦称海神娘娘庙，位于长岛所辖庙岛东部，始建于北宋宣和四年（1122年），因明崇祯皇帝赐予庙额"显应宫"而得名，加之清代咸丰皇帝御赐"神功济运"❶的金匾，成为中国北方修建最早的妈祖官庙之一，享"天妃北庭""北海神乡"之誉，与福建湄洲妈祖庙并称为妈祖"南北祖庭"，故有"南有湄洲，北有长岛"之说。长岛庙岛显应宫在明崇祯元年升为官庙并重修庙宇，铜身妈祖像供奉于该庙的时间，有一说认为是公元1125年，福建船民移送了一尊妈祖铜像供奉于显应宫；又有一说相传妈祖显灵救了船长儿子，船长将船上供奉的铜

❶ 蒋维锬、杨永占主编：《清代妈祖档案史料汇编》之《写赐天后庙匾一面：咸丰二年（1852年）》，中国档案出版社，2003年，第278页。

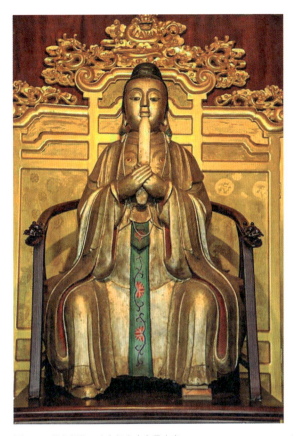

图 3·25　妈祖铜像／山东烟台庙岛显应宫

身妈祖献给显应宫。该宫陈列了一根从海底打捞上来长达 12 米的古船船舵，根据此船舵推算船体大小，长约 45 米，高 5 米，属于大型船舶，在船上专设妈祖香堂供奉该尊大型妈祖铜身像不无可能。这尊像高 1.4 米，重达约 400 公斤左右的妈祖像〔图 3·25〕，其真实来历虽然无从考证，但 1993 年国家文物鉴定委员会鉴定组的专家们对铜像的铸造工艺、造型服饰等方面进行认真且严谨的考察，该神像为一次铜铸而成，表面贴金，妈祖神像仪容丰腴，神态安详，宽衣长袖，双手持圭，显得庄重而典雅、和穆且内敛。专家们一致认为该尊铜质妈祖像为宋代铸造，是目前为止存世最早的一尊妈祖铜铸神像。

关于中国的铸铜技术，最早可以追溯到原始社会。据考古发现，甘肃齐家文化遗址中发现了多件小件铸造铜器；秦始皇曾经收天下铜兵器，铸造各重 12 万公斤的 12 座大铜人，说明秦代就已经具备铸造大型铜件的技术和工艺。现藏于美国亚洲艺术博物馆的一尊铭文为后赵（338 年）"建武四年岁在戊戌八月……"的有纪年的铜铸鎏金佛像〔图 3·26〕，表明佛教大盛的北魏时期，铜成为铸造佛像及相关器物的最大消耗品。唐代铜铸佛像中已经将"捏蜡法"和"贴蜡法"进行综合运用。宋代的造币业和铸镜业非常发达，大型铸件遗存的佛像和佛教人物造像已经呈现出鲜明的民族特性和浓郁的世俗情怀，其中能够代表当时高超的铸造工艺水平的有河北正定隆兴寺的璎珞和衣纹铸造极为精细的北宋菩萨像，以及写真铸铜雕塑的经典代表：广东新兴六榕寺六祖堂的北宋铜铸慧能坐像

a

b

c

d

图3·26　后赵铜铸鎏金佛像／美国亚洲艺术博物馆藏
　　　a.正面　b.背面　c.铭文局部　d.侧面

　　　　　　　民间信俗下古代妈祖塑像和图像艺术研究

❶ 神宫司万编:《古事类苑.宗教部20》佛教五十二《东大寺》,神宫司厅古事类苑出版事务所,1914年,第1099、1110、1111页,日本国立国会图书馆藏,https://dl.ndl.go.jp/info:ndljp/pid/897769

❷ [宋]赵希鹄等著;尹意点校:《洞天清录(外二种)》之《古钟鼎彝器辨·蜡模》,浙江人民美术出版社,2016年,第25、26页。

❸ 华觉明等:《中国冶铸史论集》,文物出版社,1986年,第236页。

❹《元代画塑记》记载:"成造出蜡鍮石铸造三世佛三身、出蜡鍮石铸五方佛五身、出蜡鍮石铸五护陀罗尼佛五身。用物:白银六十两、赤金四百六两八分、水银一百七十四斤十两、鍮石一万六千四百二十八斤、黄蜡三千三百二十二斤……红砂石一百六块。"[元]佚名撰:《元代画塑记》,人民美术出版社,1964年,第32、33页。

❺《天工开物》卷中《冶铸》记载:"凡铸仙佛铜像,塑法与朝钟同。掘坑深伏几尺,燥筑其中如房舍,埏泥作模骨。其模骨用石灰、三和土筑,不使有丝毫隙拆。干燥之后以牛油、黄蜡附其上数寸。油蜡分两,油居十八,蜡居十二。其上高蔽抵晴雨,夏月不可为,油不冻结。油蜡墁定,然后雕镂书文、物象,丝发成就。然后春筛绝细土与炭末为泥,涂墁以渐而加厚至数寸。使其内外透体干坚,外施火力炙化其中油蜡,从口上孔隙熔流净尽,则其中空处即钟鼎托体之区也,凡油蜡一斤虚位,填铜十斤。塑油十斤,则备铜百斤以俟之。中既空净,则议熔铜……钟鼎成矣。"[明]宋应星:《天工开物(译注)》,上海古籍出版社,2008年,第161、162、167页。

等。南宋时,蜡模法(失蜡法)精密铸造技术已经得以广泛发展,且向外传播。据日本《古事类宛》载,日本东大寺于治承四年被焚,日本高僧奉旨重建,故招聘陈和卿铸造大佛首。自寿永二年四月十九日至五月二十五日,即南宋淳熙十年(1183年)时,铸铜佛工陈和卿率领弟子陈寿佛等七人和日本铸工十余人,先后进行冶铸十四次,终于将佛首铸制成功。改铸时所用的铸炉宽3.33米,高3.5米之多,每炉装铜5000多公斤,将锡溶化后注入炉内。铸成的佛像高17.67米,用铜37万公斤,白蜡6340公斤,金522.3公斤,水银2931.2公斤❶。陈和卿不仅是宋代能工巧匠的典型代表,而且也是失蜡法铜铸技艺在日本的传播者,同时反映出当时宋代在冶铜铸造大型神像技术的领先程度。

古代大型铜像的铸造,一般采用泥型(陶范)铸造,使用失蜡法铸造会受到一些制约与限制:其一,大型铜像需要使用的蜡量较多,大量的蜡体不易融化去除;其二,神像身腔空间较大,融化后的蜡液很难完全充盈空腔。但大型佛像的局部,如头部、手部等造型较为复杂或工细程度较高的部位则使用熔模铸造,古代称为失蜡法进行铸造。南宋赵希鹄在《洞天清禄集》一书中详细记述了失蜡法的工艺过程:"古者铸器,必先用蜡为模。如此器样,又加款识刻画,然后以小桶加大而略宽,入模于桶中。其桶底之缝微,令有丝线,漏处以澄泥,和水如薄糜,日一浇之,俟干再浇,必令周足遮护。讫解桶缚,去桶板,急用细黄土、多用盐、并纸筋固济于原澄泥之外,更加黄土二寸留窍中。以铜汁泻入,然一铸未必成,此所以为贵也。"❷宋代的蜡模形成一般采用拨蜡法,而非剥蜡法,铸型是由三层泥料组成,表层是粥状的澄泥浆,目的是使铸件表面光滑;中层加纸筋和盐,以增加混合料的强度;外层用黄土❸。《元代画塑记》❹和明末(1637年)成书的《天工开物·冶铸》❺也详尽记载了对空心大件失蜡铸像的具体工艺,并载有蜡料与铜的配比。失蜡法工艺所铸的大型铜佛像,成本较高,主要为统治阶级用作宗教活动。长岛庙岛显应宫虽最初由商人出资筹建，明代之前属于民间庙宇，但基于该尊妈祖像的体积和量度考量，耗资和匠作却与官方庙宇中的铜身神像不相上下，基于此，该尊妈祖采用的铜铸技术可能亦为范铸法和失蜡法结合。

二 在地信俗下庙岛显应宫妈祖铜像的比例与量度

显应宫虽自明代开始官修官建，祭祀也被纳入官方体制，但从铜身妈祖的造型及仪容来看，与现存民间寺庙供奉的妈祖塑像有些显著的区别，却与现存各地的大型铜塑佛像、道教人物造像有着一定的相似度。宗教造像为了宣传教义、感化民众，所以神佛造像有着一定的制作法则和宗教仪轨，其造型和色彩都不是任由造像匠师随性想象、主观发挥的，而是严格按照型制量度经典塑造庄严妙好的佛教造像，诸如《造像量度经》和《西藏造像量度》〔图3·27〕等书中均非常具体且细致地规定了佛、菩萨、诸天神等身像具体的造像尺度和雕作技法，除造像比例、形态外，还对衣纹式样、色彩、审美及神韵表现等方面有着非常细致的要求。根据佛教教义解释，一佛有三神，如佛祖释迦牟尼可分法身佛、报身佛、应身佛，其中应身佛以随缘教化现身于凡间。根据佛教有关文献解释精神，寺院大雄宝殿内的三尊佛像，其立像高以5.3米，坐像高以2.7米为最合适；适合一般寺庙的立像和坐像高度则为以上的1/2为合适，即立像约为2.7米左右，坐像为1.3~1.4米。长岛庙岛显应宫的这尊妈祖像高1.4米，初为山东民间寺庙供奉，与佛教坐像高度对比，可见妈祖像的高度大体参照了以上列出的佛教中的第二种坐像的高度。

虽然佛教造像中对面部比例和特征有着细致的规定，但匠师本人亦会对造像面部特征有着个人化的倾向性、主观化的认知度和表现力，而这些倾向与认知其实是基于佛教仪轨和民间

民间信俗下古代妈祖塑像和图像艺术研究

图3·27 《西藏造像量度》载佛的头像和坐像量度／洛杉矶盖蒂研究所（Getty Conservation Institute）藏

信仰的混合体，包括了《造像量度经》、佛经三十二相和八十种好的仪轨要求以及民间世俗化的相面术法。山西晋城古青莲寺殿内塑有几尊释迦坐像，匠师秉承了造像面部的基本比例关系，但几尊面部特征均略存差异，这种差异的产生不仅与不同时期造像匠师的塑造手法有关，还与匠师自身对宗教仪轨和民间习俗的遵从有关。考古学者根据造像风格和做法推断，古青莲寺正殿中的"这些塑像可能为五代或宋初之作"[1]；南殿塑像"具有面部清秀、神情生动的宋塑风格，故初步审定大部分为宋代之作"[2]。可见，虽然几尊释迦像同处一个寺庙，但造像却因雕作时间不同而兼具了规范性与自由性的民间匠作特征。

古青莲寺南殿中间砖台上塑佛像一堂，正中坐佛，高2.7米，其面部仪轨符合佛教塑像的基本要求，如面轮修广、面部圆满，犹如净月；眉相纤曲，如帝释弓；鼻高修而且直其孔不现；面形似鸟卵；眼相修广等。民间画塑两作历来多为画塑匠师统一完成，故画塑两行根据这些仪规将其转为通俗性的经验，并总结出一些常用的口诀，如"行七坐五盘（蹲）三半""面分三停（竖）五眼（横）"[3]"立七坐五盘坐三""横五眼，

[1] 高寿田：《山西晋城青莲寺塑像》，《文物》1963年第10期。

[2] 高寿田：《山西晋城青莲寺塑像》，《文物》1963年第10期。

[3] 王树增编著：《中国民间画诀》，北京工艺美术出版社，2003年，第17页。

[4] 秦岭云：《民间画工史料》，中国古典艺术出版社，1958年，第26页。

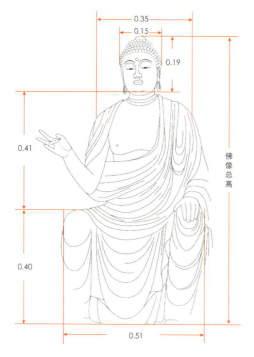

图3·28　青莲寺南殿释佛像的头像与身像比例线稿

图3·29　庙岛显应宫妈祖铜像的头像与身像比例线稿

竖三停（庭）"❶等。造像匠师雕作面部时常用的口诀有"脸如满月，眉如初月，鼻如玉柱，眼如弓把，眼皮如莲花瓣，嘴如婆娑果"❶。长岛庙岛显应宫的这尊妈祖像面部基本比例和特征与青莲寺南殿中的释迦像有着极大的相似性，妈祖像面部圆润饱满，形同满月一样圆；眼部似弓把和莲瓣一样呈现圆弧状；眉毛如初月一样，两头细中间粗；鼻梁挺直、平整，体现了民间造像面部相法中所讲究的富贵形像。

　　古青莲寺正殿的中心砖台上，塑释迦说法像，像高4.2米，长眉大耳，面相庄重，袒右臂及胸，右手外举，两腿平伸，服装衣纹线条圆柔流畅，呈现出翻波式的传统技巧。笔者将两腿平伸坐姿的释迦像〔图3·28〕与庙岛显应宫铜身妈祖像〔图3·29〕做了一定的比对，且以佛像艺术家曹厚德、杨谷成对坐式佛像各部分比例整理出的一套量度计算公式为依，进行了释迦像与铜身妈祖像的量度对比。

❶　陈捷:《中国佛寺造像技艺》，同济大学出版社，2011年，第167页。

表 3.1 青莲寺塑释迦说法像与显应宫铜身妈祖像量度值对比

身体部位	释迦像量度值	妈祖像量度值
头部宽度与坐像总高	0.15	0.14
头部长度与坐像总高	0.19	0.19
两肩宽度与坐像总高	0.35	0.28
下巴至膝盖高度与坐像总高	0.41	0.48
两膝宽度与坐像总高	0.51	0.48
膝前至足底高度与坐像总高	0.40	0.34

　　从表3.1两尊塑像的量度基本比例来看，发现铜身妈祖像在头部（宽度、长度）与坐像高度之间的量度比方面基本参照佛教释迦像；但由于妈祖像是女性神祇，故匠师在肩宽、身长（下巴至膝盖高度、膝前至足底高度）与佛教男身造像量度比方面差异较为明显，较释迦像而言，妈祖肩部通过较窄的圆弧线条，塑造出妈祖颇具女性柔美的一面。民间有"上身长，坐中堂"的说法，所以坐姿妈祖塑像上身比例显得略长。可见，妈祖塑像参考了佛教造像的坐式量度比例和规范，但在吸纳的同时多取较为粗略的态度，夹杂着民间造像的特征及长期积淀和形成的匠作习惯。因为民间匠师不会牢记这些仪轨和比例换算，同时受其佛教造像法则的限制相对较少，所以民间妈祖塑像兼具了规范性、自由性与世俗化的匠作特点，无明显的程式化倾向，匠师自由发挥空间较佛教造像而言要广阔得多。

　　山东蓬莱阁天后宫的一尊贴金妈祖与庙岛显应宫铜身妈祖的面部和体态比例大体相似，但其手持之圭正面刻有北斗七星图案，有着明显的道教痕迹。其身边的陪神与福建、天津等地不同，以四海龙王为天后当站官，极为特殊、极富鲁地特色。可见，在民间妈祖塑像中，匠师得以发挥最大限度的创作活力，把现实生活与民间信俗有机地结合在一起。同时，妈祖信俗在山东传播后，出现了在地化的发展，不仅逐渐被纳入道教信仰，而且还渐已形成区域特色和地方信俗。

本章小结

　　妈祖塑像的制作技艺伴随着妈祖信俗应运而生，通过船舶、大海为传播载体，通过建庙、祭祀等形式在各地逐渐落地生根，并融入当地地方民俗与宗教信仰，出现了不同程度的演化与发展。宋明以来福建妈祖塑像制作技艺得以率先发展，并产生了多个塑像技艺派别，传播至台湾后，闽地原乡技艺得以很好的继承、传袭与保留。闽台两地通过量度比例规范了妈祖塑像的基本尺度和雕作仪式与禁忌，成为沿海各地妈祖神像雕作的范本。位处北方的天津、山东等地一方面承继了闽乡传统制作技艺，又被地方匠师融入了极具区域特色的民间雕作技艺，赋予了妈祖塑像以新的风味与活力。妈祖信俗传播至天津之后，融入当地信俗产生了特有的"拴娃娃"习俗，不仅推动了地方泥雕彩塑的发展，而且推动了泥塑妈祖像新技艺的产生。山东地区铜铸妈祖虽然最初并非官庙塑像，但其制作仪轨却参考了佛教造像的坐式量度比例和规范，同时亦体现了道教信仰的痕迹，使得民间妈祖塑像呈现出规范性与自由度的区域特色。

视觉隐喻与图像释义

以『观音妈联』为考察中心

第四章

妈祖是沿海地区民间信仰中最受大众普遍信奉的神祇之一，信众们虔诚地延请技艺精湛的匠师们雕塑祠庙大型妈祖神像，一些小型的妈祖雕刻神像（通常高度6~7寸）则被商船、渔民供奉于船舶之上；而今，小型妈祖神像的分身也可从祠庙请回家宅奉祀。妈祖除雕刻成立体塑像外，还常常被绘作庙宇中的大型壁画，或是被工匠采用雕版印刷成平面图像形式。

民间奉祭特别是早期家宅供奉的平面妈祖神像大多为雕版印刷或彩绘的平面图像形式，大体分为两大类，一类是单独供奉的妈祖神像纸马；另一类则为挂轴形式的众神图像，常见的为"观音妈联"。"观音妈联"为闽台地区及东南亚华人圈最为常见的用于家宅厅堂或祠堂的祭祀用版画神像，多为雕版印刷形式，常以观音作为供奉主神，并与民间诸神祇共同构成多神群像进行合祀或同祀，故而又称"神明彩仔""观音彩仔""佛祖彩仔"等。版画神像"观音妈联"是一种集合式的平面图像形式，观音与妈祖组合的神明图像在台湾较为常见，且现今遗存的平面图像最多。那么，信众们何时且缘何将观音、妈祖等原本属于不同宗教体系的神明叠加组合到同一平面图像之中，此类多神图像的构成形式与民间其他神像版画之间的关联以及其隐含的寓意和内涵，皆为本章重点探讨的对象和内容。

第一节 | "观音妈联"版画神像的缘起

一　古代佛教版画："观音妈联"萌起之源

1.版画神像"观音妈联"制作手法之源头

从现今遗存的"观音妈联"的雕版及版印图像来看，最早可追溯至清代。隶属于民间宗教版画神像系统之下的"观音妈联"，其源头可以上溯到中国古代佛教版画。有确切年代可以稽考的中国古代第一幅雕版木刻佛画是唐懿宗咸通九年（868年）王玠施刊的《金刚般若经》一卷的卷首扉画〔图4·1〕。从其严谨工致的刀法、精细到位的雕作、稳妥有序的结构与布局等可以看出，此扉画的创作时期已处于比较成熟的阶段，虽然不是中国古代最早的佛教版画，但其产生和技艺之源不可避免地会受到早期木刻画的影响。

"中国木刻画的来源应该追溯到汉代的石刻画像。"[1]从现存大量出土的汉代画像砖来看，那些由阳线或阴线雕刻的浅浮雕式的画像，其制作手法与后来的木刻画有着异曲同工之妙，即先用木块雕刻成阳文或阴文模子，然后压印在湿软的泥砖之上。这种先行所用的木制雕刻模版的创作方法与木刻画的制作技艺不仅极为相近，而且继而使用的压印方式与印度早期木

❶ 郑振铎：《中国古代木刻画史略》，上海书店出版社，2006年，第7页。

图4·1　唐代《金刚般若经》卷首扉画／大英图书馆藏

刻画拓印方式不谋而合。公元644年，唐代高僧玄奘从印度取经返回长安后"以回锋纸，印普贤象，施于四众，每岁五驮无余。"❶公元694年，义净不仅将印度版印佛画带回中国，且在《南海寄归内法传》卷四"三十一灌沐尊仪"条中记载了其制作方法："造泥制底及拓模泥像，或印绢纸，随处供养。"❷由此可见，印度早期佛像画的模子也有用泥制和木雕的，然后压印或捺印在绢或纸之上。其与中国古代汉画像砖中最先用的木制雕刻模版的创作手法极为相近，而且与汉代在湿泥砖上压印画像的方式不谋而合、方法完全相同。

　　此外，敦煌千佛洞、新疆各地还发现了一些宗教木刻佛画，大多为单帧刷印、上图下文版式，如五代时期（约950年）的刻本《大圣文殊师利菩萨像》〔图4·2〕以及其他菩萨、天王像等。这些佛像一般都是先雕刻成一块木制印版，然后施印成经书或佛像画，流传到民间，以作信徒供养或传播教义之用。五代北宋以后，木刻内容不再局限于佛教题材，不少佛教

❶ [后唐]冯贽：《云仙杂记》卷五《印普贤象》，商务印书馆，1939年，第37页。

❷ 有《大藏经》本和日本京都熊谷氏鸠居堂景印钞本（存卷第二），《南海寄归内法传》卷四"三十一灌沐尊仪"条，[唐]义净原著，王邦维校注：《南海寄归内法传校注》，中华书局，1995年，第173页。

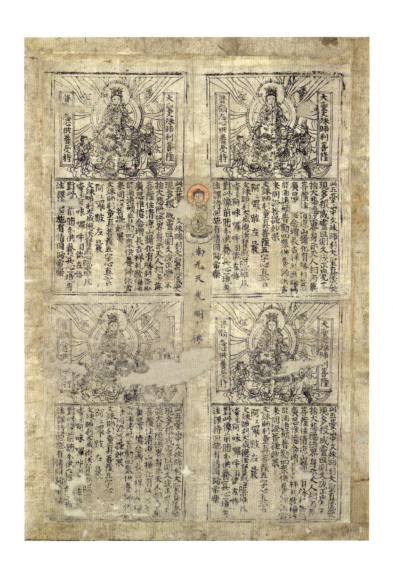

图4·2　五代刻本《大圣文殊师利菩萨像》/ 大英博物馆藏

系统以外带有民间色彩的宗教题材也开始大量出现，各地各类神像版画应运而生，民众们将版印的神像画请回家宅供奉的习俗渐以成风。

　　由此可见，唐代佛教的兴盛特别是版印经书和佛像画的广为流传不仅为"观音妈联"这类民间宗教题材的木刻雕版神像画提供了孕育的土壤和兴起的契机；而且从现今遗存的清代时期的"观音妈联"来看，无论是制作手法还是供奉之习，皆是对唐五代这类早期宗教木刻佛画的继承与沿袭。

2.版画神像"观音妈联"挂轴形式之源流

唐、五代时期的木刻佛画,从图式角度大致可以分为三大类:经卷扉画、经典插图、独幅木刻画。独幅木刻佛画主要是僧人们用作张贴和宣传之用,亦可是宗教信徒们用作供养或是日常随身携带,具有避祸消灾、辟邪祈福等符咒性质的图像,如刊刻于唐僖宗时期(880年前后)的《无量寿陀罗尼轮图》〔图4·3〕、敦煌藏经洞出土的《圣观自在菩萨千转灭罪陀罗尼》〔图4·4〕等。与上述图像有所不同的是,1900年在敦煌被发现的五代独幅刻本《圣观自在菩萨》〔图4·5〕高26.2厘米、宽

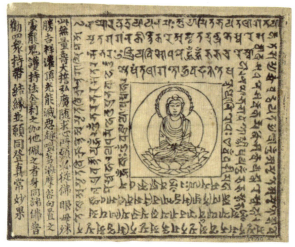

图4·3 唐代木刻佛画《无量寿陀罗尼轮图》/大英博物馆藏

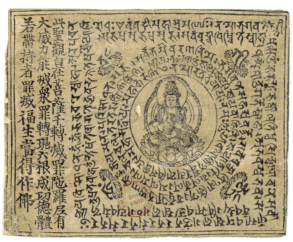

图4·4 唐代木刻佛画《圣观自在菩萨千转灭罪陀罗尼》/法国国家图书馆藏

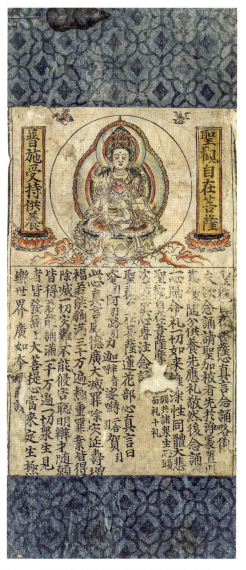

❶ 王伯敏：《中国版画通史》，河北美
术出版社，2002年，第19页。

图4·5　五代刻本《圣观自在菩萨》/ 大英博物馆藏

18.2厘米，上图下文，虽然亦是用作供养，可念诵仪轨及真言种种利益，但天地头裱有宝蓝色四瓣锦纹图案，其上黏结为纽，可用作悬挂。此种独幅刻画，被视作"木刻艺术可以独立创作的先例"❶。

北宋的独幅佛画，无论是内容还是技艺均比五代有了显著提升，画幅尺寸亦从五代时期的四五寸扩大到四五尺。佛画底本均是由画家进行绘制的，画面刻制精细，显得绚丽华贵。特别是当时的单幅佛画已经可以制造成挂轴形式，如北宋太宗雍熙年间雕印的《文殊菩萨骑狮子像》〔图4·6〕、《普贤菩萨骑象像》〔图4·7〕等单幅佛画的幅面都很大，前者横29.7厘米、纵57厘米，后者横达30厘米、纵达57厘米。这是日本东大寺僧奝然于入宋后使人模刻的版画，两年后带回日本，现藏于日本京都清凉寺。其中一起刊印横达28.4厘米、纵达54.4厘米的《弥勒菩萨像》〔图4·8〕，画面中央为结跏趺坐的弥勒菩萨，从画面左侧所刻的榜题"甲申岁十月丁丑朔十五日辛卯雕印普施永充供养"、左上角刻有"越州僧知礼雕"以及右上角有"待诏高文进画"，可知其刊刻的作者为北宋初年画院著名的画家、刻者信息以及刻画年代为雍熙元年（984年）。这些宽大幅面、利于传布的佛像木刻画常常是用于悬挂于佛堂之上，供信徒们顶礼膜拜之用。

如果说五代独幅刻本《圣观自在菩萨》开创了可悬挂式的单幅木刻佛画之先河，那么北宋时期挂轴式的独幅大型佛画不仅是前代悬挂式佛像的演进与发展，而且还可视为后世民间家宅厅堂所张贴的挂轴式版画神像"观音妈联"之源头。

图4·6 北宋木刻佛画《文殊菩萨骑狮子像》/
日本京都清凉寺藏

图4·7 北宋木刻佛画《普贤菩萨骑象像》/
日本京都清凉寺藏

二 民间宗教版画："观音妈联"图像产生之基

1. 民间宗教版画的形成——"观音妈联"图像孕育的土壤

民间宗教木刻版画是相对于宫廷的、文人的以及曾作为国教（诸如佛教、道教）的宗教类木版雕刻画而言的，前缀冠以的"民间"，说明了其既杂糅着专业与非专业木刻匠人们的雕琢创作，

图4·8　北宋木刻佛画《弥勒菩萨像》/ 日本京都清凉寺藏

又囊括了单个或多个宗教神祇像的集合木刻画作以及民间宗教类木刻年画。因为中国民众的信仰可谓是现实的、零散的和多元的，只要对生活有帮助的神灵都会信奉，如佛教的因果报应、道家的阴阳八卦、儒家的忠孝仁义、民间的风水禁忌等。

脱离了经卷的单幅经咒图和佛像画的产生其实就是民间宗教信仰需求的产物，中国民众根据自我情感寄托与需求对佛教外来神祇改造，形成汉化神，与道教中的本土神以及其他宗教神灵进行调和互融，并共同纳入民间信俗活动，从而出现了佛道儒与外来宗教以及本土民间崇拜等混杂合流之象，构成了一个错综复杂、彼此共融的民间宗教信仰综合体，创造出种类繁多、职司分明的各类奉祀神祇、创作出纷繁多样的民间民俗木刻宗教版画。如1994年在温州皇岙石塔中出土的一幅套色木刻版画《蚕母》〔图4·9〕，为北宋元祐年间（1086～1093年）刻印，是中国现存最早的民间宗教木版画实物。蚕母是江浙一带蚕农奉祀的蚕神，所以这种木刻画为"祭蚕神""谢蚕神"的民俗活动中所用。其上线条的流畅以及娴熟的刻版刀法技巧，可以透射出宋代木刻雕版印刷业的兴盛与发达。其上蚕母造型的刻绘风格特征与唐五代刻印的木刻佛像极为相似。

唐五代时期的佛经版画，不仅是其居中为神佛、侧有胁侍、后有背景的图式，为民间宗教木刻画所效仿，而且刻绘风格与

图 4·9　北宋套色版画《蚕母》/ 温州市博物馆藏

方式得以效仿与沿袭。宋元时期，宗教木刻版画大量出现，但由于民间神祇的庞杂、民众诉求的多元、宗教信仰的杂糅等，作为神灵依托的民间宗教木刻画则更具世俗性与自由性。如金代出现的关公题材的民间木刻挂像，帝俄时代的彼得·库兹米奇·科兹洛夫（Пётр Кузьмич Козлов）探险队于 1909 年在甘肃黑水城出土了一幅标有"义勇武安王位"〔图 4·10〕，为"平阳府徐家印"的木刻画，刻的是坐于松林间、高竖"关"字大旗的三国关羽像（现藏于俄罗斯圣彼得堡艾尔米塔什博物馆）。这幅金代木刻版画不仅是平阳（今临汾）民间作坊雕印，而且因为是长方形立幅所以可以单独张挂，郑振铎先生认为"当是作为神座而奉祀之用的，很像今天的'纸祃'或'神祃'的作用。" ❶ 吕胜中先生则将其视为"木刻画艺术趋向世俗的标志" ❷。关公死后被奉为神灵，明清以后在宫廷和民间产生了普遍的关公崇拜，这是一个多种宗教推崇的典型，其不仅被儒释道三教推崇，即道教中的帝级神祇 ❸、与孔子齐名的"武圣人"、在佛教中被列为伽蓝神（保护神），而且在民间还被信众视为神力强大的全能保护神。

可见，中国民间宗教信仰是开放的、灵活的、自由的，没有系统的宗教经典，没有严格的宗教体系，其只是民众们自发的、朴素地表达心理诉求和对生活的一种期盼。所以，不管是

❶ 郑振铎：《中国古代木刻画史略》，上海书店出版社，2006 年，第 17 页。

❷ 吕胜中编著：《中国民间木刻版画》，湖南美术出版社，1990 年，第 5 页。

❸ 注：《新搜神记·神考》载：明神宗曾于万历十八年正月加封关羽为"三界伏魔大帝""关圣大帝"；《陔余丛考》第三十五卷《关壮缪》：明神宗朱翊钧为关公"晋爵为帝"是"历道士张通元之请"。[清]赵翼《陔余丛考》：商务印书馆，1957 年，第 757 页。

图4·10　金代木刻画《义勇武安王位》/ 俄罗斯圣彼得堡艾尔米塔什博物馆藏

具有各种经典与宗教义理规范的外来佛教还是具有既定成规与权威束缚的本土道教，其原本威严有序的神灵体系都会在民众们"为我所用"和大胆无束的精神与行为驱使下产生变革、发生混乱。民众往往通过对已有神灵进行有目的、有针对性地选择、改造或幻想、塑造，所以会出现迫使处于某个神灵体系中的单个神灵脱离原本的正统地位，甚至再次重作神灵组合的现象，从而满足或解决民众对自我的某种期许或是面临的难题。观音就是典型代表之一，中国民间无视佛教经典权威说法，受道教和民间宗教的启发和影响，对观音身世、所处境界、神团地位、神通职能等均进行了彻底改造，为观音另创了妙善公主、老子再传弟子、元始天尊和无生老母的化身等诸多身世；将观音这位原本是佛教中极乐世界的一位大菩萨转而定位为中国民间神灵信仰体系中的天界之神，成为上受天界之主管束、下可支配神卒的等级森严神团阶制下的一位神灵；此外，观音还被纳入道教神灵体系，赋予其占卜吉凶的职能，从而被塑造成一位能够预卜未来、指点迷津的道教大神仙。中国民间奉祀的观音在佛教原型基础上做了大幅度的扩充，出现了可谓地域不分南北、职业不分贵贱、年龄不分长幼、性别不分男女，且名称不一、形像互异的观音形像。民间观音信奉的方式既可以作为单尊神灵进行供养，还可被民众请入家宅与其他神祇进行组合奉祀。观音成为家宅祭祀神灵，民间家宅中堂所挂的祭祀用的观音与其他神祇组合的版画神像也就随之应运而生。

2. 家宅合祀神像版画的产生——"观音妈联"图像形成的范本

（1）从家宅五祀到家宅六神合祀

祭祀是中华民族固有的一种信仰形式，其源于自发的天性，成于日常的习惯，流于民风习俗。民间信仰下的祭祀习俗通常以家庭为单位，祭祀的场所大多集中在自家住宅、家庙及寺庙等处。关于家宅祭祀的记录，最早可见于传世文献《吕氏春秋·十二纪》："孟春之月……其祀户，祭先脾。……孟夏之月……其祀灶，祭先肺。……季夏之月……其祀中霤，祭先心。……孟秋之月……其祀门，祭先肝。……孟冬之月……其祀行，祭先贤。"[1]其后《礼记·月令》《礼记·祭法》等中均有记录，主要供奉的是户、灶、中霤、门、行（或井）等处的家宅守护神。从这些神祇之名可以推测民间家宅祭祀信仰的起源，"最早可以推前到人类建立居所（中霤、门、户、井），习惯熟食（灶），需要长途旅行（行道）之时。"[2]先民们在造屋建舍、开启了定居的生活方式之后，渴望得到神灵佑护，对家宅中主管门、户、井、灶、中霤五处的神祇进行祭祀，又称为家宅五祀，以希神明可以看门守户、辟邪祛灾、保护家人平安。

虽然在不同的历史时期、不同地域，五祀对象出现了一些微调，但以门神、户尉、井神、灶神、土地神作为家宅祭拜的居多，后来在民间慢慢延伸出春节祭祀家宅六神的民俗。《武林旧事》记载了宋时除夕日民间进行祭祀年俗："至除夕，则比屋以五色纸钱酒果，以迎送六神于门。"[3]据南宋周密在"岁晚节物"此条的记载可以表明宋代民间存在关于焚纸钱、摆供品、请迎家宅六神的年俗，虽然没有明确详载具体针对哪六神，但却可以断定关于家宅六神的祭祀出现的时间至少不晚于南宋。

[1] [汉]高诱注，[清]毕沅校，徐小蛮标点《吕氏春秋》卷一、卷四、卷六、卷七、卷十，上海古籍出版社，2014年，第1、67、113、132、188页。

[2] 林庆彰主编、邹浚智著：《西汉以前家宅五祀及其相关信仰研究——以楚地简帛文献资料为讨论焦点（上）》（中国学术思想研究辑刊[二编]第6册），花木兰文化出版社，2008年，第152页。

[3] [宋]周密辑《武林旧事》卷三《岁晚节物》，浙江古籍出版社，2015年，第63页。

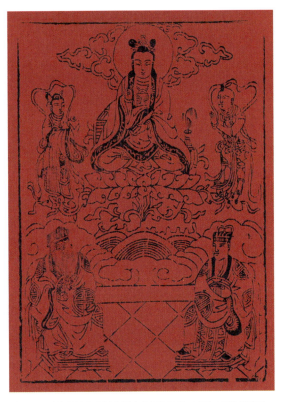

图4·11　清代河北武强版印纸本《观音 关圣》/私人藏　　图4·12　清代福建漳州版印纸本《观音 灶君 土地》/周铁海供图

（2）家宅合祀版画的应运而生

　　保护家宅的神祇，常常不限于一位，观音、关公以及财神等神祇均为民间各地普遍信奉的神明，民众们常常将多个神灵一起进行祭祀，慢慢各地就形成了家堂二神到家宅多神的供奉习俗。河北武强地区将观音与关圣帝君两位分属于佛道教神祇集于一幅〔图4·11〕，观音及身旁两位陪祀位居画面上层，下层为骑着马的关圣及两位分立于左右的侍从。福建漳州地区有将观音、福德正神（土地神）和灶君三位神祇作为家神进行合祀供奉〔图4·12〕，观音以及身旁的龙女和善财位居画面上层，下层左右两侧分别刻有端坐的福德正神（土地神）和灶君，中间用水云纹以及菱形作了视觉分割，体现天地、上下和神祇主次之分。河南滑县地区亦供奉家宅三神，但与福建漳州地区有所

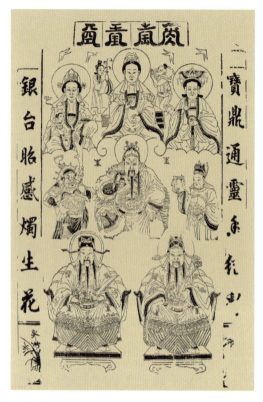

图4·13　民国河南滑县版印纸本《观音 关圣 增福财神》／
　　　　任鹤林供图

图4·14　民国河南开封版印纸本《观音 关羽
　　　　财神》／任鹤林供图

不同的是，滑县地区将观音、关圣和增福财神〔图4·13〕并置于一个较大的画幅，其上刻绘有三位主神及其侍从。画面中将神像分为三层，每层之间用云纹相隔：第一层为观音、龙女、善财及眼光娘娘、子孙娘娘，第二层为关圣帝君，关平、周仓分列两侧，第三层为两财神并列端坐，将民众内心对于儿孙满堂、安居乐业、财源滚滚的祈愿汇聚在了一幅画面之中。同属河南的开封地区亦同时供奉观音、关圣大帝和财神三位神祇〔图4·14〕，家宅三神的图像形式与滑县地区颇为相近，但相较前者而言，层次更为分明。上层的观音、善财和龙女与身后地韦驮、飞鸟以及竹林、祥云形成一定的空间感；中间一层巧妙地运用关羽身后的屏风做了隔断，上层的云纹以及下层的菱形地纹形成天、地两大块面。在下方两大块面中又通过神祇的排

图4·15　清代浙江余杭版印纸本《家堂圣众》/私人藏

列位置形成两层的视觉效果，周仓持刀、关平捧印分立于关羽两侧，下方的神案前两位增福财神并坐，招财使者、利市仙官分立身旁。与北方有所不同，位处江南的浙江余杭地区将观音、灶神、土地、财神等进行合祀〔图4·15〕，图像中以观音作为主神，龙女和善财位居上层两侧，下方分别侍坐着四位神祇，祈求供奉的这些神众能够保佑家宅和家人的平安如意。

家堂合祀五神，民间各地神祇的组成也存在一定的差异，如闽台地区家宅敬仰的"家堂五神"为观音菩萨、天上圣母、关圣帝君（或玄天上帝）、灶君、土地神。广州佛山地区祭拜的为观音菩萨、玄天上帝、天上圣母、关圣帝君、华光大帝。香港地区一般为观音菩萨（或关圣帝君或黄大仙等）、土地神、玄天上帝、灶君、土地神。

中国大陆大部分地区在过年时通常以灶王爷、土地爷、门神、户尉、井泉童子、三姑夫人作为家宅六神进行焚香祭拜，六神中分别代表了男女老幼文武尊卑等不同性别、不同年龄、不同社会阶层的种种形象，以反映与寄托民间不同层次、各类对象对新的一年阖家生活幸福与平安的心理期许与内心诉求。但西北地区由于在生活方式、习性和诉求等方面的不同，所以祭祀的六神有所差异，有些敬仰天神（贴院中）、土地爷（贴门口）、灶王爷（贴厨房）、仓神（贴粮仓）、龙王（贴水井）、牛马王（贴马房）；有些则信奉土地神、马王神、门神、井王神、牛王神、虫神等等。南北地区在祭祀家宅六神的时间和形式方面也略有不同。西北地区民间每家每户大都是在大年三十这天进行家宅六神的祭祀，如陕西宝鸡一带是在大年三十下午将家宅六神的版画配上专用的对联贴在院子灶房中，五更时分点烛上香摆供，请家宅六神下界过年，初一早晨穿上新衣后、吃早餐前再次点香祭

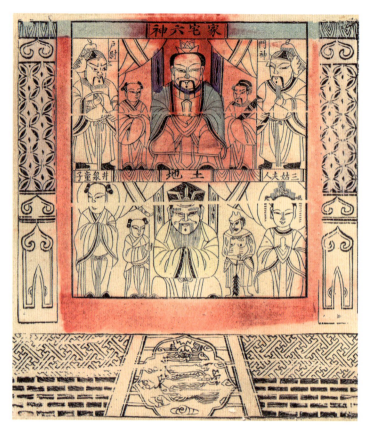

图4·16　清代北京版印纸本《家宅六神》/ 私人藏

奠家宅六神和祖先。而江苏苏州的年俗则是在正月初三时接灶神下凡，一起祭祀家宅六神。在祭拜形式上，单就陕西地区而言就有不同的方式：西安地区的家宅六神是以牌位的形式安放在厅房的神龛之内；宝鸡陇县有些地方则是请阴阳先生用毛笔写上神位，贴于神堂处；凤翔、汉中等地区则是将木版套印的家宅六神图像粘贴在为各神专设的神龛里。

　　然北京地区的民众在过年焚香祭拜时用的纸马就是将灶君、门神、户尉、土地、井泉童子、三姑夫人这家宅六神集合于一张版印图像之中〔图4·16〕。六位神明各司其职，灶君司管一家饮食，门神、户尉负责看家守宅，土地保护屋宇安危，井泉童子、三姑夫人分别负责水源和厕事。正如《清嘉录》卷

　　民间信俗下古代妈祖塑像和图像艺术研究

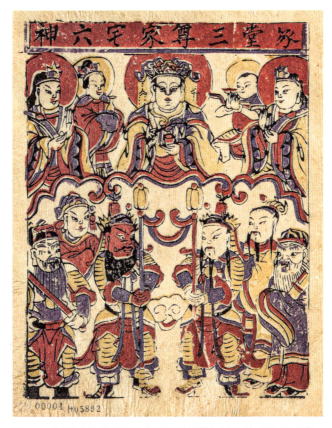

图4·17 清代河北武强版印纸本《家堂三尊 家宅六神》/ 中国国家博物馆藏

一《正月·岁朝》所记载："元旦为岁朝，比户悬神轴于堂中，陈设几案，具香烛以祈一岁平安。"卷十二《十二月·过年》："择日悬神轴、供佛马，具牲、糕果之属，以祭百神。"❶所谓"神轴"其实就是集合多个神祇于同一画幅的中堂立轴画，供祭祀之用，图像版式通常为叠层式，有三层、五层之分，也称三堂、五堂。清代版的这幅《家堂三尊 家宅六神》神像版画〔图4·17〕则反映出河北武强地区的住户人家终年供奉家堂佛神祇，已将观音、文殊、普贤三大士与家宅六神：门神、户尉、灶君、土地爷、井泉童子等诸神佛于一堂进行合祀。娄子匡先生在《家堂中的神画》一文中写道台湾继承了福建等沿海一带的乡风，在家堂正中挂大小二合一制两幅神画，"大幅神画中

❶ [清]顾禄撰，来新夏校点《清嘉录》，上海古籍出版社，1986年，第4、170页。

的神，一般是五位，作牙牌……（么四）形，顶上是观音，其次是左关帝而右妈祖，再其次是左灶君而右土地。因此这'家堂五神'，应是天公而外，在台湾民间信仰上最普遍而深入的。"[1]闽台两地家宅中堂所悬挂的妈祖、观音和其他神像的合祀神画"都可现成买到，春节前大量供应，有画的，也有印的，也有画在镜框里的玻璃画。"[2]

在家堂五神、家宅六神合祀的基础上，闽粤台等地还出现了将观音及其胁侍或配祀、观音与妈祖及其他神明集于一张图像进行一起祭祀的春节祭祀习俗，即在家宅大厅或佛堂正壁上悬挂观音妈联，搭配横批及对联，以香火灯果供养。

❶ 娄子匡：《台湾民俗源流》，东方文化书局，1972年，第50页。

❷ 娄子匡：《台湾民俗源流》，东方文化书局，1972年，第50页。

第二节 | "观音妈联"的印刷方式及版画图式

一 版画神像"观音妈联"的印制方式

观音妈联中的观音（旁加善财、龙女）、妈祖（旁加千里眼、顺风耳）、灶君、土地等神祇分别先雕刻成两片大木版，然后进行水印套色制作。福建漳州的木版水印的顺序是先印色版，最后印墨线版。而台湾地区有所不一，其更多承袭了泉州地区的印刷方法，特别是台南的传统木版水印技术就是从泉州传入的，印制顺序与漳州地区的恰好相反，即先印墨线版，再印色版，所用的印刷桌也非常简易，就是两张长板凳拼成的，"将单一色版嵌入印刷桌上的一片大型木框内校正位置并且固定。然后裁切纸张，取砖头压固一纸边。在印刷桌上刷色、复纸、擦纸、掀纸后，把纸张垂放于纸张与色版之间的凹沟内待干，等到整叠纸张印毕该色后，悬挂风干，再更换另一片色版，重复相同的动作，颜色由最浅色至最深色（白色需放在倒数第二色印刷），最后印上墨线版。" [1] 所以早期的观音妈联一般就是以这种方法和步骤在宣纸上进行单色墨线印刷〔图4·18〕，然后再通过装裱拼接成一幅完成的平面图像。

❶ 林蔚文：《闽台传统艺术研究》，海峡文艺出版社，2016年，第174页。

图4·18　清代福杉木刻雕版《观音妈联》/ 台湾鹿港龙山寺藏
　　a.雕版及印本　b.台湾"王泉盈"纸庄传人王孝吉示范印制 / 杨永智摄

　　除简单的单刷墨线外，隆重些的制作方式是以手工施彩于绸布或宣纸之上。日后，一些纸行或纸店又应信众需求推出以木版半印半绘的形式，即先雕刻好的木质墨线版，然后涂墨于版，刷印至纸上，装裱拼接成完整的画幅后，在神像的面部、裸露的肌肤处以及服饰冠履等处敷色。日治时期，日本的石印技术引入台湾后，很快就成为观音妈联的主要印刷方法。

二 从现存木质版画解读"观音妈联"的构成图式

由于闽粤台地区印刷技术如丝网印、金属版、玻璃画、计算机喷画等技术的日益革新，取代了之前的木版水印和石版印刷的方式，观音妈联的木质雕版渐渐散失殆尽了，加之版画神像印刷所用的材质多为纸或绢布，一年一换，所以早期的观音妈联大多被汰换。从目前尚遗存于中国台湾省和日本的观音妈联的木刻雕版及其印本来看，观音妈联的构成图式可以分为以下几种：

1.边角式构图

日本天理参考馆为台北市美术馆举办的台湾传统版画源流特展提供的《观音妈联》墨线雕版〔图4·19〕，从该雕版的印本来看，观音并没有结跏趺坐，而是单手持经卷、较为适意地坐在最上层的右侧，上身右侧后放置一杨枝净瓶，下身右侧后有善财童子合掌参拜、龙女手托"九龙吐焰明珠"协同旁侍；在观音面部左侧较为空旷的画面空白处，有一只嘴衔小虫的莺鸟正飞向观音。画面中间左侧为妈祖双手拢于身前，有覆巾盖之，宫娥持羽扇于后。妈祖的右侧的空白处刻有荷花和莲蓬，上托以观音和协侍。画面下层的偏右处，手捧元宝的土地公福德正神身体向右倾侧，

图4·19 《观音妈联》木刻雕版及其版印纸本 / 日本天理参考馆藏

好似在与其右侧持笏的灶君互相私语。

辽宁省博物馆收藏的绢本《松涛图》〔图4·20〕，为宋代画家马远之作。在画作构图来看，画家善用平视或仰视的构图，焦墨作树、危崖峭壁、树下石上独坐一人仰天而叹；善于将复杂的山树之景进行高度地浓缩、集中和概括，笔墨精炼，凸显景少意长的画境；多以边角式构图，将画面主体景物偏离画面中心，喜画山石一角、树之局部，画面留下大面积空白，形成了以少胜多、空旷幽远的格局。与全景式构图相比，这种一角半边的边角式构图尤显独特有趣、简洁有力。

从此幅观音妈联的构图形式来看，主要神像如观音、妈祖、灶君和土地公福德正神并没有居于中心的大幅位置，而是均位于画面上、中、下部的某个边侧处，虽然呈现了神像整体形貌，但画面虚实相依，依旧留有一些空白的空间，营造出了一种空旷辽远的意境。这一边角式构图的雕版在现存的观音妈联雕版中并不常见，可以说是唯一的，但却可以看出南宋山水一角半边的构图模式以及简约、空灵、悠远的画面特点、一景一物生动自然、细致入微的刻画对观音妈联雕版图式的深远影响，被中国文化大学史学系教授陈清香视作"南宋山水画角边构图的遗韵"❶。

图4·20　宋／马远／松涛图／辽宁省博物馆藏

2.双层式构图

台湾省台中市文化中心文英馆现藏的两个观音妈联印本，皆为双层式构图。其中一画幅为86厘米×50厘米的观音妈联印本〔图4·21〕，上层构图方方正正、布局饱满，几无大面积留白处。居中为观音，双目微合，面貌秀美，头饰观音兜，形似

❶ 陈清香:《台湾早期观音像造形源流考》，台北故宫博物院，1992年，第761~781页。

图4·21 《观音妈联》版印纸本／台湾台中市
　　　 文化中心文英馆藏

图4·22 二合版《观音妈联》木刻雕版及其版印纸本／台湾台中市文化中心文英馆藏

风帽，披垂于身着的宽袖佛衣两侧肩下；左手持经卷，神态娴静慈祥，结跏趺坐于精美的莲座之上。上层方形画面上端左右两角处为云朵相托的莺鸟（位左）和杨柳净瓶（位右）；下端两角分别为脚踩荷叶、站于云朵之上的手托"九龙吐焰明珠"的龙女（位左）以及合掌参拜的善财童子（位右）。观音的头光上端与莺鸟上翘的尾羽、杨柳高枝顶部齐平，莲花底座底端与龙女、善财童子脚踩云朵的最下方处，以及位列下层的灶君和土地公福德正神的头光最高处在同一水平线上。如果将下层画面视为长方形的话，灶君和土地公福德正神分坐于长方形左右两侧，中间则约有一个神位的留白。从整幅画面来看，与位居下层的灶君和土地公福德正神相比，上层的观音全像约占整个画幅的三分之二。

　　文英馆收藏的另一画幅为119厘米×63厘米的观音妈联印本〔图4·22〕，上层观音头戴巾帛，身着对襟大袖衣，束于长裙之内，系带结于前腰处；半跌坐于岩石台座之上，右手置膝上，左手持经卷于身前。观音头光后侧为上下四周郁郁葱葱的茂竹幽篁和假山，身后的岩石台座上左侧置有一杨枝净瓶（居左）、一莺鸟立于右侧；身旁左侧为立于荷叶之上的龙女、右侧为立于莲花之上的善财童子。与图4·21上层的图式相比，该图像的上层左右两个角端的茂竹幽篁是从中间的假山中横向延展而出，而非分列莺鸟和净瓶，画面饱满生动。下层为卷折式屏风前并列三位神像，妈祖执圭居中，灶君和土地公福德正神位于两侧，相对而坐。从此幅印本的雕版来看，为二合版，上层版为观音，下层版为妈祖、灶君和土地公福德正神，下层版的上方为了与上层画面拼接成整幅画面，在上端两侧边角处刻了莲叶根茎以与上层龙女、善财脚踩的荷叶、莲花无缝对接。台湾私人收藏的一幅二合版的观音妈联〔图4·23〕，与图4·22的图式几近相同，唯妈祖等三位神像身后没有屏风，而用妈祖等头光取而代之。由此可见，二合一的木质雕版合成方式成为观音妈联形成两层式构图的重要影响因子。

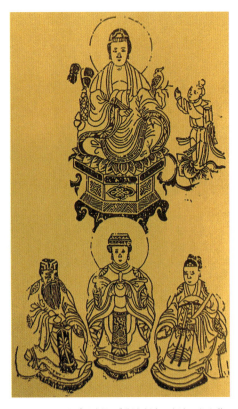

图4·23　二合版《观音妈联》版印纸本／台湾／私人藏

3.多层式构图

从现存观音妈联的雕版或印本来看，多层式构图主要是指第一层为观音，左右为龙女、善财童子；中层为妈祖、关公、玄天等民间神祇；第三层左为土地公福德正神、右为灶君。木质雕版分为单版、四合版、五合版等。合版数量越多，观音妈联的画幅越大。如私人收藏完整的五合雕版，即一组五件：其一为观音和龙女、其二为善财和灵鹫、其三为妈祖和执扇二位侍女、其四位司命灶君、其五为福德正神〔图4·24〕。其印本高达160、宽为86厘米，再配以横批对联，悬挂于家宅大厅或佛堂正壁，属于融合释、道及民间信俗的巨型版画。

图4·24　五合版《观音妈联》雕版及其版印纸本 / 台湾 / 私人藏

　　从神像集合对象来看，多层式的观音妈联中，通常第一层和最末层的神祇组合基本是固定的，通常为观音在上，灶神和土地神位居最下层；中间层的变化相对较多，较为常见的为单尊的妈祖，或是妈祖和侍女的组合，或是妈祖和千里眼、顺风耳的组合；或为妈祖与关公的组合；或为玄天和妈祖等。当然，除此以外，受到现代民间信俗等因素的影响和变化，亦出现过观音与其他民间神像组合，唯缺妈祖的集合版画。

"观音妈联"与其他神像版画图式之间的关联

一 神像版画多神集合平面图式的相似性

　　在中国各地的民间信仰中，多神信仰具有一定的共性。如过年时，各地都普遍要进行天地三界全神的民间祭祀，凡是民间信奉的天、地、人、儒释道以及民间俗神应有尽有、各得其位，构成一幅集诸神于一堂的神祇画。江苏南京清代版模板套印本《大雷音》〔图4·25〕，画幅较大，纵98厘米、横60厘米，图版刻绘有佛道释中民间信仰的诸多神像，共分为五层：第一层为释迦牟尼和太上老君及其他佛道神祇；第二层为居中为观音、善财童子及其他侍从神明；第三层为天地水三官及其他相关神祇；第四层为关圣帝君、周仓、关平及其相关神明；第五层为财神及家宅诸神。天津清代版木刻神像《天地九佛诸神总圣》〔图4·26〕也将天地诸神分为五层，第一层为佛教中的诸佛菩萨；第二层为道教中的三清二十八宿；第三层为玉皇、勾陈、紫微、后土诸神；第四层为三官大帝、真武大帝、伏魔大帝等神明；第五层为地藏王菩萨及十殿阎君。《大雷音》图式中每一层用云纹做了视觉间隔，而《天地九佛诸神总圣》则以

图4·25　清代江苏南京版印纸本《大雷音》/中国艺术研究院藏

图4·26　清代版印纸本《天地九佛诸神总圣》/中国国家博物馆藏

长方形作了规整地区分，其每层主神位居正位且端坐向前，侍立官将皆面向每层主神，平面装饰感更强。

与《天地九佛诸神总圣》分层图像形式较为相近的是北京清代版木刻神像《天地三界十八佛诸神》〔图4·27〕，纵77厘米、横67.5厘米，共分为七层。其中的主要神明与南京、天津主要神祇隶属较为相近，在原有图式中分布的佛道教主要神明基础上，较之增加了众护佑生育的女神及五岳大帝等地方性信仰等天地诸神明。天地全神版画的构成图式上具有极大的相似性，基本都是分为多层不等且左右进行神像位置的编排，佛教神像如释迦牟尼、观音等一般都位居上前三层，且画面中轴线上的神像皆为位高权重的主尊。

与此同时，各地有些民众还根据自己的需要，选择不同的几个神灵加以膜拜，从而可以满足民间各家庭在供神方面多样化的需求。如前文提到的家宅五神、六神，徽州地区一般家庭有将观音、福禄寿星、财神组合到一张《长生香火》的诸神版画，祈求平安富贵，作为常年香火供奉之用。清代苏州桃花坞版印的"三神图"〔图4·28〕，上为观音、中为关公、下为财神；漳州现存颜氏家族手作的一张画幅为32厘米×22厘米清代观音妈联墨

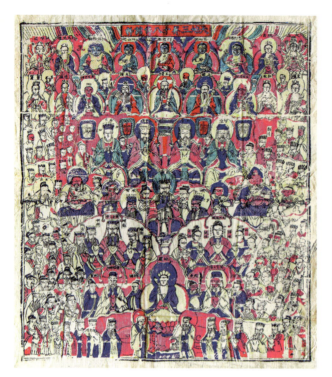

图4·27　清代版印纸本《天地三界十八佛诸神》/ 私人藏

图4·28　清代王荣兴画店版印纸本《三堂》/ 苏州桃花坞木刻年画博物馆藏

线雕版中也为三神，为观音、灶君和土地神❶。前文提到的台湾鹿港龙山寺清代"观音妈联"雕版中三个神像的组成，与漳州地区完全相同。明清以来，广东佛山地区也将观音、玄天上帝、妈祖以及关公、华光作为家宅平安神集中供奉〔图4·29〕，亦有在五位神基础上又增加了财神和金花娘娘变为七位神〔图4·30〕。无论是《五位神》还是《七位神》，其画面布局却与苏州、漳州、台湾地区非常相似，均为三段或四段式构图，上段为观音，但因各地区民众信奉神祇有所差异，中、下段的神祇对象随之有些变化，如英国伦敦惠康博物馆收藏了一幅观音妈联〔图4·31〕，将观音、与天仙娘娘、子孙娘娘、眼光娘娘三位生育女神以及关公、福禄财神分为三段式构图加以表现，观音和三位娘娘与最下层的关公、财神之间用云纹以及屏风加以区分隔断。

❶ 唐娜、王小明：《佛山年画冯炳棠·漳州年画颜仕国》，天津大学出版社，2011年，颜氏家族年画代表作目录第180页。

图4·29　清代广州佛山版印纸本《五位神》/香港文化博物馆藏

图4·30　清代广州佛山版印纸本《七位神》/香港文化博物馆藏

图4·31　《观音妈联》彩绘纸本/英国伦敦惠康博物馆(Wellcome Collection)藏

二 "观音妈联"对其他神像版画图式的借鉴与重组

　　观音妈联和其他神像版画作为民俗文化的一部分，根植于民俗民众，作为民间信仰的一种物化形式，无论是内容、风格还是图式上都体现了不同地域的文化艺术的历史积淀，但在审美情趣和艺术表达形式方面却有着相同的特性，可以说是各地民众审美心理的历史积淀和神像艺术相互融合的结果。据考，早期在台湾自行雕印的观音妈联其图样与泉州、漳州等地区几近相同，连墨色和印张都非常相仿。广东地区也是台湾移民的主要来源，所以广州潮州、佛山的雕刻印制技法也一直是台湾仿造传承的样图。天津大学冯骥才文学艺术研究院中国木版年画研究中心专家组成员杨永智先生在研究中发现"佛山首度披露的神像图系列更与台湾'观音妈联'布局相仿,'五位神''七位神'之说,入台之后移'位'换'身'"❶。

究其原因,大致有二。其一,主要源于民众们对神祇的信仰是一种源于实际生活需求的世俗化信仰。特别是明清时期,伴随着儒释道三教合流,民间多神信仰的体系逐渐建立并日益成熟,民众们将古代崇奉的众多天地神灵、佛教道教神明、行业或地方神祇等都会纳入自己的神灵信仰系统,家宅祭祀时既会供奉玉皇大帝等天神,也会祭拜释迦牟尼、道观三清;既会供奉门神、灶神、土地神、妈祖等各种保护神以避祸祈福,又会供奉风伯、雨师、雷公等以祈求风调雨顺。民众们对于民间神祇的信仰在一定程度上受到功利主义的驱动,遇事或恰逢时令佳节祭祀祈祷时,可以不问神祇的归属,如属于佛教、道教等,诸神都可供在佛寺焚香祈祷;可以不看重神格、神灵族属谱系,唯求神祇能够通过神秘助力帮助自己达成现实目的,相信有神则灵。所以,观音妈联及一些众神图以最贴近民众日常生活所需的图像形式和内容,满足了基层社会的宗教情感和普通民众的实际生活诉求。

其二,主要为清代之际是中国木版年画处于鼎盛时期,神像版画作坊遍布全国各地,福建漳州、泉州地区的神像版画作坊以其规模、销售的数量和范围、样式等丰富而闻名。加之,台湾与福建仅一水之隔,福建闽南人移民台湾的较多,随之带入的是民间信仰、宗教信仰和生活习俗,特别是大量的漳州、泉州神像版画,使得早期台湾神像版画具有非常浓厚的福建色彩。福建省又紧邻位于鱼米之乡江南两省:江苏和浙江,明代中期江南地区的版刻在中国版画史上极为灿烂辉煌,清代乾嘉时期,苏州地区的雕版印刷非常繁荣,与其相邻的福建地区自然深受影响。将台湾现存观音妈联与苏州清代王荣兴画店刻本《三堂》〔见图4·28〕加以对照可以发现,观音头光后侧的假山和竹林与台中市立文化中心文英馆收藏的观音妈联〔见图

❶ 杨永智:《降世神图话妈祖——从台闽流传雕版图画印证天后圣母形象》,冯骥才主编:《当代社会中的传统生活——国际学术研讨会论文集》,天津社会科学院出版社,2014年,第190页。

图4·32 四合版《观音妈联》版印纸本 /
台湾 / 私人藏

图4·33 《观音妈联》版印纸本 / 台湾 /
私人藏

4·22〕、私人藏四合版《观音妈联》〔图4·32、图4·33〕中的组成和样式非常近似，左上角的莺鸟和嘴中的衔物也与台湾省台中市文化中心文英馆藏《观音妈联》〔见图4·21〕、私人藏五合版《观音妈联》〔见图4·24〕印本中完全相同。位居最上层的观音、侍从等组合形式与下层之间均用云纹、莲花纹等作为间隔区分开来。

在观音神像组合版画中，中国诸多地区出现了观音与关公、观音与释迦、观音与土地神等。佛山地区未曾发现观音妈联中出现妈祖，台湾地区目前遗存的少数观音妈联雕版中亦无妈祖，潘元石、吕理政先生在《台湾传统版画与民间生活》一文中认为："可能是较早期的观音妈联形态，其后才于全图加妈祖及其侍女，再后则以千里眼、顺风耳代替原先妈祖身旁的两位执扇侍女，至晚近则于全图中段并列妈祖与关圣帝君，使家庭供奉的神像画同时包含了民间最普遍信仰的诸神。"[2]由此可见，闽台地区的观音妈联在神像图式的组成和样式方面对江南及其他地区的神像版画作了不同程度地模仿与借鉴，并结合所处地域的审美和民间信仰进行了重组与新创。

❷ 潘元石、吕理政：《台湾传统版画与民间生活》，黄才郎主编《台湾传统版画源流特展》，秋雨印刷股份有限公司，1985年，第46页。

本章小结

版画神像"观音妈联"是多神信仰习俗下的产物，是一种集合式的平面图像形式，常以观音作为供奉主神，并与民间诸神祇共同构成多神群像进行合祀或同祀的一种挂轴式图像。由于其隶属于民间宗教版画神像系统，因此其图像产生的源头及供奉的习俗可以追溯到中国古代佛教版画，制作技艺则吸收和借鉴了早期木刻画的雕作技法；家宅合祀神像版画的产生为"观音妈联"图像的形成提供了摹本之范，印刷方式也大体相同。从构成图式而言，集合了观音、妈祖神祇的"观音妈联"一方面融入了宋代山水画的边角式构图，另一方面又受到周边地域多层式神像版画图式的影响，并结合闽台粤等地域审美和信俗需求形成了一种独具特色的多神集合式的妈祖平面图像艺术。

第五章

"妈祖纸马"是民间敬神民俗活动中另一种以妈祖神像为表现中心，以纸本为载体的平面版印神像形式。其与前文提及的版画神像"观音妈联"一样，都是以平面且直观的图像形式表达民众延神送神、敬神如在的信仰与心理寄托，同属于人、神沟通的一种民间宗教艺术符号和信仰表达。然妈祖纸马与可长期悬挂供奉的版画神像"观音妈联"有所不同的是，妈祖纸马集纸钱、甲马和神像于一体，是在方寸纸幅间、有限空间内，用墨线或加色彩渲染等方式粗略地勾勒妈祖神像及相关场景的一种纸本图像，通常在祭祀仪式完成后加以焚烧，以送神升腾而去。在台湾，妈祖纸马亦称为妈祖神祃，是诸多妈祖庙宇必备的雕版纸质印刷品，大多是由寺庙或者銮坛印好后提供和派发给前来恭请的信众。信众们携带回家后，通常供奉于家宅神案之上，以祈求神祇镇宅、佑护平安。有的神祃上同时还画写着一些符咒，所以民间又将妈祖神祃俗称为"天后神符"。

由于妈祖纸马属于日常民俗祭祀中的易耗品，无论是雕版制作还是印刷纸张都不及版画神像"观音妈联"那么讲究，但纸马依旧是普通民众们的艺术智慧的结晶，利用图像媒介传播着妈祖文化的共有符码。现存清代以前的神像纸马特别是妈祖纸马，已是凤毛麟角、屈指可数，但其所承载和蕴含的普通民众们敬神和祀神的传统意识和民俗事象，却在岁月年轮的辗转中渐次厚重与消长。

第 | 纸马图像形态的发生
一 | ——从"纸本绘马"说起
节 |

一 遗存考古文物中的纸本绘马图像

　　纸马，在雕版印刷技术发明之前，可以解读为纸本绘马的
一种图像形式。其中的纸指向的是一种表现材质的叙述，马是
一种从具象到抽象的图像表达或符号代码。古人画马之风由来
已久，史前岩画中诸多马的造型就非常具象且丰富，商周时期
的甲骨文和青铜器中也出现了不少马的形象，秦汉以来，绢帛、
木胎漆器、画像石、棺板、画像砖等都已经成为画马的物质载
体。在纸本上画马，若从考古资料的实物留存来看，当属 1964
年出土于新疆吐鲁番阿斯塔那墓地 13 号墓发现的一幅纸画《地
主生活图》。画面呈横向排开，墨绘，由六张纸大小相当的纸
图拼接而成〔图 5·1a〕，整幅画面用黑色曲线和粗细不一的直线
粗略地勾勒出画面四周的边框。主图左侧绘有两棵树，两棵树
之间绘有一匹头上戴缨、嘴中衔草、膘肥健硕的黑马，马后驭
仆整辔衔，欲执鞭策马行〔图 5·1b〕。故宫博物院的王素先生通
过对该图中主人身旁的曲盖、节、麾、幢这 4 件器物的使用情
况断定《地主生活图》描绘的是"至少曾是州一级军政首脑"❶
的墓葬主人世俗生活的缩影，而且"此纸画有可能是该墓葬壁

❶ 王素：《吐鲁番出土〈地主生活图〉
新探》，《文物》1994 年第 8 期。

图5·1　纸本绘画《地主生活图》/ 新疆维吾尔自治区博物馆藏
　　　a.全图　b.局部绘马图

画的草图"❶。孟凡人基于吐鲁番十六国时期墓葬壁画与纸画的题材、构图形式和技法的分析，认为当时墓葬壁画和纸画："是以写实的手法配合墓内的随葬品，相辅相成地来共同表现墓主人生前奢侈生活状况……纸画可能是有别于壁画的另一种随葬品，纸画水平高于壁画或与绘画质料和画师的素质不同有关。"❷著名科学技术史专家潘吉星先生在1997年出版的《中国

❶ 王素：《吐鲁番晋十六国墓葬所出纸画和壁画》，《文物天地》1992年第4期。

❷ 孟凡人：《吐鲁番十六国时期的墓葬壁画和纸画略说》，原载赵华编：《吐鲁番古墓葬出土艺术品》，新疆美术摄影出版社，1992年，第4、5页。

造纸技术史稿》一书中认为这幅晋代纸绘地主生活图的整幅图像（长106.5厘米、宽47厘米），"可能是迄今最早的纸本绘画了"❸。在其2009年出版的专著《中国造纸史》中又谈道："材料为麻纸……显然是出于民间画家之手，但专业画家也无疑会在纸上作画的。"❹两晋南北朝时就有很多时人画家用麻纸进行作画，如唐代书画鉴赏家张彦远在《历代名画记》第五卷谈到晋陵擅诗赋、书法和绘画的顾恺之在白麻纸进行不同人物题材的创作❺，同书第六卷又提到南朝宋武帝时期的画家顾景秀画人物、蝉雀时所用的纸张也是麻纸❻。

西汉及东汉初期就已经掌握了制作麻纸的技术，麻纸的原料一般取自百姓的旧衣服及一些麻制品。"桂阳人蔡伦始捣故鱼网造纸"❼，时任东汉尚方令的蔡伦又将用过的渔网与破布、麻绳头，经浆碓、砑光或轻微施胶制作麻纸。大多麻纸呈现白度较低的本色纸。纸浆中尚存未充分打碎的麻纤维束，白色间夹杂着一些浅黄色，成形的纸面上纤维交织结构不是很紧密，也会出现小段麻绳头，但依旧可以制成较为匀细的麻纸。三国两晋南北朝时的麻纸与汉代相比，颜色白度不仅有所增加，麻纤维匀细结构更为紧密。作画时，砑光后的麻纸表面平滑受墨，纸的耐折性较好。制纸原料中的麻纤维比较单纯，含糖分较少，麻纸不易虫蛀，这也许是《地主生活图》除因新疆吐鲁番地区独特的地理位置和气候条件等因素外，能够得以千年留存的重要原因之一了。但东晋十六国时期，无论是南方还是北方的造纸技术都还无法造出大幅纸，这也是该图为何是由六幅小纸拼成整幅画本的缘由之所在了。由此可见，《地主生活图》不仅是目前现存最早、保存完好的纸画，其中稚拙的线式马腿表现形式、写实性的马鞍和写意式的两个圆形图案所传递出的矫健饱满的马身形象，使其又成为我国目前遗存最早的重要画马纸本实物标本。纸本中画马的图像形式和仪式形态为雕版印本纸马图像形态的发生、厘清纸马图像的初始形态提供了一定的参考。

❸ 潘吉星：《中国造纸技术史稿》，文物出版社，1997年，第54页。

❹ 潘吉星：《中国造纸史》，上海人民出版社，2009年，第141页。

❺ [唐]张彦远著；秦仲文，黄苗子点校：《历代名画记》卷五，人民美术出版社，2016年，第115页。

❻ [唐]张彦远著；秦仲文，黄苗子点校：《历代名画记》卷六，人民美术出版社，2016年，第136页。

❼ [晋]张华撰，范宁校证：《博物志校证》，中华书局，1980年，第125页。

二 从纸本绘马到民俗中的纸马图像

马在古时具有交通与农事的天职，长沙马王堆一号墓T字形帛画的画面上方出现的一对神人骑天马的形象，能日行千里、快速奔腾的马又被附会了沟通天地的神职功能，马成为连通天界的一种祥瑞之兽。曾任梁湘东国常侍等职的庾信在《和李司录喜雨诗》中写道："纯阳实久亢，云汉乃昭回。临河沉璧玉，夹道画龙媒。"[1]诗句描绘了北周时期久旱求雨的一种祭神祈祷仪式。其中的"龙媒"，《汉书·礼乐志》中云："天马来，龙之媒"。颜师古注引应劭曰："言天马者乃神龙之类，今天马已来，此龙必至之效也。"[2]龙媒指的是一种天马，能够在人间自由驰骋、在天上仙界腾云飞奔的神兽。马在汉代时被视为一种方便快捷的升仙乘骑之物，诗句中的"夹道画龙媒"是北周时期沿袭汉时的一种图绘天马引龙的民间信仰和求祷仪式。

用马进行祈祷行为的似乎也延续到了明清时期，已见于明人和清人的著述：如宋焘在《泰山纪事·地集》条"纸马"中就记载了古时用玉马、木马祭祀的仪俗，又云"后人以纸画马，焚之以祭，犹是其遗意。"[3]明代泰山地区延续了古时遗风，纸马被视为敬神的一种民俗用品。不仅在纸本上画马，而且在缮祀神祇仪式结束后，将画马的纸张加以焚烧。清人赵翼在《陔余丛考》卷三十"纸马"条提及："昔日画神像于纸，皆有马以为乘骑之用，故曰纸马也。"[4]清时，纸马图像形态不仅有马还有神像，而马是作为信仰形态的媒介物体，如可当作神仙坐骑，可视为请神之意的视觉符号等。"以纸画马""画神像于纸"中的"画"不能狭义地理解为仅仅是在纸张上用作画工具涂绘马之形和绘画神之像，当为用版印、绘画或纸雕等形式，抑或是这几种方式间的相互结合，去表现民俗纸本上的视觉化图像。

❶ [北周]庾信撰、[清]倪璠注、许逸民校点：《庾子山集注》，中华书局，1980年，第294页。

❷ [汉]班固撰、[唐]颜师古集注：《汉书》卷二十二《礼乐志第二》，中华书局，1962年，第1061页。

❸ 汤贵仁、刘慧主编：《泰山文献集成》第2卷，泰山出版社，2005年，第343页。

❹ [清]赵翼撰：《陔余丛考》，商务印书馆，1957年，第635页。

雕版神像印本的商品化

——从"随身式经咒"印本说起

从现存清代之前的遗存纸马的实物来看，除了以纸画马之外，数量较多的图像形态为版印神像，民艺学家张道一先生认为，纸马自宋始"几乎成为所有木版刷印神像的总称，但又不是悬挂张贴用以供奉的。"[5]纸幅不大的神像纸马通常由专门的雕版印制店进行制作，平民大众可根据民俗节庆之需采购而来以备祭祀之用。

一　作为随葬之物的经咒印本

若基于考古发掘文物资料探考，木质版印神像纸本作为流通于市场店铺中的一种信仰用商品，最早当属1944年出土于四川省成都市望江楼一小型唐墓中的陀罗尼经咒〔图5·2〕。该印本纸幅不大，仅为31厘米×34厘米，主体画面呈正方形，纸本中央小方框之内印有一位六臂各执法器、坐在莲花座上的菩萨像，以中央方框为中心呈方框放射状围印梵文经咒十七周。最外围的双线框内的四个角均印有菩萨像，四周每边呈二方连续状，分别间隔印有菩萨像三和佛教供品三。冯汉骥在《记唐印本陀罗尼经咒的发现》一文写道："纸为茧纸，极薄，

❺ 张道一：《纸马三题——纸马正名·纸马为用·心灵慰藉》，原载冯骥才主编：《年画研究》2013秋，中国戏剧出版社，2013年，第13页。

图5·2 唐代版印纸本《陀罗尼经咒》/ 中国国家图书馆藏

半透明，但韧力甚强……为茧、桑皮、麻加檀木浆所制。"[1]

所谓"茧纸""蚕纸"，并非指的是制纸的原料为蚕茧或绵料，而是用了楮木皮、桑树皮以及麻等原料进行制纸。用木本韧皮纤维作为造纸原料并不是始于隋唐五代，正如三国时魏博士董巴在《大汉舆服志》中云："东京（洛阳）有蔡侯纸，即伦（纸）也。用故麻名麻纸，木皮名穀纸，用故鱼网作纸，名网纸也。"[2]蔡伦自东汉时期开始尝试用楮树皮制纸，实现了以楮树皮纤维造纸技术的突破，开辟了以木本韧皮纤维作为造纸原料的新篇章。三国两晋南北朝时期不断开拓新的造纸原料，用木本韧皮纤维制作出楮皮纸、桑皮纸等，也有将树皮纤维和麻类混合制浆造纸。隋唐五代时期，由于造纸原料的改进、技术和设备的革新，楮皮纸不仅作为国纸，还因楮皮纤维较麻纤维短而细，有一定的光泽，容易交织成均匀紧密和绵软的薄纸，"表面平滑、洁白，故人们以"绵纸"或"蚕茧纸"

[1] 冯汉骥：《记唐印本陀罗尼经咒的发现》，《文物》1957年第5期。

[2] [宋]李昉等撰：《太平御览》卷六〇五《文部·纸》，第3册，中华书局，1960年，第2724页。

予以美称。"[3]楮皮纸备受唐代文人的青睐，常用作高级书法、抄经或绘画之用。如1967年西安沣西出土的一张长方形（长32.3～32.7厘米、宽28.1～28.3厘米）单页纸质印本的唐梵文陀罗尼经咒，"该经咒的纸更接近唐代楮皮纸"[4]，出土时塞于铜制的臂钏残段之内。

同类单页印本的陀罗尼经咒仅在西安地区，就先后有数座唐墓中出土，如1974年西安市文物管理委员会在西郊西安柴油机厂征得一枚唐初的单页印刷陀罗尼经咒，印本用纸经检验为白色麻纸，呈方形，长27厘米、宽26厘米，正中央有一空白方框，出土时装在一铜腭托中；1983年西郊沣滈路自来水厂亦出土一件陀罗尼经咒，被置于鎏金铜臂钏所附的铜盒中；1999年西安三桥镇出土的纸质墨印的陀罗尼经咒亦叠装在臂钏之内等[5]。陀罗尼经咒被佛教徒大肆渲染，随诵随求、随身携带、随求皆得，信徒生前和死后均不离身。单页纸质印本神咒不仅可以随身带之佑护世间生人，而且可以作为随葬品在地下贴身护佑死者，消灾除罪得以超升天界，因此墓葬中使用陀罗尼经咒的习俗在唐代以后很长时间内都盛行不衰。

正如北印度僧人宝思惟于武则天长寿二年（693年）在东都洛阳的天宫寺内翻译的《佛说随求即得大自在陀罗尼神咒经》中载："若有受持此神咒者，所在得胜。若有能书写带在颈者，若在臂者，是人能成一切善事，最胜清净……"[6]

斯坦因窃走敦煌莫高窟17窟的一张北宋太平兴国五年（980年）题为《大随求陀罗尼》单页纸质经咒印本，从纸幅正下方中央的一方框内印有经咒内容〔图5·3〕来看，当为从《佛说随求即得大自在陀罗尼神咒经》进行摘抄书写：

若有受持此神咒者，所在得胜。若有能书写带在颐者，若在臂者，是人能成一切善事，最胜清净……持此咒者常得安乐，无诸疾病，色相炽盛，圆满吉祥，福德增长，一切咒法皆悉成就。

❸ 潘吉星著：《中国造纸史》，上海人民出版社，2009年，第186页。

❹ 安家瑶、冯孝堂：《西安沣西出土的唐印本梵文陀罗尼经咒》，《考古》1998年第5期。

❺ 霍巍：《唐宋墓葬出土陀罗尼经咒及其民间信仰》，《考古》2011年第5期。

❻ 《乾隆大藏经》编委会编：《乾隆大藏经》第47册，宗教文化出版社，2010年，第621页。

图 5·3 宋代版印纸本《大随求陀罗
尼经咒》/ 大英博物馆藏

以上经咒所雕印的神咒内容皆提到了信徒们随身携持口诵
经咒纸本的位置为头、颈间及手臂处，与经咒考古墓葬中死者
的佩戴方式和出土时所处人体部位的位置是非常吻合。这批同
类口诵陀罗尼经咒纸质印本都是经折叠后置于随身饰物之内，
有的置于死者臂部所戴臂钏或所附小盒之内，有的塞在死者手
腕部的手镯之中，有的裹置于腭托下所附的中空半圆形筒之
内。值得关注的是，中国自古就非常注重墓葬仪俗中能够使死
者在九泉之下得以安息、免受地下恶灵鬼魅侵扰的多种民间方
术的实践活动，而这些出土佛教密教经咒的墓葬均属于平民墓
葬，反映出唐宋之际带有极为浓厚的民间世俗信仰的佛教密教
内容和体系，特别是其神通广大的宗教功能迎合了中国普通民

众世俗精神需求，很容易与中国传统方术相互渗透与融合，并被利用在普通大众辞世后在阴间镇邪祈愿的墓葬场域之中。

二　民间葬俗下经咒印本的商品化

遗存的纸本陀罗尼经咒书写方式和图文布局基本遵照一定的排列规范，中心图像均为某神像或留有空白，经咒写法都是围绕中心图像作方形或圆形环读状，咒文的四边又印有不同图像，书写文字有汉文和外文，从经咒中残留的汉文可见，有些经咒纸画是供养人及刊刻人的姓名、手记，如北宋大随求陀罗尼经中右上角一长方形框内刻印有"施主李知顺"、与其平行的左侧长形方框内印有"王文沼雕板"字样以及正下方中央的一方框内印有咒文的手记、年月〔图5·3〕；有些是佛教寺庙统一印制提供给信徒们的赠送品等。相较于造幢修塔作功德以消罪祈福，信徒们运用书写和印本随身携带的形式更为简便易行；相较于书写经咒，雕版印刷的成本较为低廉，可以短时间之内满足信徒们较大的需求量，有些商家还专门印制这类经咒，如前文提及的1944年出土于四川大成都市望江楼一小型唐墓中的陀罗尼经咒纸质印本，因对角紧紧卷裹装置在墓葬尸体骨架右臂上所戴的银镯之内，出土时部分斜向印文墨迹有些模糊不清，在其右侧纵向印有一行汉字依稀可见"□□□成都县□龙坊池□□□近卜□□印卖咒本"〔图5·2〕。该咒本为唐末时期在四川成都县境内某卜氏店主的商铺作为商品雕版印制贩售，成为商品的纸质信仰类经咒是由当时民间刻印作坊制作而成的。虽然在一批出土版印经咒实物中，作为商品印制销售的该纸本经咒可谓是孤本，但这是含有版印神像和详记印卖地方的最有力的出土实物例证，足以说明纸本作为商品印制销售至迟不晚于唐末，平民墓葬出土的单页版印纸本佛教神像已经成为市场上流通的一种民间信仰商品，普通大众可以通过购买或是从寺庙求得等方式用于日常生活所需。

第三节 妈祖纸马图式范本的产生
——从"民间女神雕版"说起

唐代由于木质雕版和纸上印刷方式和技术的提升，作为一种世俗化的宗教信仰的神像版印纸本成为平民市场的版印刊本店铺中可以销售的商品，并得以大批量生产和社会化传播，该变化为纸质印本神像纸马的产生和流通提供了一定的技术基础和平民化传播之参照。从现存宋代的绘画和宋代的笔记小说中可以看出，版印神像纸马已经成为一种在民间民俗节庆中使用的信仰用品，成为一种在店铺中可以售卖的一种商品。宋人孟元老在《东京梦华录·卷七》"清明节"条中记录了北宋都城东京开封府城市中当街兜售纸马的店铺和为迎接清明祭祖时节在街道上陈设纸马的盛况："诸门纸马铺，皆于当街用纸衮叠成楼阁之状。"[1]无独有偶，北宋画家张择端用传统手卷的形式真实且集中概括地描绘了清明时节汴京城街市地的繁荣景象。《清明上河图》一图中以鸟瞰式全景构图的方法，精准且聚焦式地描绘了汴河岸边错落有致的商铺中陈设的货物、市招上的文字和摩肩接踵、忙于采购的行人们。其中画有一名头戴风帽的骑马者，他身后好似跟着一位肩挑货物的家仆，正经过一家店前竖立着一个底座呈瓜墩型的店招，其上赫然用行书写着"王家纸马"的店铺〔图5·4〕。该纸马铺内不仅摆放着琳琅满

[1] [宋]孟元老撰；王云五主编：《东京梦华录》，商务印书馆，1936年，第126页。

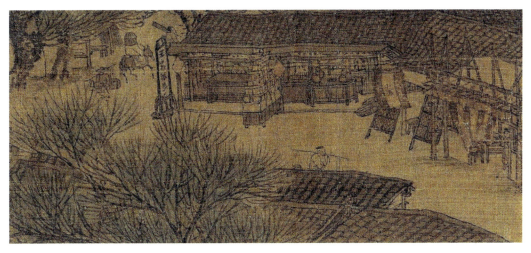

图5·4　宋／张择端／清明上河图／绘"王家纸马"店铺／故宫博物院藏

目的纸马类货品，还在店铺门外搭有一货架正"当街用纸衮叠成楼阁之状"，货架方向与店招相平行，好似为足足有几开间的横街店铺门面作了一个纵向隔断。久居南宋都城的吴自牧在《梦粱录》卷六"十二月"中则记载了店铺销售纸马的一些品类："岁旦在迩，铺席有货，画门神桃符，迎春牌儿，纸马铺印钟馗、财马、回头马等，馈与主顾。"[❷]年末岁首时，临安城街巷中的商贾们通过一些营销策略以赢得更多的顾客，纸马铺店主则利用其刊印之长，在店内薄备一些诸如可以捉鬼辟邪的钟馗纸马、广开财运的祈财纸马等作为赠品，将其附送给老主顾以广结业缘。

一　民间蚕神祭俗下的神像雕版的基本图式

追述北宋都城的笔记体散记文以及描绘风土人情的绘画，其中虽然没有对纸马中的神像图像形式进行具体地说明和描绘，但从商铺摊位上纸马的陈列状态、营销模式和摩肩接踵忙于清明采购的行人数量来看，城市里已经出现专门印刷和发售的纸马铺，民众们在店铺中可采购到纸马以应岁时节令习俗活

❷ [宋]吴自牧：《梦粱录》，浙江人民出版社，1984年，第50页。

图 5·5　宋代《三姑置蚕图》拓本 / 中国国家博物馆藏

动之需。版印神像纸马品类丰富，纸马中的神像都是一些和日常生活息息相关的民间俗神，各地纸马中的神祇不尽相同，可谓繁多芜杂，然民间刻印的独幅神仙纸马却鲜少得以保存。唯中国国家历史博物馆收藏有 1919 年民间掘出的一块刻有三女像并列的雕版，胡道静在《巨鹿北宋雕板是淹城遗址的出土物》一文中通过雕版上方的文字"三姑置蚕大吉"和"收千斤百两大吉"的字样，结合巨鹿城于公元 1108 年被洪水淹没的历史事实的考据，认为该雕版为巨鹿宋城中"一家以雕板印刷为业的作坊遗址中为古董商或民间所掘得者。"[1] 该略有微损的雕版为枣木材质，纹理清晰，高 26.4 厘米、宽 13.8 厘米、厚 2.5 厘米，呈横方形。从其拓本来看〔图 5·5〕，画面主体上方张设有一帷幔，幔额上檐增饰有精美的花纹图案。女神像有三，并排分列于帷幔之下，幔额上檐设有两条整齐有序的流苏垂饰于居中女神的两侧，好似将三位女神做了一个视觉上的隔断和区分。居中的女神像与身旁两位女像的发髻冠饰有所不同，身姿手势、面容表情和衣着服饰皆无大异。

　　石志廉先生在《北宋人像雕版二例》认为："从画面人物及文字看，与后世的灶君神像、月神祃子等相类似，疑是宋代民间供奉的蚕神神像雕版。"[2] 王树村先生根据《三才图会》、淮南王《蚕经》中关于蚕神的记述，提出该三位女神当是古代

[1] 上海新四军历史研究会印刷印钞分会编：《雕版印刷源流》，印刷工业出版社，1990 年，第 300 页。

[2] 石志廉：《北宋人像雕版二例》，《文物》1981 年第 3 期。

祭祀的养蚕始祖，分别为蚕神宛窳夫人、寓氏公主和马头娘的看法，并认为该雕版"恰如纸马艺术之原版……此一印版构图及三位神姑之形象与默坐状态，为后世北方'泰山娘娘'、南方'天后'（妈祖）纸马中女神的版刻范本。"[3]蚕神祭祀习俗伴随着中国养蚕植桑的出现而兴起，河南安阳殷墟遗址发掘的甲骨文中就有关于祭祀蚕神的卜辞，如祖庚祖甲时卜辞说："贞元示五牛，蚕示三牛。十三月。"殷人非常注重蚕神的祭祀，将蚕神与殷人的老祖宗上甲微并祭，祭祀上甲微用五牛头，祭祀蚕神用三头牛，祭祀极其隆重。殷人祭祀的蚕神只是一种泛指和假托，直至晋代卫宏在《汉旧仪》中明确提出蚕神的名字："今祭蚕神曰宛窳夫人、寓氏公主，凡二神。"[4]当然，民间各地有着不同的蚕神信仰和祭祀仪俗，在四川祭祀的蚕神为上古时期就教民蚕桑的蚕丛氏以及马首人神的马头娘，当地还建有蚕丛祠、青衣庙等。同治《湖州府志》载："蚕神……今佛寺中亦有塑像，妇饰而乘马，称'马鸣王菩萨'，乡下多祀之。"又云："民间报赛祀宛窳妇人、寓氏公主亦无不可，或祀蜀君蚕丛氏亦得。"[5]可见即便是同一地区的蚕农，不知是对于蚕神的认知比较模糊还是对于蚕神信仰比较广泛且包容，几乎是见到蚕神就磕头，还将三月十六日视为蚕神娘娘的生日，蚕农们又焚烧蚕神纸马《蚕姑宫》﹝图5·6﹞。蚕神纸马分为上下两部分，上部刻印三蚕姑的画像，下部刻有妇女们养蚕采桑的场景。

山东现存有明代杨家埠万盛店的《蚕姑宫》雕版，此版虽已经残缺不全，但其分层刻绘内容和形式却与湖州焚烧的《蚕姑宫》纸马主体图像极为相近。雕版刊印的纸画可贴于家宅蚕室作供奉之用，整幅约有45厘米×24厘米，以图文结合的形式描绘了山东民居陈设与百姓生活场景。下层刻着家宅大门，大门一侧刻有一对采桑的母子，另一侧刻着一女子正提篮采桑，中层刻绘了家宅大门内两名女子将采来的桑叶喂食蚕宝宝的日常劳作时忙碌的场景；上层在放着烛台、香炉的祭台后面

❸ 王树村：《中国民间美术史》，岭南美术出版社，2004年，第83页。

❹ [东汉]卫宏撰：《汉旧仪附补遗》卷下，中华书局，1985年，第11页。

❺ [清]宗源瀚、郭式昌修；周学浚、陆心源纂：上海书店影印版《中国地方志集成.浙江府县志辑24.同治湖州府志（一）》卷三十一《舆地略·蚕桑下》，上海书店出版社，1993年，第589页。

图 5·6　明代《蚕姑宫》(老版新印)
纸马 / 私人藏

并列同排的三位蚕姑女神，疑以北宋《三姑置蚕图》雕版图列为范本，并有所增益。三位女神脑后皆刻有头光，中间女神似为主神，右手压左手朝天于胸前，有一只蚕头正上扬的巨蚕趴卧于右侧袖口至右手背上。两侧女神略小似为陪祀，双手覆巾持圭；正中刻有"蚕姑宫"的横梁上方折页中刻有："墙下树桑多茂盛，采来喂蚕真可夸。人食桑神(葚)甜如密(蜜)，蚕吃桑叶吐黄沙(纱)。二姐看蚕多勤谨，蚕盛之户第一家"字样，反映出农妇们对蚕桑和养蚕生活的美好愿景的同时，整幅画面图式也可以看出民间雕版匠人的艺术创作源于地方性的世俗生活、匠人通过木版、模印等形式实现对民间日常生活特别是家宅祭祀场景的再现，将民众们心中的期许、情感和精神的慰藉隐含于纸马图像的构成形式之中。

二　蚕神并置图式成为民间三神合祀纸马子模本

图5·7　清代《天后圣母》纸马／天津博物馆藏

清代版印妈祖纸马图式似乎与北宋《三姑置蚕图》雕版也有着一定的渊源关系。天津博物馆的沽上艺苑专题展览中展陈了一张清代《天后圣母》版印纸马〔图5·7〕，中间为天后圣母，眼光娘娘和子孙娘娘分列其两侧。原为海上女神的妈祖进入天津后，与当地的地方神祇进行融合，神力也得以拓展。天津天后宫正殿殿主神就是天后圣母，左右分别为眼光娘娘、子孙娘娘和斑疹娘娘等掌管生育的女神。这些数以十计的女神形貌大体相同，通过手中执掌之物可以将其进行区分，如眼光娘娘通常手中托着一只大眼，象征明目去眼疾；子孙娘娘通常手抱一婴儿，身背装满小儿的口袋；斑疹娘娘左手握有一形似莲蓬之物，上有很多斑点等。版印神马中的三位女神面容和大小几乎无异，只是通过神案两侧的女侍手捧之物加以标识，子孙娘娘同侧的女侍双手捧有一小儿，眼光娘娘同侧的女侍则双手捧有一大大的眼睛。双手覆巾持圭的妈祖成为专职生育产子的诸多女神们中的主神，位列图像的中心位置故而身旁两位女神一侧肩膀被挡于其身后，头冠两侧悬下的珠饰巧妙将三位女神面部做了隔断和区分，其形式似为北宋《三姑置蚕图》雕版中垂饰流苏的遗风。台湾历史博物馆藏有两幅天后圣母纸马，似乎与其版式与天津的这幅妈祖神马同出一辙，虽然未标出妈祖身旁两位女神娘娘的名称，但据图像下方两侧所刻陪侍的手捧之物可以推断两位娘娘的职能。

旧时民间崇尚多子多福、人丁兴旺和家道兴盛，民间妇女深信送子神祇能够操控和掌握生命全过程，所以格外虔诚敬奉，祈盼女神们能够佑护产育之事。民间将三位女神进行合祀的现象非常常见，如法国神父禄是遒（Henri Doré）1884年来到中国，在江南一带传教了三十余年，并调查了上海、江苏、安徽和全国各地多地的民间信仰，在其著述《Recherches sur les superstitions en Chine》[1]描绘了清末时期中国民间一寺庙供奉着三位女神的场景，神像上方的匾额中写有"德育群婴"，放有烛台和香炉的左侧柱子上写有"天后圣母"，可知该寺庙合祀的三位女神分别为天后圣母和其他两位子孙娘

图5·8 清末民间寺庙合祀天后圣母和其他女神 / 法 / 禄是遒（Henri Doré）绘

娘。妈祖覆手持圭，如意形云肩与绿色的覆手巾颜色相同，头部有三个呈火焰状的冠饰，身边的两位子孙娘娘覆手于红色巾内，柳叶式的云肩与覆手巾色同，头部只有一个呈火焰状的冠饰〔图5·8〕。再如北京东岳庙内的娘娘殿中，有九位子孙娘娘分三组奉祀，中间一组为位列左侧的为子孙娘娘，中间的为天仙娘娘，右侧的为眼光娘娘。这一供奉场景出现了在北京清代版刻的纸马图像之中。清代版刻的《天仙圣母娘娘》纸马〔图5·9〕，碧霞元君覆手秉圭端坐于正中，袖口和领缘部分饰有凤凰纹样，两肩各饰一团花纹、纹饰似为庙宇建筑。在其身前的香案上摆有香炉、烛台和左右并置有一只眼睛和一个小童，故知位居左侧的女神为子孙娘娘，眼光娘娘位居右侧。三位娘娘冠饰和容貌均完全相同，子孙娘娘、眼光娘娘因位居碧霞元君身后，故而在大小比例上显得略小，从而突出居中的主神之位。清代版印手绘求子之用的纸马〔图5·10〕，有所不同的是，其上刻绘的是并列端坐的子孙娘娘、眼光娘娘、送生娘

❶ Henri Doré:《Recherches sur les superstitions en Chine》, Chang-hai Imprimerie de la Mission catholique, 1916, p. 916.

图5·9 《天仙圣母娘娘》纸马 / 私人藏　　　　　图5·10 《子孙娘娘 眼光娘娘 送生娘娘》纸马 / 私人藏

娘，前中放置着香炉烛台的神案旁边左右分列侍立有男女二位童子。三位娘娘的面容、头光、服饰、冠饰几近相同，唯服饰的纹饰和手捧之物存在的一定的差异，代表其身份和职能的不同。

　　清代辽宁各地的娘娘描绘都在春夏之交民间商业活动最繁盛的日子，其中以大连大石桥迷镇山娘娘庙会影响最大，从该地庙会采集的一张《天仙圣母》纸马〔图5·11〕，是木刻墨印后、用笔将"天仙圣母"字样一格及案台上的香炉涂抹成红色的，其人物形貌和图像构成形式与《天后圣母》神马〔见图5·7〕非常相近，唯三位女神眉间多了朱砂痣，左为眼光娘娘、中间为天仙圣母、右为子孙娘娘。相较庙会采集的另一张《天仙圣母娘娘》〔图5·12〕，其雕刻得较为精细，特别是三位女神冠饰线条虽繁复却不杂乱，纸马画面整体墨线酷似用笔勾线般均匀流畅。《天仙圣母娘娘》纸马相对而言显得较为粗陋，三位女神和案台两侧陪祀的发髻以及香炉、持圭等均呈块面状，但图像形式基本相似。纸马之上用红色和青色进行涂抹的方式，南宋

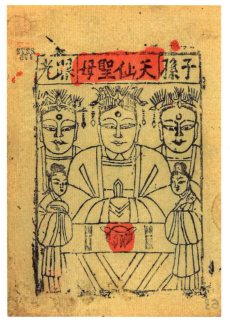

图5·11 《天仙圣母》纸马 / 早稻田大学图书馆藏　　　图5·12 《天仙圣母娘娘》纸马 / 早稻田大学图书馆藏

　　四川人李心传在其见闻杂记中就曾记述过，《建炎以来朝野杂记》卷十九乙集"边防二·庚子五部落之变"中提及的"盖蜀人鬻神祠，所用楮马皆以青红抹之，署曰吴妆纸马。"[1]至迟嘉定九年之前，四川市场上所贩卖的祭祀神祠所用的纸马全都是用青、红两色进行涂抹，而且纸马上署了"吴妆纸马"之店名。可见，纸马在南宋四川亦成为一种广泛流通于民间市场的民俗商品，不但有专门印制和销售的纸马作坊，而且纸马在刊印时就已经开始采用这种先墨印后用彩色进行涂抹的形式，并且该形式一直沿用到清代乃至近代年间。

　　北方部分地区还有拜祀泰山娘娘求子的习俗，泰山娘娘即泰山神之女碧霞元君，主司妇女多子并保护儿童健康成长。坊间曾有慈禧太后曾经为同治皇帝载淳去北京的碧霞元君庙"烧头香"祈求发痘平安的传闻之说。辽宁大连市小岗子街采集的一张《泰山娘娘》纸马〔图5·13〕与台湾历史博物馆收藏的《泰山娘娘》纸马，人物形态和服饰样式甚至衣纹、帷帐褶皱等细

❶ [宋]李心傳著:《建炎以来朝野杂记》第12册《卷十九乙集》，江苏广陵古籍刻印社，1981年，第20页。

图5·13 《泰山娘娘》纸马／早稻田大学图书馆藏　　图5·14 《三官大帝》纸马／早稻田大学图书馆藏

节极为相似，就连"泰山娘娘"所用字体都完全相同。唯庙檐样式、彩印用色可以体现地域特色和差异，大陆北方用色较为浓烈，台湾民间用色相对柔和，且其上的庙檐样式重复出现在该馆收藏的其他神祇神马。当然，从现有遗存的神像纸马中可以看出，三位女神像并置的图像构成形式也被雕作匠人延展在了其他神像纸马之中，但有所相异的是纸马中根据神像角色定位的不同，在神像容貌上有着一定的区分。如辽宁大连市小岗子街采集的一张《三官大帝》纸马〔图5·14〕，无论是从雕刻手法还是彩印方式都和《泰山娘娘》纸马〔图5·13〕同出一辙，当出自同一家版印店、同一个雕版刻印匠师之手。匠师根据天官赐福、地官赦罪的职能，面容呈白脸慈祥状，而水官解厄、校戒罪福，故面容红赤、须长至腹、呈凶神恶煞状。台湾历史博物馆收藏的一张《水府三官》纸马为单色墨印，与《三官大帝》一样，在水官的面容形塑方面重点刻画和突出了神像最主要的特点。

妈祖纸马图式构成形态分析
——以现存妈祖纸马实物为考察中心

妈祖信仰起源于宋代，北宋时期三姑置蚕雕版为后世三神并祭的妈祖纸马图式提供了参照，但妈祖纸马何时出现、何时被运用于民俗祭祀活动之中，由于妈祖纸马文献资料的匮乏，难以探寻其发展脉络，加之没有宋明妈祖雕版和妈祖纸马的实物遗存，故而无法从物质层面无法探寻其本体图式雏貌。但从图像志层面而言，妈祖纸马图像的产生离不开其所处时期的物质环境和文化土壤，同时期民间信仰中的神祇纸马图式、雕版匠人的刊印技术、民俗中的祭祀活动和民众的信仰心理等都可能成为妈祖纸马图式产生的根基和构成形态程式化的推手。伴随着妈祖信仰的传播与浸染，虽然辽宋夏金、元明时期妈祖纸马雕版以及印刷的妈祖纸马实物几无发现，但可以推断的是作为承载妈祖神灵寄托的纸马与其他神像纸马一样，由印刷纸马的作坊制作、销售或是妈祖寺庙刊印后派赠，成为民众世俗生活和祭祀活动中的必需品。

清人袁枚在短篇小说《续子不语》卷一"天后"中提到了三种妈祖纸马："林远峰曰：天后圣母，余二十八世祖姑母也。未字而化，灵显最著。海洋舟中，必虔奉之。遇风涛不测，呼之立应。有甲马三：一画冕旒秉圭；一画常服；一画披发跣足，

图5·15 《天后娘娘》纸马/哈佛大学艺术博物馆藏

仗剑而立。每遇危急，焚冕旒者辄应；焚常服者，则无不应；若焚至披发跣足仗剑之幅，而犹不应，则舟不可救矣。"[1]小说中提及的甲马，其实就是雕版印本的纸马，虞兆隆在《天香楼偶得》中对甲马做了解读："俗于纸上画神佛像，涂以红黄采色，而祭赛之。毕即焚化，谓之甲马。"[2]袁枚在小说中描述了印有三种不同服饰形像的妈祖纸马，有头戴冕旒、双手持圭的礼服形像，有身穿日常服饰的常服形像，有披头散发、赤脚徒步的远古服饰形象，当渔民海上遇难时，通过焚烧妈祖纸马的形式寻求佑护。可见，有的纸马在祭祀活动之后，通过焚烧的方式将民众的诉求便随着燃纸灰烬实现径达天界。

清代，民众们可以从市场的杂货铺或专门的刊印店铺购买到用于焚烧的纸马，如哈佛大学艺术博物馆（Harvard Art Museums）就收藏有一幅清代雕版的妈祖纸马〔图5·15〕，用纸为黄色的一种粗浆纸，其上仅用墨线刊印。无独有偶，日本早稻田大学图书馆也收藏有同一类型的娘娘纸马，其中一幅妈祖纸马〔图5·16〕几乎与哈佛大学艺术博物馆藏品〔图5·15〕完全相同。在这一套北京地区的纸马中除天后娘娘纸马，还有催生娘娘、痘疹娘娘、瘢疹娘娘、□符娘娘、广生娘娘、九天玄女、奶母娘娘、全司娘娘、水母娘娘、送生娘娘、泰山娘娘、眼光娘娘、引蒙娘娘、影亭娘娘、子孙娘娘〔图5·17〕，整套纸马

❶ [清]袁枚著；宋婉琴注：《续子不语》卷一《天后》，陕西人民出版社，1998年，第11、12页。

❷ [清]虞兆隆撰：《丛书集成续编（215册）文学类：天香楼偶得一卷》之"马字寓用"词条. 新文丰出版公司，1989年，第15页。

图5·16 《天后娘娘》纸马／早稻田大学图书馆藏

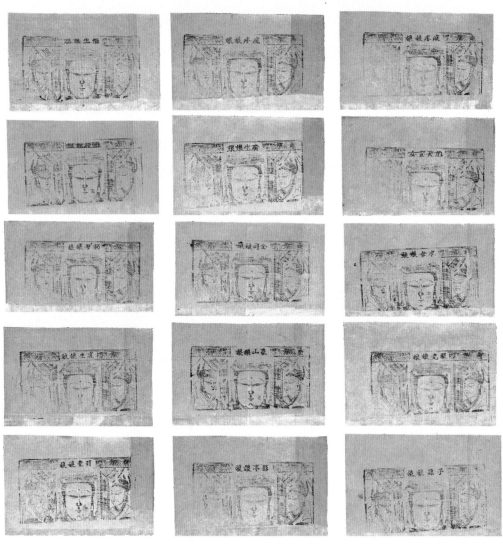

图5·17 黄纸墨印娘娘纸马（一套）／早稻田大学图书馆藏

中的人物面貌及图式完全相同，唯通过额枋中间的字样加以区分和明确，图像和版式具有极强的程式化特点。这套纸马的高度均为完整纸幅的三分之一，该现象其实并不常见，绝大部分纸马都是刊印成完整的纸幅大小，甚至有些纸马墨印后还会用红、青等色绘之，由于所用纸质为黄色竹浆纸，所以总体显得比较粗陋与简单。现存清代以来的纸马既可用于祭祀焚烧之用，亦可作张贴祭拜之用，图式的组合形式也比较多样。

一 妈祖纸马图式构成形式：
一坐两侍式

有些雕制和刊印得相对比较精细的妈祖纸马则如唐代出土的"陀罗尼经咒"一样，由专门的刊印店铺或寺庙进行制作，信众们可从妈祖庙宇求得。印有妈祖神像的纸马如同妈祖分身，可随身携带，可张贴于随居处，亦可置于家宅神桌加以供奉。香港文化博物馆藏有一张清代木版套印加手绘的《赤湾圣母》妈祖纸马〔图5·18〕，从纸马图像的右下角的一个红色店铺印章可以看出，该纸马当为广东深圳南头半岛南端赤湾地区的一家刊印店铺，专门为赤湾天后宫成批雕作刊印的，主供当地沿海渔民和海上从业者在天后宫祭祀之后，将求得的印制精美的妈祖纸马带回船上张挂供奉，祈祷海途平安。该纸马中主体图像形态为一坐两侍式，即中间端坐端神像为主神妈祖，两位举着羽扇的侍女左右分立于妈祖身后、圈椅两旁。这样的图式构成形态与妈祖庙宇及家宅神龛的安放形式非常近似，雕作匠人、原稿画师通过写实的方式将妈祖祭祀实像和祭祀实体空间构成相结合，以精巧细腻的手法雕作于方寸木版之间、描绘于小幅纸本之上。

佛山妈祖纸马采用先印后绘的方式，以刚劲流畅的黑色线条勾勒神像的轮廓及造型，既采用了红、青、黄三种颜色的大块面组合表现人物服饰、冠饰和手持物，又细致入微地突出细节的表现，将妈祖服饰纹饰刻画得密而通透、繁而不乱；为了

图5·18 《赤湾圣母》妈祖纸马 / 香港文化博物馆藏　　图5·19 《天后圣母》纸马 / 漳州颜锦华木版年画馆藏

突出了脸部整体轮廓，妈祖和侍女的面部又用粉色进行了描绘，好似用胭脂色给上了面红的脸部抹上了腮红，使脸部显得粉嫩自然。整幅画面色彩浓艳，给人以极其醒目的视觉感受，彰显出大俗大雅、俗中见雅的地域风格和民俗特色。由张贴于家宅祭拜之用的漳州颜锦华木版套印的《天后圣母》纸马，画面两侧印有"祈求吉庆、合家平安"字样〔图5·19〕。从妈祖和身旁两位侍女的服饰装扮来看，妈祖宛如兰心蕙质的家中闺秀，每日以书为伴，纸马大量留白，仅用粉色和墨色做了局部小面积的点缀，营造了一幅温馨和谐的生活图景。与《赤湾圣母》妈祖纸马相比，两幅纸马图像构成均为一坐两侍式，妈祖皆端坐于两位举着羽扇的陪侍中间，但妈祖的坐姿朝向和妈祖的服饰及手持之物的不同，特别是从两幅纸马的用色和表现技

　　民间信俗下古代妈祖塑像和图像艺术研究

图5·20 《天后圣母》纸马／圣彼得堡俄罗斯科学院彼得大帝人类学与民族学博物馆（珍宝馆）藏

法方面，可以看出佛山和漳州地区民众对于妈祖纸马诉求和审美趋向方面的差异性。

二　妈祖纸马图式构成形式：一坐四侍与额枋、帷幔组合式

苏州桃花坞妈祖纸马在一坐两侍式妈祖纸马图式的基础上有所增益，妈祖身边的陪侍在原有的两名宫娥女侍的基础上又增加了两位从祀：千里眼和顺风耳。圣彼得堡俄罗斯科学院彼得大帝人类学与民族学博物馆（珍宝馆）收藏的一副半印半绘的《天后圣母》纸马〔图5·20〕，该纸马画幅为47厘米×17厘米，呈长条状。画面分为两幅，上幅为和合二仙，下幅为妈祖与侍女及顺风耳、千里眼的组合的图式。苏州民间用其加以祭祀，祈求四季平安祥和、渔业高产丰收、家庭团结和睦、婚姻美满幸福。从图式来看，"赤湾圣母"妈祖纸马和漳州颜锦华"天后圣母"纸马采用开放式构图，雕版和纸幅外框构成内外空间的视觉纽带而不是界限，妈祖和身边两位陪侍的构图也显得相对比较自由。画面的留白不仅仅是留出概念意义上的白色，而且给神祇这一主体留有一个空间，给想象留有一个出处。信众可以通过目光注视、通过敬奉活动，使画面与心灵之间发生交汇、形成互动和产生共鸣。苏州桃花坞的此幅妈祖纸马有着明确的长方形外框，妈祖神像及其所坐的圈椅几乎占据了框内绝大部分的画幅空间。立于妈祖身后的侍女仅露出半肩，侧扭的头部以及妈祖身前灵动的千里眼和顺风耳形成一定的动势，与妈祖端坐的静态感形成一种以静为主、以动衬静、动静结合的美，使构图显得丰满而不拥塞，均衡而不刻板。其上方正中刻

有"天后圣母"额枋下的帷幔与圈椅之间所印的黑色条状，以及下方以黑色漏印而呈现出的不规则块状做了上下区域的划分，采用没骨线印制，显得较为朴拙。画面以墨线印出图像轮廓，妈祖服饰采用彩色漏印的方式，主要以成块的大红色、桃红色、橘黄色等暖色系色调与黑色形成鲜明对比，以大片朱红染出妈祖面颊，以白粉填染弯弯的眼部、以黑色涂抹眼珠，突出妈祖神情相貌。这种极具特色的，以醒目的红色色块表现神像面部，以彩色漏印所形成的大小不一的色块装饰神祇服饰的方式，在江浙一带清代版的纸马图像表现方式中较为常见。

妈祖纸马中的四位陪侍，不一定都是两位侍女和千里眼和顺风耳的组合形式，还有出现了四位男侍的情况。清代版刻的《天后娘娘》纸马〔图5·21〕，从两侧帷幔下方角落的笔触可以推断该纸马为木刻墨印后，再用黄色手绘了妈祖服饰及帷幔，并用淡黄色在妈祖两侧作纵向涂绘。图像上方依然采用了中间刻有"天后娘娘"的额枋以及帷幔，妈祖居中，覆手持圭，束发戴胜，珠饰悬至耳际，容止端严有度，颇具天后之风范。上方两侧各立一手捧玉玺和宝剑的年轻侍臣，下方两侧则分立着两位手捧文牍和案卷且年岁偏长的髯须侍臣。整幅纸马采用中国画散点透视法，虽物体和人物较多，但由高及下的布局显得丰富完整而不繁杂凌乱。该纸马除妈祖额间砂痣外，其图式与开封朱仙镇木版年画研究会收藏的成套神像中的一幅《天后娘娘》民国版木版套印纸马〔图5·22〕完全相同。妈祖面容线条简洁粗犷，天庭饱满、地阁方圆的面部未加设色，仅以广丹饰绘妈祖眼线和唇部，从视觉观感而言，更为凸显了头大身体小的比例造型。画面设色以木红、铜绿、葵紫为主，辅以黄色、黑色，主次分明、主体突出，色彩鲜艳厚重，北方淳朴的乡土气息浓郁。也许两张题材相同的纸马用途存在差异，所以后者相较前者雕刻的线条更为精细，前者更似民俗祭祀中使用的妈祖纸马，而后者通过浓烈的设色效果使得该纸马颇具悬挂张贴用的年画一般，呈现出一股吉祥喜庆和装饰的味道。

图 5·21 《天后娘娘》纸马 / 早稻田大学图书馆藏

图 5·22 《天后娘娘》纸马 / 开封朱仙镇木版年画研究会藏

三　妈祖纸马图式构成形式：一坐多侍与牌楼、庙名多重组合式

　　额枋、帷幔与端坐式神像图式的组合形式在现存中国各地的清版纸马图像中较为常见，但部分地区亦出现了将牌楼造型运用在纸马之中。重庆中国三峡博物馆收藏的一些四川绵竹清代的版印笔绘纸马中神像及帷幔上方就出现了柱头式牌楼〔图5·23〕，左侧土地纸马中的牌楼雕梁画栋，前额曰"三多堂"，其寓意寄托着民众对多男子、多福、多寿美好生活的憧憬和向往；右侧为灶君纸马，牌楼前额曰"奏善堂"是家堂牌的一种，其作为家堂供奉神祇区域的分界标志，显得较为简洁与厚重。

　　明清时期，福建、广州沿海一带移民迁徙至中国台湾、日本和东南亚等地。离开家乡的闽粤汉人在远洋渡海时，为祈祷妈祖佑护平安会携带妈祖神像或妈祖纸马随行，妈祖信仰伴随着移民离乡远行的足迹得以传播开来，移民原乡的文化形态和

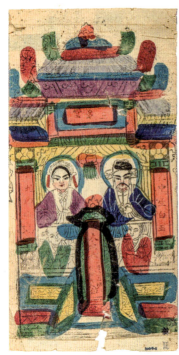

图5·23 《土地》《灶君》纸马 / 重庆中国三峡博物馆藏

风俗习惯得以在移居地落地生根，同时移民汉人在多地兴建了众多妈祖庙宇。台湾早期妈祖相关的雕版类印刷品的图像形式和雕印技术均明显地带有福建沿海以及广东内陆等地的痕迹，妈祖纸马中不仅出现牌楼建筑造型，且将牌楼前额名标注为湄洲祖庙或实际传布庙宇的名称。

现存印有妈祖神像的纸马，台湾民间俗称妈祖神祃或神符，通常由寺庙或銮坛印送信徒。信众可在庙里祈福完毕后求得妈祖神祃，并放在神桌前向神明表明用途。如若携带回家，可供于神案，以祈镇宅；若出远门可将其折叠成八角形以便随身携带以保安全，若有除煞活动可贴于门、窗等出口处以防恶灵邪煞入侵家宅；如若妈祖神明绕境时，如果信众在家门口摆香案参拜，庙方人员会赠予一张神祃以表答谢之意，信徒在事后会将此神祃安放在正厅神桌之上，每日上香参拜祈求镇宅佑护家人平安。神祃尺幅大小不定，现存妈祖神祃以小幅者居多，通常为木刻线版单色印刷，其上有加盖庙宇用章，有刻印了庙宇名称。妈祖纸马的雕版印刷主要以纸店及散布于台湾各地的庙宇为集中传布，为了突出和宣传各妈祖庙宇特色，妈祖神祃图式延展出了多样的组合形式。

1.一坐四侍、香炉与牌楼、庙名组合式

建于清康熙三十三年（1694年）的北港朝天宫，是台湾云林著名的妈祖庙宇，前殿为歇山重檐式建筑，供奉妈祖神像的正殿为三重硬山式建筑。妈祖神祃可被视为妈祖分身，妈祖神祃中的图像可视作妈祖供奉场域的缩影。台湾北港朝天宫妈祖纸马〔图5·24〕，妈祖神祇上方的建筑通常为两柱一间的牌楼样式，屋檐造型似为朝天宫前殿歇山重檐式屋顶的写实描绘，匾额上标有"北港朝天宫"以示庙名，两侧柱子酷似殿宇建筑中单龙造型的石雕龙柱，龙体环绕柱身，龙尾在上，龙头在下，颇具从天而降之气势。柱式构筑物下方中间为覆手持圭的端坐式妈祖神像，两位执扇侍女分立身后两侧。与大陆其他妈祖纸马图式有所不同的是，纸马下方在千里眼和顺风耳中间为一置地鱼耳式香炉，取代了妈祖神像前放置香炉和烛台的神案。

纵观该纸马图像构成，雕制得略显粗拙、人物及细节刻画相对较为粗略，上方牌楼、妈祖及侍女与下方千里眼、顺风耳、香炉形成上下两组图形构成，这种图式常见于清中叶以后特别是咸丰、同治时期台湾妈祖纸马中，并一直沿用至20世纪30年代。浅井暹旧藏的1934年在台北板桥慈惠宫采集的一张《天上圣母》纸马〔图5·25〕，其图式与台湾北港朝天宫〔图5·24〕大同小异，牌楼样式、古拙的人物形态、上下两段的图像排列方式几近相同，只是墨线更为均匀、细节表现更为讲究一些，千里眼和顺风耳的位置进行了互换，中间的香炉造型从鱼耳式更替为三足无耳式，匾额上除标有"枋桥慈惠宫"以示庙名外，还在其下另行标注了"五妈"以示妈祖分身及其职

图5·24 北港朝天宫《天上圣母》纸马／台湾／李奕兴摄　　图5·25 台湾枋桥（台北板桥）慈惠宫《天上圣母》纸马／
早稻田大学图书馆藏

能。用数字排序的方式称呼妈祖，台湾不同妈祖庙宇有着不同的说法。相传有按湄洲妈祖祖庙中供奉的六尊开基妈祖神像依次所称，所以台湾早期妈祖庙通常要强调本庙宇开基妈祖源自祖庙的某尊妈祖，如根据鹿港天后宫（即旧祖宫）网站"神像艺术"中对"湄洲开基二妈"作了介绍和说明：

（一九二八年）鹿港文人罗君蓝为天后宫重修所撰的序文提到："鹿港圣母之宝像，乃是康熙二十二年施靖海将军之戎幕僚蓝理，同湄洲之僧恭请而来，俾鹿崇祀，至雍正三年始建此天后宫"，说明了鹿港天后宫在雍正三年（一七二五年）迁建于现址，湄洲祖庙开基二妈则为施琅将军的幕僚蓝理恭请来台，并将湄洲妈祖的神祇留在鹿港崇祀。❶

❶ https://www.lugangmazu.org/
history.php?type=5

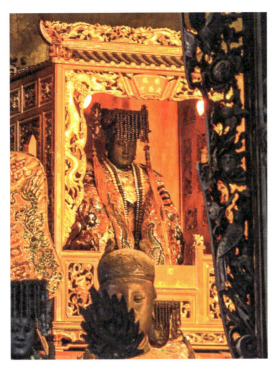

图5·26　湄洲开基二妈塑像／台湾鹿港天后宫（旧祖宫）藏／作者摄

图5·27　镇殿妈、镇殿二妈、进香妈／台湾鹿港天后宫（旧祖宫）藏／
作者摄

❷ http://www.dajiamazu.org.tw/
content/art/art03_03.aspx#

笔者所摄鹿港天后宫正殿供奉的镇殿妈祖一旁神龛中所供奉的"湄洲开基二妈"〔图5·26〕，在大尊的镇殿妈祖神像前供奉的为软身正殿妈祖为"镇殿二妈"，在两位镇殿妈祖神像前供奉的是仿"湄洲开基二妈"重塑的一尊前往大陆进香的"进香妈"〔图5·27〕。可见，在妈祖庙宇正殿中所供奉的数尊妈祖分别有着不同的来源、任务和职能。

此外，在台湾大甲镇澜宫网站"镇殿五妈祖"中有一句谚语：

大妈坐殿，二妈吃便，三妈爱人扛，四妈阁尻川，五妈五妈会。❷

大妈为正殿中最大型的一尊妈祖神像，终年坐在庙殿之中供信徒祈求膜拜；二妈亦长年镇守庙中只接受供奉不必做事，所以称"吃便"，意即捡现成便宜；三妈则平日常驻信徒家中，三月需外出绕境进香；四妈神像底座长年可被信徒挖木屑，当药医疾；五妈经常被请出去参加民间活动，故称五妈会。

2.一坐五侍与牌楼、庙名组合式

另一枚台湾北港朝天宫妈祖纸马〔图5·28〕，与早期朝天宫妈祖纸马〔见图5·24〕的图式构成基本相似，只是下方千里眼和顺风耳两位陪祀中间用踩着风火轮的哪吒取代了香炉。哪吒在民间信仰中被奉为神祇，称之为三太子或中坛元帅，一些庙宇中哪吒作为妈祖的同祀或者陪祀的现象颇为常见，主祀哪吒并同祀妈祖的台湾庙宇有：宜兰县昭安宫主祀中坛元帅，同祀三官大帝、福德正神、天上圣母及千里眼和顺风耳等多位神祇；基隆市慈安宫主祀中坛元帅，同祀释迦牟尼、观世音、关圣帝君、天上圣母及千里眼和顺风耳等神祇。同时，主祀妈祖并同祀哪吒的庙宇有：台湾云林县虎尾天后宫，同祀观世音、注生娘娘、中坛元帅、玄天上帝、福德正神；北港复兴宫主祀妈祖，同祀福德正神、保生大帝、中坛元帅及陈府千岁、池府千岁等等。闽台各种神庙中都会同祀或陪祀中坛元帅，主要作为各庙的五营信仰，甚至神庙有例行年度安五营祭的活动。

台湾学者李丰楙认为"现存于台湾以及中国西南地区的五营信仰，特别是在台湾汉人社会普遍存在，可以与土地信仰并行，成为营卫生存境域

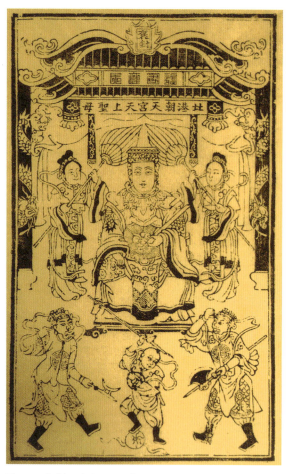

图 5·28　北港朝天宫《天上圣母》纸马 / 台湾 / 李奕兴提供

的象征。其原始形态乃早期道教转化先秦礼制，汉代确定中央三秦，而四方（东九夷、南八蛮、西六戎、北七狄）则为服裔之国，这种帝国的营卫隐喻，从道教法仪中的护坛仪式，后来被法派所吸纳而与地方的护境意识结合。"❶劳格文教授曾于1992年在福建进行道教田调时，发现在建阳县仁义乡崇正里涿溪保塘下社居的一位祖传数代的闾山派法师家中保存有五营兵马神画像，其上详细标注"东营九夷兵、南营八蛮兵、西营六戎兵、北营五狄兵、中营三秦军"。五营兵马随着移民传至台湾地区（含金门、马祖、澎湖列岛）的五营将帅，有着不同

❶ 李丰楙：《"中央—四方"空间模型：五营信仰的营卫与境域观》，《中正大学中文学术年刊》2010年第 1 期，第 33 页

的群组，受移民原乡瑜伽教及闾山派法主信仰的影响，主要以东营张圣君元帅、南营萧圣君元帅、西营刘圣君元帅、北营连圣君元帅、中营李哪吒元帅为主。普遍存在于台湾各地的五营信仰"受法派道法二门的影响最深，从遣天将调神兵用于除妖斩魔、驱邪除煞的功能，衍变为部落公共安全的居安意识的营卫与镇安观念，并且影响所及，已普遍存在于民俗神的信仰中。"[2]

在纸马中，以妈祖作为主祀神祇，辅佐的配祀神中增以中坛元帅作烘托，并加上庙寺名称，凭借一纸灵力，强化了作为神明化身的纸马具有的驱魔除魅、镇庄镇宅、安定人心之用，凸显了信众们在公共安全的居安意识下对于祈福保安方面的心里诉求和精神需求。伴随着五营信仰在台湾在地化和本土化的进程，中坛元帅逐步成为妈祖的同祀或配祀神，故妈祖纸马中所出现的一坐五侍式的图像形式有可能晚于一坐四侍式图像形式的出现，大约于清晚期以来妈祖纸马图式中逐渐开始采纳并运用。

3.一坐两侍、众部将与牌楼、庙名组合式

妈祖纸马除小型纸幅外，还不乏一些大型妈祖纸马的雕制，常以主祀神祇妈祖作为主体核心，佐以两位宫娥从祀及众部将烘托，加上寺庙名称，刻画于木片，涂抹松烟或朱砂，运用木版水印的方式刷印于竹纸或黄、红色纸，赐赠给进香的信众们，与香火一起携带回家加以供奉。民众们在长期崇拜神灵的过程中，对于神祇的位阶和神职都或多或少有着一些基本的自我认知，位阶越高的主神祇，其从属的神将就会越多，层次分化亦愈发多元，功能和法力随之越高强。台湾现存一高达91.5厘米，宽为45厘米的清版纸马〔图5·29〕，主神保生大帝端坐于保宁宫宇之下，身旁有二位童子陪祀于左右，其下勾描了三十六位神态各异的从祀众将，因其上未具体标示各官将名称，故而无法辨识。关于该类大型纸马的印制时间，据

❷ 金清海:《台湾五营信仰文化探源》，《正修通识教育学报》2013年第10期，第58页

该纸马的收藏者杨永智研究，台湾地区唯一的印书坊"松云轩刻印坊"于清道光初年在台南设立，光绪年间显见这种大型纸马的印刷，相继开设了"王泉盈纸庄""王源顺纸行""德发纸店""泽承纸庄"等书坊，然由于诸多原因，现今几未见遗存的福建和台湾各地的清版妈祖纸马雕版，但这一墨线版《保生大帝》纸马却可以窥视清道光以来此类纸马图像形式之一二：上段为庙宇式牌楼、主神及其左右陪祀；下段为从祀官将，分列成四行；中间段用云纹、香炉相连接。

大型妈祖纸马在清末民国以来已被大量印制并流行开来，妈祖的陪祀辅助部将的数量出现了二十四司、三十司、三十六司不等。民国版的北港朝天宫的妈祖纸马〔图 5·30〕，为三段式图像分布：最上段延续了清版北港朝天宫纸马图像形式〔见图 5·24〕，仍为两柱一间式牌楼，在檐式部分有所增益，继清时单檐样式的基础上增为双层，即复檐样式，檐顶造型大同小异。无论是主神妈祖及身旁两位举扇宫娥的冠履服饰还是高大的牌楼，均雕作得更为华美繁缛、刻画得更为细致入微；中间段将原有千里眼、顺风耳、香炉或千里眼、顺风耳、中坛元帅的陪祀组合调整为自右向左分别为千里眼、东海龙王、西海龙王、南海龙王、北海龙王及顺风耳；最下段为二十四司众神将，共分为四行，一行分列六司。第一行自右向左分别为：圣公司、水仙司、宣诰司、掌船司、速报司、财帛司；第二行自右向左分别为：给坛司、宁海司、监察司、报生司、纠察司、种宝司；第三行自右向左分别为：感应司、救援司、子孙司、芳功司、仁风司、种德司；第四行自右向左分别为：海晏司、福德司、单宝司、监生司、海放司、长寿司。二十四官将分别骑着自己的坐骑，有龙、虎、马、狮、麒麟等不同的飞禽走兽。

众陪祀为二十四司的还有台南大天后宫的妈祖纸马〔图 5·31〕，其图像分布形式几近相同，均为三段式，最上段中的牌楼檐式为与北港朝天宫妈祖纸马〔图 5·30〕大同小异，均为复

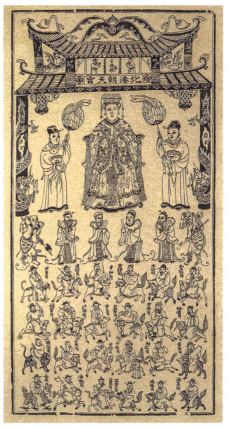

图5·29　台南保宁宫《保生大帝》纸马／台湾／
　　　　私人藏

图5·30　北港朝天宫《天后圣母》纸马／台湾／私人藏

檐式，最上层刻有"湄洲妈祖"，中间刻有"敕封天上圣母"，妈祖位列正中，两侧宫娥手举的羽扇变化为芭蕉扇，其上分别写着"风调雨顺，五谷丰登"以及"合境平安，随驾进香"。牌楼两侧的柱子改为平面框状，其上分别写有"天赐平安福，人迎富贵春""本铺藏板""有求必应，祈安镇宅"。中段居中增设一香炉，将千里眼、顺风耳和东西南北四海龙王分列两侧，一侧为三位。最下段亦为各有坐骑的二十四司神明，这些神明有一些完全相同部将，亦存部分差异或完全不同的部将。

　　新港奉天宫妈祖纸马〔图5·32〕亦为三段图像形式，最上端为单檐式牌楼，两侧柱上分覆写有"风调雨顺""国泰民安"

的木雕牌匾，妈祖与两位举着芭蕉扇的宫娥位居中间；中段在原有六位陪祀神明的基础上增至九位，居中为中坛元帅，两侧各增一位不知名的护法神明；最下段有三十位部将，分为五层，每层分别列有六位。

在台湾并非所有此类大型纸马的图式都是三段式，彰邑南瑶宫妈祖纸马则为两段式〔图5·33〕，第一段为简易的庙檐，其下妈祖端坐中间，举着羽扇的宫娥从祀紧随妈祖身后，千里眼与顺风耳亦分列于左右两侧；第二段的众部将数量增为三十六司，分为六行，每行分列六司；每司皆骑乘于坐骑之上，各具动姿，由于没有具体标示各司名称，故而无法辨识。

根据台湾印书坊的设立时间加以推断，此类图像形式的大型妈祖纸马最早出现不到二百年，大约是近百余年才被大量流行印制。从众神像的数量特别是各司部将组成来看，在台湾阳冥两界同治，天地众神各司其职代表天公统治和管理阴阳两界。明清之际伴随着妈祖身份和职能的转变，成为天妃、天后位阶之后，其

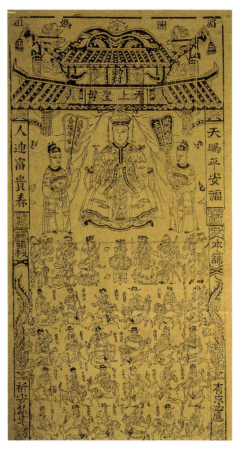

图 5·31　台南大天后宫《天上圣母》纸马 / 台湾 / 李奕兴摄

仪仗规模和部将系统逐步庞大且完整。神明具有拟人化的特点，天界部将组成好似参照了历代皇朝官制，如唐宋两朝的尚书省下设六部二十四司，负责处理军政、钱谷、财务、兵刑等全国一切事务。湄洲天后宫妈祖从祀部将主要为收服的千里眼、顺风耳等精怪以及四海龙王、五水仙等历史人物组成的十八部将。另据泉州天后宫介绍中所言，施琅到湄洲致祭天后妈祖，泉州天后宫就在东西两侧廊中配置了二十四司神祇，其中大多为泉州地方信奉的海上航行、地方守护神祇以及忠臣义士等，有些部将都是王爷等级的神明，甚至多早于妈祖神明。由此可见，北港朝天宫和台南大天后宫大型妈祖纸马中所出现

图5·32　新港奉天宫《天上圣母》纸马／台湾／
　　　　　李奕兴摄

图5·33　彰邑南瑶宫《天上圣母》纸马／台湾／李奕兴摄

的二十四部将并不是台湾庙宇独创，在湄洲、泉州早期便有将众部将作为妈祖陪祀的做法和现象，正如泉州绮文居所刊刻的《畅所欲言》一书载："二十四司傍马祖娘食果盒，冤柱鬼打陈波舍后尾门（闽南语发音）。"❶在台湾，妈祖的陪祀众部将出现了在地化的发展，主要分为三大系统：其一为水神系列神祇；其二为司法神的城隍系统；其三为军事神护法神祇。妈祖的陪祀众部将通过这三大系统中的行政神、军事神、司法神等不同部将等的职务和神能，维持和保护地方信众及其家宅的和谐与稳定。

❶ 转引杨永智主编：《台湾传统版印图录》，台中市立文化中心，1996年6月，第12页。

本章小结

　　妈祖纸马作为一种即用型的印刷纸质品，主要依赖木版雕刻和印刷技术印制流传，成为民众生活中息息相关的实用之物。作为市场流通的一种商品，祭祀后随即焚烧、随身携带的妈祖纸马以及奉祀于家宅神桌的妈祖纸马，在用纸方面略存差异，大小纸幅也根据地缘因素和用途等出现不一的情况，但纸质的选择总体相较观音妈联而言显得较为粗陋，价格也比较低廉，且具有消耗量大和易损毁等特点。作为民间的一种创作品，妈祖纸马的雕作印刷匠师们竭尽所能、巧思妙想地将现实庙宇祭祀场景，通过艺术创作手法和精湛的手工技术淋漓尽致地反映于方寸之间，通过不同形式的图像组合形式，尽可能地多元化彰显民间信仰地域特色和民间神祇的职能，并沿用和参照了同时期其他神祇纸马的表现形式，出现了同质化现象，但其仍不失为民俗印刷中一种专门独立的艺术佳品。妈祖纸马通过视觉化、直观化地一种艺术语言表达形式，反映了民间信仰系统与体系的庞杂与多维，值得现今更多的研究者去关注和研究。

抽象形态与具象物态
塑像和图像中妈祖形像的三大类型

第六章

对于"形象"与"形像"这两个词汇，在字典中的基本解释为：形象，亦作形像。但"象"与"像"的含义还是有所差异的。"象"指形状或样子，"形象"不是指事物本身，而通过知觉所形成的对于某个事物的整体印象，是指能引起人的思想或情感活动的具体形状和姿态；而"像"指比照人物制成的形像，"形像"指的是一种物体的本身所具备的固有形貌与影像。

妈祖形像贯穿于妈祖从人到巫、从巫到神的全过程，其形成过程也是历代君王、信众从各自的立场、角度和利益出发，对妈祖进行不同的塑形、适时地改造、不断地完善的过程，所以妈祖形像已然演变成为历史长河积淀下来的某种意象式的文化符号，是不同历史阶段的各类人群在现实生活中藉以精神与情感寄托、传达民间宗教意味的一种构拟式的物化载体。

第一节 | "妈祖形象"与"妈祖形像"的界定

一 民间信俗意向中的妈祖"形象"与"形像"

李伯重先生认为："在妈祖研究中，一个关键性的问题是妈祖的形象。"[1]如果研究者对于妈祖形象没有正确认知，在研究过程中就会出现混乱，同时会导致最终所产生相去甚远的研究结论。妈祖形象因时因地因事不断发生变化，"妈祖是一个'千面观音'式的神灵。不同的人眼中看到的妈祖，只是由她的某些侧面所构成的形象。"[2]目前学者们已经从不同角度围绕"妈祖形象"进行的探讨，相关的著作和论文不可谓不多。

对于民间信俗下的"妈祖形像"、图像学视野下的"妈祖形像"方面的研究近年来虽也在呈现出上升的态势，但仍尚存较多拓展和深入研究的空间。视觉图像是历史研究的重要资料，包含平面与立体图像，往往将思想含义隐藏其中。葛兆光先生提倡思想史研究者的视野应扩大到更广阔，应该重视视觉图像资料的价值。他认为，一些图像释义在很大程度上超出纯粹图像的意义而进入了观念和思想的领域。视觉上的问题常常也是观念性的问题，图像的布局、设色、主题中不仅有审美的

[1] 李伯重：《千里史学文存》，杭州出版社，2004年，第288页。

[2] 李伯重：《千里史学文存》，杭州出版社，2004年，第289页。

趣味，甚至思想史的内容。❶虽然我们不能说图像资料价值超越了其他文献史料，但许多图像资料常常带来文字史料无法提供的知识信息。而图像中的妈祖形象，如祠庙大型妈祖神像、船舶及家宅的小型的妈祖雕刻神像以及庙宇中的大型涂绘壁画、平面印刷图像形式等，是妈祖的直观具象物化的视觉形式，图像中所包含的各种信息比文字更为直观，能够穿透语言的阻隔、地域的界限，激发人们内心最深处的原生情感，往往带来经书文字知识信息无法比拟的传播力。当然图像中妈祖形像不是一种简单的意义传递形式，作为民间宗教观念意向的文化符号，承载着某种代表思想与观念、意义与精神，真正实现与妈祖信俗的互动，成为传播妈祖信俗的重要媒介。正如文化历史学家雅各布·布克哈特(Jacob Burckhardt)曾说："只有通过艺术这一媒介，一个时代最为秘密的信仰和观念才能传递给后人，而只有这种传递方式才最值得信赖，因为它是无意而为的。"❷

二　塑像和图像艺术中的"妈祖形像"

本章将主要是针对用于供奉的妈祖图像和塑像中具体的形像加以探讨，即将"妈祖形像"视为民间宗教艺术中的一种表现形式和视觉符号。当然，艺术形式中的"妈祖形像"亦是参照古籍、民俗、神话等中所反映出的"妈祖形象"〔图6·1〕，是凭借或平面〔图6·2〕或立体等多种艺术表达技法所呈现、再现信众们心目中的某种具体的、理想式的妈祖形状与样貌，是结合历史不同时期在信仰圈中所感知的妈祖形象，紧扣妈祖图像和塑像本身来进行的一种艺术视角的剖析。

从目前遗存的宋至清的数百年间中的妈祖图像和塑像来看，伴随着信仰时空的转换和发展，在人神相依的互动关系下，民间信仰中所敬奉的妈祖形象均因时因地因人因事悄然发

❶ 葛兆光:《导论: 思想史的写法》，《中国思想史》，复旦大学出版社，2001年，第110、111页。葛承雍先生也认为图像资料将"以直观的和不可替代的方式，传达和灌输着古人的核心观念，因而我们不仅能感受到图像所补充与映证的历史分量，也能体会到图像社会见证的重量"。葛承雍:《文物图像与艺术历史》，《美术研究》2013年第3期。

❷ [瑞士] 布克哈特著，何新译:《意大利文艺复兴时期的文化》，商务印书馆，1979年，第3页。

图6·1　清／陆灿／《天后显灵系列》妈祖形象（节选）／斯坦弗大学博物馆（Stanford University Museum of Art）藏

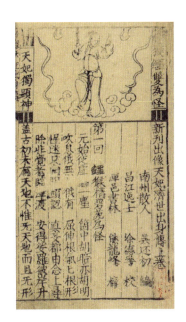

图6·2　明／吴还初／万历中熊氏忠正堂刊本《新刊出像天妃济世出身传》上卷首页妈祖形象／东京大学东洋文化研究所藏

生着诸多的变化，艺术形式中的妈祖形像因此亦变得丰富且多样，可谓众异纷繁、百变而无定式〔图6·3〕。但妈祖图像和塑像也许被赋予了不同的宗教信仰、不同的神职灵性、不同的文化意象，却以艺术的物化形式呈现了不同的形式、内容和特征，笔者将妈祖形像归纳为：初始形像、转型形像和典型形像。

　　首先，以福建及与福建有着相似文化传统的广州潮汕以及台湾等信仰圈中所呈现的妈祖初始形像。自古闽粤地区女神崇拜较盛，女神地位高于男性神明，从被福建人视为始祖母的远古时期的太姥，到唐宋时期的马仙、临水夫人、莘七娘等等，均逐渐成为主导神明，对以闽为中心的文化圈和信仰圈产生重要的影响。所以妈祖的初始形像在一定程度上不免会受到前代或同时期其他女神形像的影响。其次，妈祖的转型形像伴随着民间与官方的不断互动与合作，从而造就了其多样化与可变性。

图6·3　清代石雕彩绘妈祖像／江苏省江海博物馆藏　　　　图6·4　木雕妈祖像／中国（海南）南海博物馆藏

由于妈祖信仰的传播和神职的扩大，妈祖信俗在各地区的落地化和在地化发展之后，出现了不尽相同妈祖形像〔图6·4〕。最后，妈祖的典型形像是妈祖转型形像的凝练与提升。在妈祖众多转型形像中受到信仰圈、制作技艺等因素的影响，其中又存在某一个成为典范的代表性形像，即在众多妈祖转型形像中，通过筛检和归纳出不同历史时期妈祖的典型形像。

　　李伯重先生在《"乡土之神""公务之神"与"海商之神"：妈祖形象的演变》❶一文中，根据国家与社会的角度、社会功能的角度、信奉地区的角度将妈祖形象分为三大形象，妈祖形象的演变，既包括这三大形象的各自变化同时也包括相互之间的转变。妈祖图像和塑像中的初始形像、转型形像及典型形像

❶ 李伯重：《"乡土之神""公务之神"与"海商之神"：妈祖形象的演变》，《千里史学文存》，杭州出版社，2004年，第288～314页。

表 6.1　妈祖形象与妈祖形像之间的关系

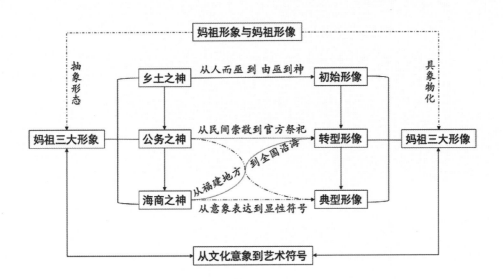

亦然，三大形像之间既有明显的特点，又有着一定的交叉与联系之处。因此，笔者认为妈祖的这"三大形象"与"三大形像"之间有着一定的前因后果〔表6·1〕。基于此，以下几节将以李伯重先生所归纳的"乡土之神""公务之神""海商之神"三种形象为基点，围绕妈祖图像和塑像中的初始形像、转型形像及典型形像的演变及关系展开具体且深入分析。

一 "乡土之神":"爱敬如母"之妈祖形象

所谓的"乡土之神"是指保佑一方民众的善神,这里特指总管一方民众社会生活各个方面的神灵。由于要管之事甚多,因此这种神灵必须具有多方面的神力。之所以将妈祖视作福建地区的"乡土之神",其一是因为妈祖具有"救海难、救水旱、疗瘟疫、平盗寇、降魔镇邪、收伏妖怪、助修水利、拯救饥民、导航引路,一直到恩赐子嗣、保全胎孕等"多功能的神祇形象,主要只限于福建(以及与福建有相似文化传统的潮汕、台湾等地)〔图6·5〕;其二,在福建等地的众多地方神祇中,妈祖的地位越来越崇高,妈祖的神力越来越多元,由于官方的加封祭祀,使得妈祖超越其他地方神祇而跃居最高一级的神灵,成为福建人民心目中的地方保护神,妈祖信仰亦成为福建地方文化的象征[1]。

妈祖信俗可以追溯到闽人先民的女性崇拜。福建原为闽越国所在地,有着"好巫尚鬼""女巫男觋"的悠久传统。"信巫鬼、尚淫祀"的习俗延续到后世,民间犹尚女巫,如南宋人梁克家在《三山志》中载,福建民间"每一乡率巫妪十数家"[2];

[1] 李伯重:《千里史学文存》,杭州出版社,2004年,第290页。

[2] [宋]梁克家修纂,福州市地方志编纂委员会整理:《三山志》卷九《公廨类三·诸县祠庙》,海风出版社,2000年,第119页。

宋末宝祐《仙溪志》载："或以神仙显，或以巫术著，皆民俗所崇敬者，载在祀典。"[3]反映出巫觋在福建民间民俗中的地位，女巫掌握村民的命运是一种非常普遍的现象。同时，自古以来，福建地区的妇女因丈夫出海捕捞而成为家中参加田间劳动、上街经商的主力，因此她们在家庭中的地位较高。加之，闽地有不少妇女从事巫术，她们中的一些人生前受人尊敬，死后受人崇拜，逐渐发展成神灵。因此，福建历史上女神崇拜较盛。

福建女神中的一大部分，生前都是女巫，或被认为是女巫或女道士。关于妈祖从人到巫的记载，如从绍兴二十年（1150年）廖鹏飞的《圣墩祖庙重建顺济庙记》到同时期黄公度的《题顺济庙》，从绍熙三年（1192年）的《莆阳志》到宝祐五年（1209年）的《仙溪志》等宋代文献，均反复表明妈祖曾是活跃于湄洲屿一带的女巫。虽然日后朝廷因为妈祖不同的显灵事迹而褒封称号递变递增，由最初的"夫人"一路升到"天妃""天后"，但在民间的称谓却愈发显得亲民与入俗，从"神女"到"灵女"，再到"娘妈""妈祖"。受到官方封号和民间称谓的影响，妈祖在福建民间始终被塑造成一位慈目亲和的妇人形象。

二　妈祖的初始形像：神人同形

福建民间将妈祖视同精神上的母亲，人民将其视作与之同乡同土共同生活的至亲。因此妈祖作为"乡土之神"风靡于福建民间社会和民俗生活之中，但早期的史籍文献中并没有对妈祖具体的形像进行描述，其妈祖的初始形像却隐约可从其从人到巫、由巫而神的身份转变中、从福建地区影响力相当的女神形像对照中可窥知一二。

在福建民间有句俗语："莆田有妈祖，古田有靖姑"[4]，陈靖姑据传生于唐哀帝天佑二年（905年）、卒于五代后唐天成

❸ [宋]黄岩孙撰，仙游县文史学会点校：《仙溪志》卷三《祠庙》，福建人民出版社，1989年，第62页。

❹ 民国《古田县志》卷二十三《祠祀志·顺懿祖庙》中记载"顺懿夫人庙祀各区多有"，如城厢就有七处："一为龙源堂（在北关外）；一为佑圣宫（在二保后街）；一为三角池塈公庙右房；一为好生宫（在云梯四境）；一为广济宫（在四保街下境）；一为夫人庙（在六保街）；一为顺懿宫。"以上虽名称不一，但宫庙主全为陈靖姑。黄澄渊修、余钟英纂：上海书店影印本《中国地方志集成·福建府县志辑（第15辑）：民国古田县志》，上海书店，2000年，第551页。

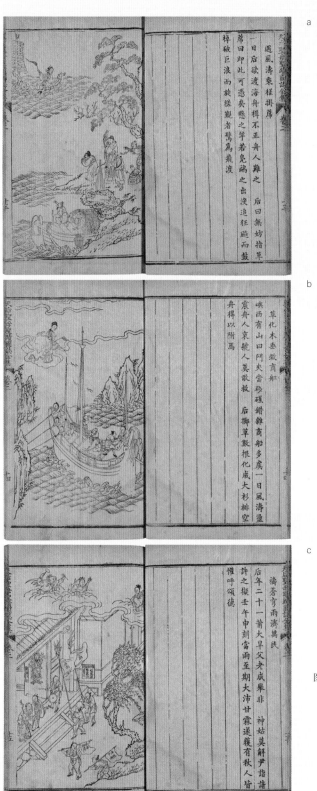

图6·5　清道光十二年（1832年）上洋寿恩堂刊
本《天后圣母圣迹图志全集》刊载妈祖形
象（节选）/ 日本国立国会图书馆藏
a.遇风涛乘槎挂席
b.草化木垂救商舡
c.祷苍穹雨济万民
d.演神咒法降二将
e.莆田尹求符救疫
f.助温台破贼安民

演神咒法降二将

后年二十三收顺風耳千里眼為将先二神為崇西北
民間苦之来治於后后曰此金水之精乘旺所鍾我
當以火主剋之乃演咒施法名無遁通輸心投服飯依

蒲田尹求符救疫

歳侵废蒲縣尹闔家病篤夹告以請救尹乃齋戒請求
后曰此天灾何敢妄干念其仁慈素著代為懺悔取
萬蒲九節書符貼並煎飲之立瘳自此多儆寨中矣

助温台破賊安民

孝宗淳熙十年癸列福建都廵檢姜特立奏命征勤温
台二府草冠相持嘉恠共祝神靈垂庇恍見神立雲端
旗幟飛颺僧如虹霓我師乘風腾流賊舟在後急擒捽
擊之獲其魁首而擒其擻請於朝更加封焉

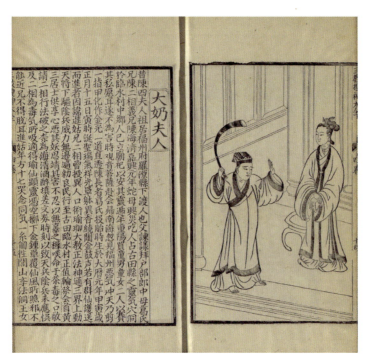

图6·6　清宣统元年叶德辉校刊本《三教源流搜神大全》卷四 大奶夫人形象 / 中国社会科学院藏

三年（928年）；闽人对于临水夫人的崇拜始于唐宋，其职能主要是保护妇女和儿童，其崇拜的地域主要集中在以古田为主的闽东语系地区，是闽人母亲崇拜的一个重要的神灵❶，民间又称其为奶娘、夫人奶、临水奶、大奶夫人等〔图6·6〕。同为福建民间信仰的两大女神，妈祖信仰与陈靖姑（临水夫人）信仰的产生和传播虽然存在着一定的相异之处，但却存在着不少惊人的相似之处。如妈祖与陈靖姑（临水夫人）生前皆为巫者，升天羽化成神，都经历了一个由巫成神的转变过程。连镇标在《多元复合的宗教文化意象——临水夫人形象探考》一文中认为：关于陈靖姑（临水夫人）由巫而神的时间界定"当为古田临水宫庙的建立为标志"❷。民众们为陈靖姑（临水夫人）立庙祭祀的同时，完成了对其的造神活动，即由人及神的转变，也催发了其作为一种文化意象的诞生以及临水夫人信仰的形

❶《仙溪志》卷三《祠庙》载"陈夫人"，言其"生为女巫，殁而祠之，妇人妊娠者必祷焉。"［宋］赵与泌修、黄岩孙纂：中华书局影印本《宋元方志丛刊（第八册）：仙溪志》中卷三《祠庙》，中华书局，1990年，第8309页。

❷ 连镇标：《多元复合的宗教文化意象——临水夫人形象探考》，《世界宗教研究》2005年第1期。

❸ 柯国森主编《莆田县宗教志》（上册），莆田县事务宗教局印，1991年，第350页。

❹ 陈容明：《妈祖的出生和出身》，《2006中华妈祖文化学术论坛》会议论文，第79页。

❺ 据传在宋时就有合三庙之女神供奉一祠，《仙溪志》卷三"祠庙"载："三妃庙，在县东北二百步。一顺济庙，本湄州林氏女，为巫，能知人祸福，殁而人祠之，航海者有祷必应，宣和间赐庙额，累封灵惠显卫助顺英烈妃，宋封嘉应慈济协正善庆妃，沿海郡县皆立祠焉。一昭惠庙，本兴化县有女巫，自尤溪来，善禁咒术，殁为立祠，淳熙七年赐庙额，绍兴二年封顺应夫人。一慈感庙，即县西庙神也。三神灵迹各异，惟此邑合而祠之，有巫自言神降，欲合三庙为一，邑人信之，多捐金乐施，殿宇之盛为诸庙冠，俗名"三宫"。[宋]赵与泌修、黄岩孙纂：中华书局影印本《宋元方志丛刊（第八册）：仙溪志》中卷三《祠庙》，中华书局，1990年，第8309页。

❻ 宫中大殿正中神龛崇祀林、陈、李三位娘全身木雕坐式塑像，头戴凤冠，身穿金丝织绣花蟒袍，外各披霞帔。三尊神像面带微笑，显得质丽端庄、慈祥。叶兴国、张国玉撰：《宁化县城区天后宫的传统庙会》，宁化县政协文史资料委员会《宁化文史资料》（第十八辑），宁化一中印刷厂印，1997年，第7页。

❼ 叶明生撰：《临水夫人与妈祖信仰关系新探》，《世界宗教研究》2010年第5期。

成。虽然古田临水宫建立的时间有两种说法，一为唐贞元八年（792年），一为后唐天成四年（929年）。不论是唐代中叶还是唐末五代，陈靖姑（临水夫人）从巫到神的时间明显要早于宋以后的妈祖，福建地区陈靖姑（临水夫人）信仰亦先于妈祖崇拜。福建莆田秀屿区东庄镇前运村发现了一尊陈靖姑（临水夫人）樟木雕神像，在神像背后的活动木板上，刻有"宋真宗二年建"❸，与《陈十四奇传》及地方传说中关于陈靖姑为真宗登基后的第二年（999年）受敕封的时间相一致，所以学术界和信众们断定该神像出现的年代为北宋。位于莆田秀屿区山亭乡港里村的贤良港天后祖祠保存有一尊妈祖木雕神像，与前运村的那尊陈靖姑（临水夫人）木雕神像相比，"发现两者不但结构、造型完全相同，而且损害程度相当，都有一条腿损坏，头发均为螺形，脸部雕刻简直一模一样。"❹无论是生卒时间还是崇拜习俗的产生，以及祭祀的庙宇等方面，陈靖姑（临水夫人）都明显早于妈祖。基于这些因素，现今的研究者用陈靖姑（临水夫人）木神像去推测贤良港天后祖祠妈祖像的雕作年代。

其后伴随着妈祖从人到神的转变，除两大女神分祀建庙之外，在民间还出现了多个女神同宫并祀的现象，这种风气一直延至今日的闽浙赣粤的农村，其中"三妃合祀"习俗较为常见❺。如在田野调查时，发现宁化伍家坊天后宫连排共祀有三尊女神像，高度相近均为1.5米左右，头冠和身衣、身体形貌几近相同❻。据该庙的庙祝介绍，这三尊软身女神像分别为：中间的那尊穿黄色袍服的神像为陈氏（陈靖姑：临水夫人）、穿红色袍服位列左边的一尊神像为林氏（林九娘：妈祖）、穿绿色袍服位居右侧的一尊神像为李氏（李三娘：李夫人）❼。仙游坝垅宫亦在同一神龛内并祀着三尊女神像〔图6·7〕，中为妈祖，左右分别为临水夫人和法主神妃吴真妈。三位女神像除妈祖面部稍长、腰间的腰带颜色相异外，无论是形貌还是坐姿几乎无异。可见，对于民间信众、匠师而言，神灵应该是哪种

图6·7　三尊木雕女神像／仙游坝垅宫

具体的形像，其实并没有一种固定的范式，总是按照最理想的
具象形态或参照同一时期影响力较大的神明的形像作为参照加
以塑造。

　　闽人对于女神崇拜一直稳步发展，早期塑造、描绘的妈祖
形像就反映出闽人存在着尊重母亲的潜意识。仙游枫亭妈祖庙
是一座福建地区很普通的乡村妈祖庙，庙内供奉着枫亭村村
民们平日里朝拜进香的妈祖像。慕尼黑大学研究员鲁克思（Dr.
Klaas Ruitenbeek）于1991年去往此地考察时，拍摄到了当时仙
游枫亭妈祖庙的照片以及两侧的墙壁所绘的关于妈祖神迹的壁
画〔图6·8〕。壁画共四行七列，合计由28幅小画构成。其中文
字说明为"圣母助清兵除灭郑国胜"位居第四行的第二列〔图
6·8c〕，"神姑要游大海　诸天神送出南天门"〔图6·d〕、"神姑收
伏孽龙精"〔图6·8e〕位列第四行的第五、第六列，这三幅壁画
中所描绘的妈祖样貌几近相同，外着红袍、内着黄色长裙，包

a

图6·8 枫亭妈祖庙及壁画／慕尼黑
大学研究员鲁克思（Dr. Klaas
Ruitenbeek）1991年摄
a. 枫亭妈祖庙外景
b. 枫亭妈祖庙壁画
c. 圣母助清兵除灭郑国胜
d. 神姑要游大海　诸天神送出
　　南天门
e. 神姑收伏孽龙精

b

c　　　　　　　　　　　d　　　　　　　　　　　e

巾于髻、披浅色四合如意式云肩的妈祖正脚踩祥云，或手挥拂尘，或双手掩袖作揖，或双手持剑状，这是民间画家以乡村简朴的方式，生动地描绘出枫亭村民们眼中的饱含灵性又平易近人的妈祖形象。

如果说仙游枫亭妈祖庙的壁画是闽省民间画司所作，那么在京津一带北方画师在同一时期创作了另一系列的纸本设色妈祖图像作品《妈祖圣迹图》（De wonderen van Mazu），现收藏于荷兰阿姆斯特丹国家博物院。这七幅图像的画幅较大，画面没有榜题文字和题记，画作的内容是"规范化了的叙述妈祖奇迹的系列画，画的先后顺序也很固定，完全按照《天妃显圣录》文字记载的顺序，它们是妈祖官方信仰的一部分。"❶据此，鲁克思（Dr.Klaas Ruitenbeek）在《绘画和木版画中的海上保护神妈祖》一文中将七幅图进行了命名。其中"朱衣著灵"和"澎湖神助得捷"两幅图中绘有妈祖〔图6·9〕，与仙游枫亭妈祖庙壁画中的红衣妈祖形象一样，描绘了一个头梳高髻、身着红色圆领袍服的民间女神形象。此外，福建仙游枫塘宫收藏的《天后显圣图轴》、中国国家博物馆了收藏的《天后圣母事迹图志》、福建莆田博物馆收藏的清代《天后圣迹图轴》等图像中所描绘的亦是关于妈祖生平事迹、成神后的灵应故事，这些图像中所呈现的妈祖形像与民间妇女的样貌和服饰装扮亦几乎无异，也许因为妈祖是未婚女子的缘故，所以图像中所描绘的妈祖形像为带有神女般灵性的妇人之貌。

在立体塑像中，妈祖亦被民众和匠人们塑造成心目中一位挽髻于顶的典型农家装扮的妇女形像。在前文已提及的莆田市博物馆收藏的木雕妈祖像、福建莆田文峰宫收藏的妈祖像、还是位居浙江东阳的中国木雕博物馆收藏的妈祖彩绘木雕像〔图6·10〕，均被塑造成面部圆润、慈眉善目、和蔼可亲的夫人形像。直至明代妈祖仍以此种端庄秀丽之妇容见诸民众，正如明代谢肇淛在《五杂俎》中载"天妃，海神也。……今祀之者，多作女人像貌，此与祀观音大士者，相同习而不觉其非

❶ 鲁克思：《绘画和木版画中的海上保护神妈祖》，《1995年澳门妈祖信俗历史文化研讨会论文集》，澳门海事博物馆、澳门文化研究会联合出版，1998年，第232页。

图6·9 《妈祖圣迹图》（De wonderen van Mazu）之"朱衣著灵""澎湖神助得捷"／荷兰阿姆斯特丹国家博物馆（Het Rijksmuseum Amsterdam）藏

图6·10　妈祖彩绘木雕像／浙江东阳木雕博物馆藏

也。"❶《天妃诞降本传》中"妈祖降诞"叙事中的"观音送子"的情节❷以及《天妃显圣录》的中"湄洲圣迹图"绘有观音堂❸等，也足以说在明代文献中已有"观音和妈祖结合"的记载，也可以说妈祖是观音的化身，妈祖与观音间神性非常接近。正如陈望道在一文中指出："观音像是百姓的母亲，总是将母爱赐给所有信奉她的人；妈祖也是民众意念中的母亲，她高居于冥冥之中，保佑他们的安全；其次，观音是女神，会保佑妇女克服生活中的困难，妈祖也曾是莆田的孕嗣之神，会保佑女性

❶ [明]谢肇淛撰：《五杂俎》卷十五·事部三，上海：中央书店，1935年，第289、290页。

❷《天妃诞降本传》："(林氏夫妇)二人阴行善、乐施济，敬祀观音大士。父四旬余，每念一子单弱，朝夕焚香祝天，愿得 哲胤为宗支庆。……是夜，王氏梦大士告之曰：'尔家世敦善行，上帝式佑。'乃出丸药示之云：'服此，当得慈济之贶。'既寤，歆歆然如有所

感，遂娠。二人私喜曰：'天必锡我贤嗣。'"［明］照乘：《天妃显圣录》，妈祖文化中心影印雍正三年刻本，2001年，第17页。

❸《天妃显圣录》中"药救吕德"条载："洪武十八年(1385年)，兴化卫官吕德出海守镇，得病甚危笃，求祷于神。梦寐间，见一神女俨然降临，命侍儿持丸药，辉莹若晶珀，示之曰：'服此，当去二竖。'正接而吞之，遂窹，香气犹蔼蔼未散。口渴甚，取汤饮，呕出二块物，顿觉神气爽豁，宿疴皆除，遂平复如初。是夕，梦神云：'畴昔之也夜，持药而救尔者，乃慈悲观音菩萨示现也，当敬奉大士。'吕德感神灵赫奕，遂捐金创建观音堂于湄屿。"［明］照乘：《天妃显圣录》，妈祖文化中心影印雍正三年刻本，2001年，第35页。

❹ 陈望道：《妈祖信仰史研究》，海风出版社，2007年，第265页。

的怀孕、生产、育婴等生活问题；再次，观音居于南海的普陀山，一向是这一带渔民的航海保护神，妈祖更是将观音的这一神性发扬光大，成为专职的航海保护神。可见说，妈祖是观音的化身。在早期的妈祖庙中，大都有专门的观音殿，并有僧人祭祀。"❹明代民众们对于妈祖的印象是因为受到源于妈祖形成的观音形像的影响所致。

由此可见，妈祖的初始形像是以福建地区生活中的妇女为原型，参照、借鉴甚至模仿同时期和前代影响力较大的女神形像，以较为接近、吻合于妈祖生前及羽化升天后的身份和形态为基点，以理想化、平民化、民间化的造型理念，以闽地特有的圆雕、刻绘等艺术表现手法，参照宋廷加封、赐予妈祖的封号"夫人"和"妃"，栩栩如生地塑造出一个既有妇人之貌、又具神之灵性的鲜活形像。身体修长、秀颈削肩、面容亲善、仪态端庄、儒雅娴静的妈祖初始形像，既源于生活、又超于现实，可谓是生活中的日常妇女形像与同时期如观音、临水夫人代表女神形像的神人合一、人神同形的复合体。

一 "公务之神":"尊奉如官"之妈祖形象

如果说作为"乡土之神"的妈祖,一直保持着福建民间神祇的性质,那么作为"公务之神"则是泛指在福建之外的妈祖形象,即从区域性的乡土之神向全国性的公务之神的一种形象转变。所谓的"公务之神"是指神灵的主要职能是涉及与帮助国家执行或完成若干重要事务责任,比如平定叛乱、抵御外敌、运送物资和人员(特别是军队、官员和外交使节)、拯救饥荒、兴修水利等等[1]。南宋时期,妈祖即便因驱逐海寇、救灾拯饥等方面的公职行动先后得到朝廷十一次褒封[2],但因其所发生的区域并未超出闽地范围或时仍属于以闽商为主的南洋海路之上,所以此时的妈祖形象仅仅是向"公务之神"开始转化,朝廷册封的"夫人"和"妃"只是一个隶属于地方品级的神祇封谥,妈祖基本还只是一个执行地方性国家职能的"公务之神"。

元代时妈祖信仰沿着海运航线实现域外传播,正如刘基在《台州路重建天妃庙碑》载:"海邦之人,莫不知尊天妃,而天妃之神,在百神之上,无或与京。"[3]不仅妈祖的封号晋升为"天妃"[4]〔图6·11〕,而且在福建疆域以外自浙到京的北洋海路

[1] 李伯重:《千里史学文存》,杭州出版社,2004年,第288-314页。

[2] 如绍兴三十年(1160年)因护佑驱逐江口海寇有功,被赐"夫人"封号,《宋会要》之神女条记载:"(高宗绍兴)三十年十二月加封灵惠昭应夫人。"刘琳、刁忠民、舒大刚等校点:《宋会要辑稿2》《礼 二十》"神女祠条",上海古籍出版社,2014年,第1018页;绍熙四年(1193年),因解除旱灾的圣迹,被封"灵慧妃",《宋会要》之顺济庙条记载:"绍兴(熙)四年十二月,封灵惠妃。"刘琳、刁忠民、舒大刚等校点:《宋会要辑稿2》《礼 二十一》"顺济庙条",上海古籍出版社,2014年,第1090页。

[3] [明]刘基著,林家骊点校:《刘基集》卷十二《碑铭》,浙江古籍出版社,1999年,第175页。

[4] 《元史》卷十《世祖本纪》记载:"至元十五年八月辛未,……制封泉州神女号护国明著灵慧协正善

图6·11 清宣统元年叶德辉校刊本《三教源流搜神大全》
卷四 天妃形象／中国社会科学院藏

庆显济天妃。"[明] 宋濂等撰,《元史（第一册）》卷十《世祖本纪》,中华书局,1976年,第204页。

❺ 如刘家港天妃宫的碑刻《通番事迹记》中记载郑和等于宣德五年从娄东刘家港出船的最后一次航海,"然神之灵无往不在。若刘家港之行宫,创造有年,每至于斯,即为葺理。宣德五年冬复奉使诸番国,舣舟祠下,官军人等瞻礼勤诚,祀享络绎。神之殿堂益加修饰,弘胜旧规。复重建岨山小姐之神祠于宫之后,殿堂神像,粲然一新。"[明] 巩珍著,向达校注《西洋番国记》附录二,华文出版社,2017年,第71页。

❻ 嘉庆敕撰《大清会典事例》卷三六二《礼部·群祀·祠庙》:"康熙二十三年,加封天妃为天后。"[清] 托津等奉敕纂《钦定大清会典事例（嘉庆朝）》卷357~368礼部,文海出版社,1991年,第6076页。

线上兴建了众多的妈祖庙,这些天妃庙主要都是官建、致祭。官庙恢宏显赫那时一方,其原因主要是元代朝廷从国家层面因妈祖在漕运、出使、征伐等公务职责和海上贸易活动中所发挥的护佑神职,对妈祖封号的屡次赐封与嘉奖、对妈祖神性的不断扩大与提升。明代对妈祖的加封、致祭,虽然延续了元代以"护漕之神"为主的妈祖形象,但转而突出了妈祖在平寇御倭等国家重大活动中的"护使之神"形象❺。

清代初期,妈祖通过神力庇护完成统一台湾之国家大业,被晋封为天后❻,自此妈祖成为国家层面最高品级神祇。从清代的多处天后宫碑记中可以看出,妈祖在明代时期的护使形象降至"水师之神"其后。虽然清代中后期,也逐渐恢复了妈祖在漕运、盐运等海上保护神的形象,但因妈祖所执行的都是属于全国性的国家公务,所以与民间、民俗、民众关系则显得较为亲疏,并未发生颇为密切的联系。所以自南宋以后，元、明、清时期，妈祖宛如一个具有官职的国家公务人员，呈现出官务于身、神性护佑的官形与神韵互融之象。妈祖救民保国、忠孝节义等形象符合了儒家道德规范，妈祖祀典被列入国家祀典，进行制度化祭祀。

二 妈祖的转型形像：百无定式

妈祖百变式的转型形像可谓自南宋始。首先，妈祖的首服从最初的高髻转变为形态各异的冠式。南宋以后，随着朝廷对妈祖封号由妃、向天妃、天后的晋升，妈祖从原有高髻慈目、手无法器的夫人形像向"青圭蔽朱旒"[1]的官貌形像的转变。庙宇中所供奉的镇殿妈祖的首服大多为垂旒通天冠式，如日本长崎兴福寺供奉着日本最大的金漆木雕妈祖塑像，双手覆巾，朝天持圭，衣饰繁复华丽，做工精致考究，正襟端坐于圈椅；头戴九旒冕冠，是为数不多的冕旒仍存的江户时期的妈祖像〔图6·12〕。平面刊刻书籍的插图中也出现了一些妈祖头戴垂旒冕冠的形象，如康熙五十年（1719年）六月，徐葆光作为琉球国王尚敬的册封副使渡海至琉球，在逗留琉球期间，通过搜集文献、实地考察增加见闻，与琉球高官和学者交流等，于康熙五十九年（1720年）从琉球归来后撰写了《中山传信录》，卷一记述了中琉间海上交通的情况，其中《天妃灵应图》[2]〔图6·13〕便刊刻了妈祖显灵时头戴垂旒冕冠的形象。中琉海航线路途险恶，无论是中国船员还是琉球海员都在船上供奉妈祖，日本户部良熙曾在《大岛笔记》中记录了一艘由那霸驶往萨摩藩的琉球的船只，因在海航时遇难所以漂流至土佐大岛浦，船上就供奉有天妃、朔望等海神，《大岛笔记》附录抄本《琉球杂话附录　全》中还附有一张《天妃神之图》插图[3]〔图6·14〕，居中端坐的是头戴冕冠的妈祖，冕旒

图6·12 江户时代木雕妈祖塑像／长崎兴福寺／日本九州国立博物馆藏

[1] [宋]刘克庄著，辛更儒笺校《刘克庄笺校》卷四八《白湖庙二十韵》，中华书局，2011年，第2467页。

[2] 琉球大学图书馆·琉球·冲绳关系贵重资料数字档案：阪卷·宝玲文库（ハワイ大学所藏），[清]徐葆光撰：《中山传信录》卷一《天妃灵应图》，康熙六十年刊，二友斋藏版，第39页。

[3] 琉球大学图书馆·琉球·冲绳关系贵重资料数字档案：阪卷·宝玲文库（ハワイ大学所藏），[日]户部良熙：《大岛笔记》附录抄本《琉球杂话附录 全》之《天妃神之图》。

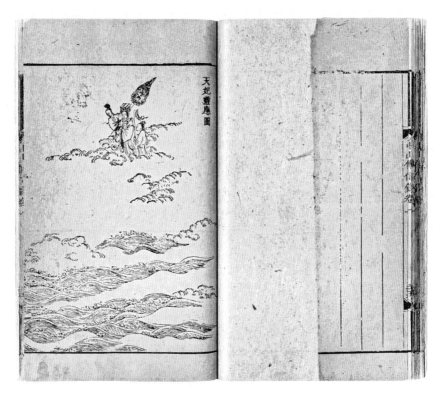

图6·13　清／徐葆光／康熙六十年刊、二友斋藏版《中山传信录》卷一《天妃灵应图》／琉球大学图书馆-
琉球·沖绳关系贵重资料数字档案：阪卷·宝玲文库ハワイ大学所藏

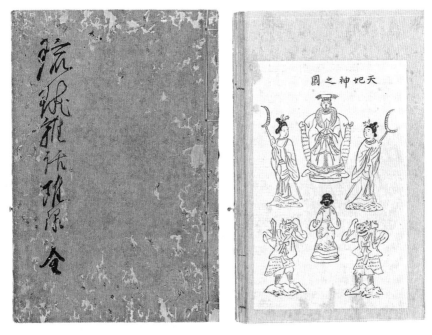

图6·14　日本／户部良熙／《大岛笔记》附录抄本《琉球杂话附录　全》封面、《天妃神之图》／琉球大学
图书馆-琉球·沖绳关系贵重资料数字档案：阪卷·宝玲文库ハワイ大学所藏

图6·15　清/欧峡/《天后圣迹图轴》第三幅 妈祖形象/莆田市博物馆藏

呈左右扬起之动势。妈祖的冠饰部分除垂旒冕冠之外，有的设有大小不一、造型各异的凤式博鬓，如福建湄洲祖庙神龛中的妈祖像、同处台湾鹿港之地的三大妈祖庙：埔头街新祖宫、鹿港天后宫（旧祖宫）、长兴里"兴安宫"的镇殿妈祖的冠侧皆设凤式博鬓。还有如福建龙岩汀洲天后宫镇殿妈祖像、欧峡《天后圣迹图轴》第三幅图中其中一则故事《一家荣封》中的妈祖〔图6·15〕，皆头戴冠式为凤冠和冕旒的组合，即凤冠在下、无博鬓，长方形的冕板置于其上，垂旒于前。

　　塑像和图像中彰显妈祖天妃、天后身份的首服亦有无旒冠式。明代以来，外国传教士陆续来到中国，回到故土后，他们就将在中国的见闻写成专著。传教士Hampden C. DuBose于1886年在英国伦敦出版的《The Dragon, Image, and Demon》一书中木版刻绘的他在中国所看到的妈祖形象[1]〔图6·16〕，即在千里眼和顺风耳中间端坐了一位头戴无旒冕冠、覆手持圭的妈祖。莆田市城郊乡南箕灵慈庙奉祀的一尊木雕妈祖像〔图6·17〕，头戴冠式与版画中的有些相似，亦为无旒式冠，面部显得比较瘦削

[1] Hampden C. DuBose,《The Dragon, Image, and Demon》, London S.W.Partridge and CO. 9 Paternoster Row, 1886, p.388.

　民间信俗下古代妈祖塑像和图像艺术研究

图6·16　版画妈祖 /《The Dragon, Image, and Demon》刊载

图6·17　木雕妈祖像 / 莆田市城郊乡南箕灵慈庙

❶ 《大金集礼》卷二十九《舆服上》
载皇后冠服："花株冠，用盛子
一，青罗表、青绢衬金红罗托里，
用九龙、四凤，前面大龙衔穗球
一朵，前后有花株各十有二，及
鸂鶒、孔雀、云鹤、王母仙人队、
浮动插瓣等，后有纳言，上有金
蝉鐥金两博鬓。"［金］张玮等撰，
《大金集礼》附识语校勘记，中华
书局，1985年，第251页。

❷ 《明史》卷六十六志第四十二《舆
服二》载皇后冠服："洪武三年定，
受册、谒庙、朝会，服礼服。其
冠圆匡，冒以翡翠，上饰九龙四
凤，大花十二树，小花数如之。
两博鬓，十二钿。""永乐三年定
制，……三博鬓，饰以金龙、翠
云，皆垂珠滴。"［清］张廷玉等撰，
点校本二十四史精装版：《明史》
第6册 卷64至76（志），中华书
局，2013年，第1621-1622页。

清秀，下巴略尖无双下巴，耳垂较大，覆手朝天持圭于胸上颈
前，纹饰和彩漆因年代久远而日显斑驳，身后的神座为无靠背
的机凳。头部所戴的冠式如通天冠、远游冠，但冠上缀卷梁数
不及皇帝用二十四道、皇太子用十八道，仅为九道。然从灵慈
庙的这尊妈祖像从侧部来看，冠顶设梁处较前者略宽，从冠侧
耳后延展出的部分似为博鬓。据《大金集礼》可以看出宋制皇
后礼冠中就设有两博鬓❶，明代后妃礼服冠继承了宋制中的博
鬓❷。这种设梁和博鬓的冠式亦出现在明代西来寺水陆画《天
妃圣母像》〔图6·18〕等一些平面妈祖图像中。闽台缘博物馆收
藏的一尊清代妈祖塑像〔图6·19〕与台湾历史博物馆收藏的一尊
清代木雕妈祖像，冠式非常相近，妈祖均头戴冕冠，后设博鬓
〔图6·20〕，庄严且和善的面容里充满着慈祥的笑容，端坐于圈
椅之上。这种冕冠与博鬓的组合形式，似为帝（无旒梁冠）与
后（凤冠后设博鬓）礼服用冠式的组合，以反映妈祖似帝似妃
的神祇之性。

图6·18　明／水陆画天妃圣母像／西来寺／青海省海东市乐都区博物馆藏

　　如果说冕冠是更契合妈祖成为天后身份的一种约定俗成的冠式符号的话，那么台湾大甲镇澜宫一尊木雕彩绘妈祖像〔图6·21〕，则更近似于将妈祖作为后妃身份。妈祖首部束高髻于顶，高髻前饰以展翅凤凰纹饰的凤冠，将天妃之本色显示得淋漓尽致。这尊妈祖曾于2011年5月11日~11月13日在台湾自然科学博物馆第一特展室展出一场主题名为"流动的女神 —— 台湾妈祖进香文化展"中展出。在2014年1月笔者专程到台湾鹿港百年老宅元昌行拜访参与该展览的文字撰稿人李奕兴先生时，他向我讲解和介绍了当时策展的具体情况，以及他当时为参展的妈祖像手绘的全部图稿。另一尊同为大甲镇澜宫提供的明朝造型的妈祖铜雕妈祖像〔图6·22〕，其面部非常圆润饱满，首部亦为束发高髻，但高髻前所饰的凤首一直延到额部，冠饰亦舒展至两侧的耳部，生动地传递出正欲展翅高飞的凤凰般的灵动之感。

　　　　　　民间信俗下古代妈祖塑像和图像艺术研究

图6·19 清代木雕妈祖坐像／闽台缘博物馆藏　　图6·20 清代木雕妈祖塑像／台湾历史博物馆藏

图6·21 木雕妈祖像及李奕兴绘线描图／台湾大甲镇澜宫藏

图 6·22　铜雕妈祖像及李奕兴绘线描图／台湾大甲镇澜宫藏

图 6·23　木雕妈祖像／台湾台南市老神堂／李奕兴摄　　　　图 6·24　清代木雕妈祖像／泉州博物馆藏

　　民间信俗下古代妈祖塑像和图像艺术研究

图6·25　木雕妈祖像／台湾大甲镇澜宫藏　　图6·26　木雕妈祖像／闽台缘博物馆藏

　　其次，除妈祖的冠式纷繁多样外，妈祖的形貌方面也极具变化，可谓百无定式。妈祖的座椅从南宋时即为简洁的机凳到元明清时期的大体量、多厚重的，以饱满多曲、雕饰丰富的各式太师圈椅、龙头椅、踏几座等。妈祖虽多为正襟端坐的体态为主，但因坐具造型的变化，妈祖的手势有双手拢于胸前的〔图6·23〕，有双手舒摆于圈椅把手之上的；有单手或双手持圭、如意、笏、扇子、手绢等；有藏手式的，垂手式的、朝天式的等不同形态。再次，妈祖的身服亦简繁共存，有对襟式〔图6·24〕、圆领式的袍服之异；有肩部垂以云肩〔图6·25〕、有不用云肩的；身服有无任何纹饰、有缀满繁复纹饰之分；有面容清秀、身躯显得纤瘦的少妇造型，有身材和面部显得较为丰腴的慈母造型〔图6·26〕；面部颜色有金面、粉面、黑面三大类型。元明清时期所出现的百变式的妈祖形像，不仅受到奉祀场所、供奉群体、信仰区域等因素的影响，同时不同历史时期主流神像的造像技术和审美观念也构成了主要的影响因子。

第四节 "海商之神"形象与妈祖的典型形像

一 "海商之神"："神物象通"之妈祖形象

由于得到朝廷这一国家层面的礼敬，妈祖作为"公务之神"的形象遍及全国，各地出现了众多由国家建立或受朝廷封祭、为国家服务的妈祖官庙。而妈祖信俗得以在各地民间植根、延展甚至繁茂，并非是官方层面的推动。福建海商群体构成了妈祖信俗得以传播的重要路径和载体，特别是清代以来，中国沿海各地已被纳入一个联系紧密的海上贸易网络之中，沿海贸易的推动与发展，使得"海商之神"性质的妈祖形象一跃成为中国沿海各地海商群体都能接受的一种文化认同方式。妈祖也因此从"福建海商之神"逐渐演变成为"全国海商之神"。

"海商之神"成为全国妈祖信仰上的一种共性认同方式，但并非意指的是妈祖形象仅仅只是从"福建海商之神"延展至"全国海商之神"而已。其实妈祖的形象是多变的，伴随着海上贸易的兴起与传播，妈祖自元明清以来逐渐成为官方和民间皆信奉的全国性神灵，因其能够随着时间、地点、条件等所处环境的改变耳不断改换自己的形象，以满足不同人群的不同精神需求，所以妈祖具备了千面百变神祇形象。意即，自妈祖形象产

图6·27　唐船中的妈祖神龛及妈祖像／2018年度西都原考古博物馆国际交流展"海山に宿る神々 日韓の祭祀遺跡"展览文物

生之后就一直处于不断新变之中，且在这种富有生命力的变化过程之中，妈祖形象所出现的多种形象往往是多地多方、同时并存的。如福建地区妇孺老幼虔诚信奉如母亲般的"乡土之神"形象的妈祖，朝廷隆重奉祀的命官般的"水师之神"形象的妈祖，沿海各地籍贯不同的、从事海上贸易的商人们崇敬的使者般的"航海之神"形象的妈祖，均在同一历史时期出现在了福建地区、在航海沿线的各个省份之中，共存于官方和民间之中。

精神靠物象加以贯通，在地方文化耳濡目染下的福建商人，当他们去外地时，必将妈祖信俗随身带去，福建商船供奉妈祖神像之俗由来已久。在日本都城历史资料馆寄托资料中就有一尊江户时期的宫古城唐神町流传下来的唐船（明船）上的妈祖神像、陪祀及其神龛〔图6·27〕，并于2018年10月6日～12月2日参加西都原考古博物馆国际交流展"海山に宿る神々 日韓の祭祀遺跡"（神居海山：日韩的祭祀遗迹）进行参展。日本神户市立博物馆现收藏有一系列江户时期的木刻版画〔图6·28〕，均描绘了唐船到岸之后，唐人将商船上护航的天后圣母请下船，沿路鸣锣舞棒、开道入寺时的场景〔图6·29〕。从该馆收藏的《唐人舩之图》〔见图1·21〕中所刻福州、南京、山东、北京、广东以及云南距日本长崎的海航距离可以看出，自清代以后，福建以外的海商信奉妈祖日益普遍，商船上设立的妈祖神龛变成了各地商舶共同习俗，妈祖信俗成为全民信仰。妈祖庙宇作为妈祖供奉的场所，也慢慢脱离了会馆性质和官方色彩，逐渐深入各地民间，祭祀妈祖成为地方民俗、民间文化的一个组成部分，妈祖的民间形象有异于

图6·28　江户时代版印纸本《唐人舩扬图》/ 日本神户市立博物馆藏

图6·29　江户时代版印纸本《唐人舩扬 天后圣母入寺图》/ 日本神户市立博物馆藏

　　　　　　民间信俗下古代妈祖塑像和图像艺术研究

福建的妈祖形象，而且与海商供奉的妈祖形象也截然不同了。但"海商之神"的形象仍是在妈祖多个形象之中是最突出、最典型的，也是生命力最顽强的。诚然，福建海商对妈祖信俗的传播、形象的拓展起到了至关重要的作用，但妈祖能够突破区域性的局限，延展出更大范围并成为普遍性的一种信仰，其能够力克不同地区的神灵成为各地海商主动、愿意共同信奉的神祇，主要是凭借其在信奉群体中建立一种的共同夙愿和认同的形象，"海商之神"的形象正是迎合了全国信奉群体精神需要。

二 妈祖的典型形像：金身如一

典型（type）源于希腊文"tupos"，是古希腊的一个美学术语，是文学中的一种表现手法，即作家、艺术家"用典型化方法创造出来的既具有个性生动性，又蕴含着社会、人生的普遍性内容的艺术形象"[1]。艺术的典型形象就是既具有生动鲜明的个性特征，又能够高度概括和集中体现的一种普遍性的本质和规律。上文提及的妈祖"海商之神"形象可谓是妈祖百变形象中的典型形象，其产生与发展，受到航海贸易这一特定的历史条件、文化背景与现实环境的制约，是船商们将普遍性的诉求寄托于一种意象化的艺术形式，以妈祖宫庙、祭祀、传说神话、文化艺术等为主要的一种具像化的载体。

艺术学视野下的典型形像与美学层面中的典型形象，两者是有别的。后者既包括感性印象、直觉表象，又包括形象思维的成果，也可以说是具象的观念。而前者更为强调的是将艺术意象通过具象层面的艺术表达方法形成一种物化载体。虽然在中国艺术史的发展过程中并没有提出"典型"这一理论或概念，但却提出了"形神兼备"的理念，如荀况《荀子》提及"形具而神生"[2]、东晋顾恺之提出的"以形写神、师法造化"、南齐谢赫提出"应物象形""取之象外"[3]等。无论是绘画还是神像造物，皆讲究的是"形神兼备"，这一理念正是艺术学层面

❶ 朱立元：《美学大辞典（修订本）》，上海辞书出版社，2014年，第672页。

❷ [唐]杨倞注、耿芸标校：《荀子》卷第十一《天论篇第十七》，上海古籍出版社，2014年，第199页。

❸ [南齐]谢赫、[南陈]姚最撰，王伯敏标点注译：《古画品录》，人民美术出版社，1959年，第1、8页。

追溯典型理论的渊源之所在。民间妈祖神像艺术，隶属于中国古代艺术史，其典型是妈祖神像的理想形态之一，主要是指妈祖图像在塑造过程中能够凸显妈祖富有魅力的性格特征的一种民间宗教形象。可以说，妈祖的典型形象既具备了民间神像艺术的个性，又兼具了民间神像艺术的普遍性。

首先，妈祖的典型形象是相对于民间神像艺术中代表性女神形象而言的。妈祖的典型形象具备了民间影响力较大的如观音、临水夫人、碧霞元君、瑶池金母等女性神灵的共性特征。中国民间有"北元君、南妈祖"的说法，在最初的民间信仰中，位于泰山的碧霞元君司掌人间生育，佑护妇女孩童健康平安；位于闽地的妈祖庇护海上行旅安康，两位同时期的女神各司其职、迥不相谋。但晚明以后南北两大女神在神格方面逐渐融合，碧霞元君也被祈望能护佑水上漕运，妈祖也成为居常疾疫、孕育男女等多功能的神祇；加之，元代以后妈祖信仰的北传，与碧霞元君又有了进一步的交融。从明清以来的平面图像中可以看出两位女神形象的相似性：如山西繁峙公主寺大殿西壁左右分别描绘的是后土圣母和天妃圣母❶，如果不看两位女神身旁所标的"天妃圣母"和"后土圣母众"字样，仅从女神丰腴莹洁的仪容体态、雍容华贵的凤冠宽袍以及线条流畅、细腻灵动的描绘技法、身后的配侍是很难辨识和区分两位女神的身份；再如慈圣太后绘造设色《天妃圣母碧霞元君像》中最前排的两位女神〔图6·30〕，皆头戴梁式博鬓冠，身披霞帔、身着大袖袍服、双手持圭，面部形态和体型特征完全相同，如果不通过冠的梁数、袖口、身裙、头光的颜色等细节加以辨认和区分，是很难辨识出其中哪位女神是妈祖，哪位是碧霞元君。日本刚崎市妙源寺的一幅明代的水陆画绢本《天妃圣母众图》〔图6·31〕与宝宁寺的水陆画画风非常相像，画中四位头戴凤冠的女神除头光的颜色以及袖口部位的图案之外，无论是服饰还是手势均几近相同，亦很难辨识哪位女神是天妃。因为女神的神力具有一定的共通性，塑像和图像中的女神形象是通过匠人的主观想法和民

❶ 金维诺主编：《中国寺观壁画全集3》（明清寺观水陆法会图），广东教育出版社，2011年，第69、74页。

图 6·30　明代慈圣太后绘造设色《天妃圣母碧霞元君像》/ 首都博物馆藏

图 6·31　明代水陆画绢本《天妃圣母众
图》/ 日本刚崎市妙源寺藏

众们的心理意象、内心意象、泛化意象、观念意象和审美意象
的一种综合式的物化形式加以呈现的。所以民间女神存在普
遍性的一种形像特征：均身着广口大袖袍服、皆着云肩、尖头
鞋，仪容装扮、身型体态皆成中老年妇女状，许多民众因此会
出现误认甚至张冠李戴的现象。当然，妈祖在众多女神中亦具
备其独特且个性的一面。由于妈祖神格较高，图像和塑像虽然
常常借助头部的冠冕、手执的法器等特有的造型加以彰显，但
这不足以体现妈祖神像的个性之所在。与其他女神形像最大
的不同体现在两点：其一为妈祖冠冕之下、头部背面的发髻造
型。妈祖发髻保留了早年福建莆田沿海妇人们常梳的船帆髻，
即将脑后双侧的头发往中间拢，而后再往高处攒成酷似船帆的
片状发髻。这样的发髻造型和习俗至今仍一直流传在福建沿海

地区民间妇女发式之中。其二为千里眼和顺风耳成为妈祖身后特有的配神而区别于其他女神。虽然千里眼和顺风耳的由来有几种传说，但无论是哪种说法都表示千里眼和顺风耳为妈祖的护将，与妈祖一同救济苍生，构成了妈祖文化和神像组合中不可或缺的一部分。

其次，妈祖的典型形像是相对于图像和塑像艺术中林林总总妈祖形像而言的。自宋代以来，不同的历史时期各地出现了众异纷繁的妈祖形像，基于对当前存世的各个时期的妈祖塑像和图像进行考辨可以发现其造型规律，即不同历史时期的典型形像。宋代时期的妈祖为乡土之神，所以其典型形像是基于宋人的封建伦理等级观念和审美习惯，以民间妇女形像为原型，发髻、衣式乃至整个形貌均以质朴简单为主，突出了妈祖神像的世俗性与理想性。元代相较于宋代而言对妈祖的重视程度有过之而无不及，妈祖神格地位提升较高，因为妈祖形像一改宋时朴素简单的风格转而追求富贵华丽的风格，主要体现在衣服中的纹样和妈祖坐具体大厚重的造型和饱满多曲的装饰之中。明代妈祖的冠履服饰中融入了该朝后妃的服制形貌，突出天妃本色，同时容貌具有观音像的俗成特征，体型显得较为高挑瘦长。明末清初时期，妈祖的服饰出现了圆领制式，开始出现两侧手肘靠圈椅把手分置的造型，体态开始趋于圈椅大坐架势。清中期，妈祖体态趋于丰腴，圆肚官相，坐具为太师式圈椅，有脚踏几座。清末以后，妈祖形貌日趋繁复多样。由此可见，不同历史时期妈祖所出现的典型形像一方面是受到妈祖神职封号的影响，是世俗服制、神话传说、文化特性的融合的产物；另一方面，妈祖形像受到了同一时期其他工艺美术的影响，呈现了民间妈祖构成素材不拘形式的通俗性和市场广大的流动性。

本章小结

  妈祖最初的形象是宋代闽地乡土的一名民家女子,因具有预知祸福的神力,故以慈悲行善的巫女形象出现在民众的视野中,而后经过官方敕封,圣格不断升级。与其他女神有所不同的是,妈祖还经历了儒释道对其形象的吸纳和神化。妈祖不仅被尊为佛教的菩萨,被儒家认为是护国佑民的忠孝女神,而且还被奉为道教的神仙,如《天妃娘妈传》中,妈祖被列为道教神仙体系,是北天妙极星君的女儿等;妈祖逐渐被纳入庞杂多端的道教神仙体系,并在道观中加以供奉。妈祖形象因此成为集儒释道于一身的中华民族传统文化形象。

  从妈祖信仰到妈祖习俗中,妈祖塑像和图像是对妈祖信俗融于民间民众生活视觉印象的真实记录和艺术实践,是将民众长期以来对妈祖信俗所产生的约定俗成的传统理念和行为认同,及其对信俗的核心人物妈祖进行具象化和创造性表现的一种艺术呈载形式,是妈祖祭祀仪式、故事传说及民间习俗的一种独特的有形无声的载体。图像和塑像中妈祖的初始形像、转型形像及典型形像是不同历史时期妈祖文化的一种映射和写照,是信众们能够感知的作为神的象征与化身的祭祀对象,是神格与灵性在现实生活中物质载体的一种呈现方式。民间信仰的宗教色彩赋予了妈祖特有的形像和人文内涵,妈祖神像作为一种人神沟通的媒介,其既是人为建构的社会性文化符号,亦是视觉层面兼具宗教性与民俗性、世俗性与情感性于一体的民间艺术符号。

第七章

虽然妈祖神威显著，生平事迹深植人心，可谓耳熟能详，奉祀人群从渔民拓展到农民、商人，乃至各行各业，但是信众群对于妈祖形像的认知仅停留在意象层面，因此信众们在区分妈祖和其他神明时，多半需要借助神明的配祀或坐骑进行判断，而非通过妈祖的形貌特征。

妈祖具体形像的模糊性，造成了信众群在印象和认知上普遍出现了莫衷一是的现象。特别是在当今妈祖文化传播过程中，妈祖图像和塑像被用作一些视觉符号出现在一些广告宣传、文创产品之中，妈祖冕冠形状、手势仪态等均有所偏差甚至错误百出，极大地亵渎了妈祖精神，曲解了妈祖形像，不利于妈祖文化的传播，使得世人对妈祖文化和妈祖形像无法形成统一的、正确的认知。

针对目前遗存的妈祖图像和塑像形式和特征的分析与提炼，试图建构具象的妈祖神像艺术的原型符号，明确梳理出妈祖神像的艺术符号和妈祖神像艺术中的符号，提升妈祖形像的视觉辨识度，有助于妈祖图像和塑像作为有形文化遗产的保护，有助于妈祖信俗作为非物质文化遗产的进一步弘扬与发展。

第一节 妈祖图像和塑像艺术符号与艺术中的符号

妈祖作为闽台、大陆沿海地区以及东南亚地区普遍信仰的神祇，随着妈祖信俗的传播和妈祖文化的渗透与影响，目前可谓遍布世界绝大部分华人圈。据《世界妈祖庙大全》第1卷前言页中所附的"世界妈祖庙分布示意图"左下角"建有妈祖庙的国家和地区"〔表7·1〕一表统计可以看出，目前世界上共有26个国家建有妈祖庙近五千座左右，信奉民众达两亿人左右。官方和民间供奉的妈祖图像和塑像更是不计其数，无以统计。

表 7.1　建有妈祖庙的国家和地区

中国 （含大陆、台湾、香港、澳门地区）		朝鲜	韩国	日本	新加坡	越南	泰国
印度尼西亚		马来西亚	菲律宾	印度	缅甸	柬埔寨	文莱
澳大利亚		新西兰	美国	加拿大	墨西哥	巴西	阿根廷
英国		法国	丹麦	挪威	南非		

表格出处：世界妈祖庙大全编辑部：《世界妈祖庙大全》第1卷，澳门：国际炎黄文化出版社，2005年，前言页

自宋代以来，妈祖信仰历经千余年，伴随其后各朝各代妈祖身份的提升与演变，伴随着不同地区的传播与演进，伴随着不同时代的文化渗透与累积以及不同形式的在地化融入与发展，留存下种种以不同民间神像或不同历史时期的妈祖神像为范本的妈祖图像和塑像。对应不同的用途和场所，大抵出现有庙祀用的妈祖神像、家祀用的妈祖神像、出巡用的妈祖神像和坛场挂轴妈祖神像等，有用纸绘、版画印刷等平面图像类，有用不同材质如纸、土、木、石、金等进行立体雕刻或塑造类等。加之妈祖曾受到历代帝王的不同敕封，妈祖形像在头冠、面容、手势、坐姿、服饰以及座椅等仪容造型方面均出现了不同形式的变化；同时由于民间匠人们对于妈祖神格的理解角度、对妈祖形像的表现形式等方面存在着一定的个体化与差异性，赋予了妈祖形像可变与多样的可能。

一　写意式妈祖图像和塑像艺术符号

所谓的艺术符号是"是一种终极的意象——一种非理性的和不可用言语表达的意象，一种诉诸于直接的知觉的意象，一种充满了情感、生命和富有个性的意象，一种诉诸于感受的活的东西。因此它也是理性认识的发源地。"[1]妈祖虽然众多学者经过考证，认为历史中确有其人，但妈祖的样貌却无人可证，因此图像和塑像中的妈祖形像是虚构的、比拟式的意向描述。妈祖的灵性与神格亦是只可意会、不可言传的，需要凭借具象的物化载体对这种意象式的情感寄托和认知感受进行传递，妈祖图像和塑像就成为这种意象和情感载体的艺术符号。

妈祖图像和塑像作为中国民间神像艺术的典型代表，其写意式是相对于西方民间神像艺术而言的。中国民间神像是宗教文化和民风民俗相结合的产物，除神像面部外，更为注重外在形状和线的刻画，通过衣纹的转折反映人体的姿态，甚至巧妙地利用服饰及衣纹特征烘托神像人物的精神气质和内在性格，

[1] [美]苏珊·朗格（Susanne K. Langer）著、滕守尧译：《艺术问题》，南京出版社，2006年，第154页。

在神像塑造上更为强调含蓄内敛、以形写神。而西方则是更为强调神人同形同性，在神像塑造时更为注重内在结构和质感，突出人体表现，认为向敬奉的神灵展示健硕的人体，才是对神灵最大的敬仰，因为美的躯体可以诞生美的灵魂，所以神像雕塑更趋于活跃张扬。印度民间信仰中的夜叉女神像就是西方讲究写实型神像塑造的典型代表。其主要以印度女性人体为原型、充分体现印度宗教形象的传统规范：椭圆的脸庞、浑圆的乳房、高突的乳峰、纤细的腰肢、丰满的臀部、精雕细琢的围腰带、垂于胸间的项链、环状式的宽手镯，通过恰当的人物比例关系、准确的人体结构表现，优美的形体造型、平稳的重心把握，写实地塑造出印度神话中司丰收、多产、繁殖的女神形像。借助夸大女性的性征传达出神圣不可侵犯的宗教力量，反映出古代印度艺术家的世俗性审美情趣。再如古希腊神话中的集智慧与勇敢于一身的女神雅典娜，其典型的识别符号就是身着世俗性的希顿（Chtion），头戴盔帽、手持矛、盾。可见古希腊的神像塑造更趋于用科学、本真的态度，塑造人神无别的形像，意即在神像雕塑中，更为直观地表现人的具体形体特征，力求以接近生活的真实方式在神像塑造中加以再现。在这种写实性理念的指引下，每个神祇的造型差异较大，几乎能够一眼识别。

与西方民间信仰中的女神表现风格相比，妈祖图像与塑像呈现出突神似、重写意的特点。纵观历年来遗存的妈祖图像和塑像，无论是服饰仪容还是造型特点与其他民间女神像有着一定的相似性。观音与妈祖的关系千丝万缕，福建地区的妈祖信仰虽晚于观音，但澳门的观音崇拜却晚于妈祖，澳门最早的庙宇是妈祖庙有力地说明了妈祖最先登陆澳门。妈祖与观音的神性又非常的相近，所以在澳门的妈祖庙配祀观音堂几近是一种普遍的规律和现象。由于妈祖先于观音在澳门扎根，澳门民众们就按照自己熟悉的妈祖形像去塑造观音，所以除观音堂大悲殿的一座观音像为典型菩萨装束外，其余的观音形态和衣着装

图7·1　观音与妈祖神像比较
　　a.宋代木雕观音／李英豪《观音珍藏》　b.木雕妈祖像／贤良港天后祖祠
　　c.木雕妈祖像／白湖庙　　　　　　　d.木雕妈祖像／湄洲天后宫祖庙

扮与妈祖非常的神似。徐晓望曾在《论东南母亲崇拜与观音信仰的嬗变》一文中认为：原为佛教中一个中性菩萨的观音，之所以能够在中国转变为母亲之神，是受到东南的母亲崇拜众神——妈祖、临水夫人等神性的影响[1]。

同时，前文所提到的福建莆田秀屿区东庄镇前运村发现的那尊陈靖姑（临水夫人）木雕神像与贤良港天后祖祠保存的一尊妈祖木雕神像几近相同。贤良港天后祖祠祀奉的这尊妈祖木雕软身神像〔图7·1b〕，长脸圆润，面部线条优美流畅，高挑细弯的眉毛呈两头尖、中间粗的月牙状，眼睑两端做了阴影刻画处理突出了眼部的立体造型，使得眼睛更为逼真写实，丹凤形的眼睛微张俯视众生，眼神中透着对民间和平与安稳的关注；嘴型小巧、嘴角微语，下巴刻画得丰润、饱满，隐隐透出双下巴。据《敕封天后志·贤良港祖祠考》载："世传祠内宝像，系异人妆塑，各处供奉之像，皆不能及。"清人林清标认为这尊妈祖像雕刻得非常独特，极具神采，其精美之处是其他宫庙的神像所无法匹及的。林庆昌先生在"《贤良港祖祠考》的译注与译文"一文中认为祖祠里的这尊妈祖"没有东方美女的脸型，没有仿造华夏地方上许多宫庙中的女神形象。""观乎全象，雕与塑相结合，其表现技法和施用釉彩，明显表示出自很有见地、很虔诚、很有才干的'夷人'之手"。妈祖造像的精美是因为其是具有特殊才能的外国人进行雕塑的。其考证的理由是因为"异"与"夷"同音，因为宋之前贤良港的石筑码头就已经存在，宋时北上南下从事贸易的阿拉伯人、波斯等外国人，不通过贤良港或在港里逗留是不可思议的[2]。对于这尊妈祖神像是出自福建地区的本土匠师还是外来的夷人之手，虽无从考证，但透过这尊雕作精美的妈祖像却折射出信众们对美好生活的向往。人们往往会将其所追求的理想人格与人性集于一体创造出来，将内心真实企盼通过意会地形式体现于神像体型、衣饰、面貌、动作等细部塑造之中。

神像需要进行艺术表达，但在造型方面一般需要借助某个

[1] 转引蒋维锬、周金琰辑纂：《妈祖文献史料汇编（第2辑）著录卷（上）》，中国档案出版社，2009年，第300页。

[2] 林庆昌：《妈祖真迹：兼注释、辨析古籍〈敕封天后志〉》，中山大学出版社，2003年，第239、241、242页。

范本或摹本来具体塑造。德国美术家阿道尔夫·富尔特万格拉（Adolf Furtwangler）在考证"米罗维纳斯"的原型时认为："米罗岛从古时就很信仰幸福之神蒂克（Tyche），维纳斯与蒂克有点形似，因此或许是临摹蒂克女神而制作出来的。"[1]无独有偶，贤良港祖祠的那尊妈祖就与宋代的一尊观音木雕〔图7·1a〕的面部神态和细部造型上非常相似。观音头部稍低，眼睛微张略作俯视态，鼻子细长高挺，小嘴略小呈微吐欲语状。基于妈祖与观音有着殊多关系和联系，妈祖神像的塑造在一定程度上借鉴或以观音为模本也不无可能。匠师们需要写意式的将民间信众中神祇的神性表现出来，在按照人的形像来具体塑造的同时，掺入了对美的理解，在不违背宗教教义的前提下，努力把自己认为最美好的东西赋予在了神像之中，正是由于这种情感的意向式表现，所以单纯从图像和塑像中的神明整体形像具有一定的共通性与相似性。就目前遗存的妈祖神像的造型和仪容进行仔细比对，特别是面部五官的比例和线条，台湾学者张珣在《闽台两岸妈祖造像比较研究》一文中认为"在其他神明的造型也都可以见到，甚至男性神祇或女性神祇的脸部造型可以略同。""如果信徒要区分神明，多半需要依赖神明的配件或坐骑，甚至神明的配祀神或侍女，才可以做判断。"[2]

神像是神性表现的载体，神性是人性的升华与异化，在一定的历史时期神像的塑造甚至不惜偏离神像的仪轨旨在希望宣传神性的同时，更鲜明的突出人性。如在古巴比伦的众多女神中，大地女神是至高无上的，为整个西亚人崇拜，"基督教又把她转化为童贞女玛丽亚，后来又把'圣母'的头衔加给了她。"[3]佛罗伦萨文艺复兴前期的绘画大师弗拉·菲利普·利皮（Filippo Lippi）则是根据一位修女来作为描绘圣母玛利亚的原型[4]。文艺复兴时期的意大利画家安德烈亚·德尔·萨托（Andrea deI Sarto）的作品大多以妻子为人物原型，所以其绘画作品《有鸟身女妖基座的圣母玛利亚像》中的圣母玛利亚原型被认为是安德烈亚的妻子。从神性与人性结合的殊多案例来

[1] 何恭上编著：《维纳斯的艺术》，艺术图书公司，1970年，第64、65页。

[2] 叶明生：《贤良港妈祖文化论坛 海峡两岸传统视野下的妈祖信俗研讨会文集》，宗教文化出版社，2013年，第12页。

[3] 周平远：《维纳斯的历程》，北京十月文艺出版社，1993年，第80页。

[4] ［意］弗雷格伦特著：《圣彼得堡冬宫博物馆》，译林出版社，2014年，第25页。

看，宗教中的许多神大都源于现实中的人，经过长期的不断修行磨炼，升天后演化成神，抑或是所处时代的帝王自命为神。如北魏以来的佛教造像如云冈佛像的面貌就是人间帝王的真实写照，如《魏书·释老志》载，文成帝"是年，诏有司为石像，令如帝身。既成，颜上足下，各有黑石，冥同帝体上下黑子。"[5] 可见，不仅佛像的面容参照了帝王的面相，就连脸上和脚上的黑痣也如实刻绘出来。再如宫大中在《奉先寺大卢舍那像龛的造像艺术》一文中认为，唐代洛阳龙门石窟奉先寺的主像大卢舍那坐佛的形象"在一定程度上就是武则天形象的写照，或者说就是武则天的模拟像。"[6] 该佛像以典型的女性外部特征进行塑造，用明显世俗化人物的表现取代了魏、晋、南北朝以来的那种以突出宗教神秘色彩为主流、佛像雕塑更讲究长脸细劲、秀骨清相、超尘拔俗，更具神的气质的雕塑风格。这与唐代武则天公开宣布自己是"弥勒佛下生"，自命为"金轮圣神皇帝"密切相关。敦煌、天龙山等窟龛中的"菩萨如宫娃"亦为唐代佛教造像世俗化发展的集中体现，"因为菩萨的形象是以妃嫔姬妾和伶伎为模特儿的。"[7]《高僧传》的作者道宣就曾对菩萨和伶伎一模一样而大为不满。因此在中国古代历代大型佛像造像中，匠师们一般都会以当时人间的形体、神情、面相和风度为范本，运用雕塑化的艺术语言和仿真式的造型艺术手法进行理想化凝聚，注重对头、面部的精雕细琢，以形写神；轻微刻画服饰，衣褶部分的处理显得相对概括简练，以神传意、以意传情。

　　宗教艺术中的神像往往都是来自于现实中的人，同时又是超脱常人之上的抽象形态和意识形态的产物。从元至清代妈祖庙的庙碑或庙记："夫神无依，唯人是依"（刘基《台州路重建天妃庙碑》）[8]；"人赖神以安，神依人而立"（祁顺《山海关天妃庙记》）[9]；"夫人受庇于神，而神实依于人"（刘业勤《天后庙重建碑记》）[10] 可见，妈祖神像的塑造是神人相依式的，是信众们对理想美的情感集聚。白湖庙的妈祖像〔图7·1c，现

❺ [北齐]魏收撰：《魏书》卷一百一十四志第二十《释老志》，中华书局，1974年，第3036页。

❻ 宫大中：《龙门石窟艺术》，上海人民出版社，1981年，第142页。

❼ 宫大中：《龙门石窟艺术》，上海人民出版社，1981年，第143页。

❽ [明]刘基著，林家骊点校：《刘基集》卷十二《碑铭》，浙江：浙江古籍出版社，1999年，第175页。

❾ 转引蒋维锬、郑丽航辑纂：《妈祖文献史料汇编》，第一辑碑记卷，中国档案出版社，2007年，第53页。

❿ 转引蒋维锬、郑丽航辑纂：《妈祖文献史料汇编》，第一辑碑记卷，中国档案出版社，2007年，第184页。

供奉于福建莆田城北东岩山妈祖庙〕、湄洲天后宫祖庙中的妈祖像〔图7·1d〕与天后祖祠妈祖的面部相比，除眉型略有差别之外，脸型、仪容等极为神似；加之，上文所提及的同处在福建莆田秀屿区，但分布在不同村落的天后祖祠的那尊妈祖木神像与陈靖姑（临水夫人）木神像，基于神像之间极高的相似度可以推测，当时该地区的匠师雕塑技法和塑造神像时所参考的范本有可能就是相同的。

妈祖在进行图像或塑像刻绘时，以同时期或前代的女神像作为参照或范本也是不无可能。如清代后期河南朱仙镇天后娘娘为典型的民间木版神像年画〔图7·2a〕，主神居中，面部所占画幅的比例较大，坐姿，前有神案，上设香炉和蜡烛。美国传教士Anne S. Goodrich于1931年在当时的北平东区的人和纸店购买的两幅〔图7·2b、d〕，后捐赠给美国哥伦比亚大学收藏。先将清代后期的天后娘娘和民国时期的天仙娘娘木版年画进行对照，除脸型略长、身后两侧的侍者有明显差异外以及天后娘娘前胸左右各有一纹样、神案上的香炉造型以及有无插香之异外，其余部分几近相同。再以催生娘娘[1]为例与天后娘娘木版年画相比，旁侍完全相同，只在上排两位男侍者手持物和下面两位男侍互换了左右位置、衣缘的宽度、神案上的香炉造型略存差别。由此可见，美国哥伦比亚大学收藏的民国民间木版女神年画均以清代天后娘娘为范本。

天后圣母木版年画〔图7·2c〕为台湾历史博物馆收藏的近代关于台湾民间桃色刷印妈祖版画的代表，图中妈祖和身后两位侍女与天仙娘娘木版年画风格极为相似，前者中的三位女神面部显得更为丰腴圆润，较为注重服饰中的图案和神案及摆放物的纹饰等细节的装饰，男侍所占画幅比例偏小，画面布局更为饱满，在大陆木版妈祖年画布局设计的基础上，彰显出明显的地域化特征。

由此可见，妈祖图像和塑像既是民间宗教和民间信仰下人类先天就具有的抽象活动的产物，是匠师、信众内心无形的情

[1] 美国哥伦比亚大学收藏的同时期的催生娘娘、引蒙娘娘、痲疹娘娘、培姑娘娘、眼光娘娘等木版年画除标注的女神名字不同外，完全相同。

图7·2　木版年画中女神像比较

　　a.河南朱仙镇天后娘娘木版年画 / 早稻田大学藏　　b.催生娘娘 / 美国哥伦比亚大学藏

　　c.天后圣母木版年画 / 台湾历史博物馆藏　　　　　d.天仙娘娘 / 美国哥伦比亚大学藏

感诉求通过图像、塑像这类经验形式化、写意式地呈现出来，"以供人们观照、逻辑直觉、认识和理解"❶，因此可以将妈祖图像和塑像视作人类情感表达的一种艺术符号。

二 意喻式妈祖塑像和图像艺术中的符号

苏珊·朗格认为"艺术中的符号是一种暗喻，一种包括着公开的或隐藏的真实意义的形象。"❷妈祖神像艺术中的符号并不是以具象的形式特指妈祖的发髻、首冠、纹饰、手持物及陪祀等，而是妈祖塑像和图像艺术存在的空间、多元的艺术承载体均以抽象的方式泛指通过知觉感知所产生的不同暗指和意喻，在民众信仰和祭祀仪式中更全面地体现神像的神格与神性。

1.妈祖宫庙：妈祖塑像和图像艺术中的符号构成

以妈祖作为主神供奉的妈祖宫庙，其不仅是妈祖塑像和图像艺术集中体现的场所，是民众们提供了焚香祈福的谒拜场所和祭祀空间，同时更是信众们的心灵原乡和情感寄托，在心理上给信众以安全和信赖感的显性符号。清人郁永河在《裨海纪游·海上纪略·天妃神》中记载了妈祖为乡亲看管孩子极具人性化的神话故事："至今湄洲林氏宗族妇人将赴田者，辄以其儿置庙中，曰：'姑好看儿！'遂去；去常终日，儿不啼不饥，亦不出阃。至暮妇归，各认己子携去。神犹亲其宗人之子云。"❸清人陈寿祺在《福建通志·天后传》亦载："莆田林氏妇人将赴田者，以其儿置庙中，曰：'姑好看儿。'去终日，儿不啼不饥不出阃，暮归各携去。神盖笃厚其宗人也。"❹清代的旧有习俗在莆田湄洲岛、贤良港等地延续至今，常有妇人因外出或农忙常将家中小孩放置在妈祖庙中，安心托付给妈祖看护。据苍南县当地人士介绍，在信智荒郊有个供奉妈祖的小庙，林氏渔民常常在出海时将孩子放在小庙之中。该庙紧邻大海，庙与海坎之间没有任何栏护之物，如果孩子独自走出庙

❶ [美]苏珊·朗格（Susanne K. Langer）著；滕守尧译：《艺术问题》，南京出版社，2006年，第47页。

❷ [美]苏珊·朗格（Susanne K. Langer）著；滕守尧译：《艺术问题》，南京出版社，2006年，第154页。

❸ 蒋维锬，朱合浦主编；莆田湄洲妈祖祖庙董事会编：《中华人民共和国地方志 福建省 湄洲妈祖志》，方志出版社，2011年，第458页。

❹ 蒋维锬编校：《妈祖文献资料》，福建人民出版社，1990年，第316页。

民间信俗下古代妈祖塑像和图像艺术研究

外，很容易掉入大海。但当地仍有许多人非常放心地将子孙放在庙中，孩子不哭不闹，仅在庙内玩耍，当地六十岁以上的老人中，几乎无人不晓。

久而久之，在民众的日常生活之中，妈祖神像俨然化身为他们自己家中的长辈，有着充分的信任感和依附感，供奉妈祖神像的祭祀场所成为妈祖塑像和图像艺术中的符号代码，喻指着妈祖仁德友善之爱心。妈祖宫庙不仅拓展成为保育幼儿、临时托管的功能性区域，妈祖庙的建筑、绘画、书法、雕刻等均对终日身处其中的幼儿以艺术熏陶，在其幼小的心灵撒播民间宗教艺术和民间信仰习俗的种子。

2.妈祖服饰：妈祖塑像和图像艺术中的符号构成

在渔船或商船在远航时，早年多习俗在船中设龛祭祀妈祖，通常大型的船舶在船上供奉6~7寸左右的妈祖塑像，又称"船仔妈"或"船头妈"；小型的渔船由于船舶内在空间的紧窄狭小，没法放置妈祖神像时，至少需要放置一个香炉，然后在香炉存放处加贴一个写有"天上圣母"的红色布条；有的渔船或在神龛处放上从妈祖庙请来的妈祖衣服，形同妈祖的分身或替身，代表妈祖与船舶同在。红色布条和妈祖服饰均具有妈祖的灵性和神力，在航海时一样能得到妈祖海神的护佑。妈祖的饰物成为妇女们对妈祖女神虔诚信仰、求孕得子的习俗载体，天津地区的"拴娃娃"、台湾的"讨妈花"、莆田的"请妈祖鞋"、湄洲的"换妈祖花"都是已婚妇女想要祈求早得贵子的一种请愿做法，妈祖的这些饰物能为久婚未育的妇女带来心灵的宽慰，是家族枝繁叶茂希望。

平日里民间妇女通过梳妈祖髻、穿妈祖衣，既是感念妈祖佑护有功，也是作为吉祥、平安的象征，希冀借此作为保佑后世子孙的期许。所以在民众心目中，妈祖服饰不仅是追求美好生活的精神支撑，更是营造平安吉祥的精神寄托，其作为妈祖塑像和图像艺术中的符号构成，表达着对妈祖品格的敬仰之情。

3.妈祖信物：妈祖塑像和图像艺术中的符号构成

妈祖的信物主要包括妈祖灵符、妈祖令旗、妈祖香袋等等。妈祖的灵符又称为妈祖符令，一般是画有妈祖像和经文的黄色长方形纸张，有用篆体字书写，也有木版雕刻印刷形同于妈祖纸马。妈祖纸马一般是用作祭祀时焚烧的，而妈祖灵符一般用于张贴在家宅门顶、房梁之处、神框之上，或是张贴在店铺之中、汽车之内，抑或是出远门时随身携带之物。在民间民众信仰的民俗中，在制造新船、新船下水、渔民下海、商人经商等时，都要到妈祖宫庙祈愿膜拜，求得的妈祖灵符常被民众视为保佑平安、驱邪防阴的功能。妈祖神灵寄托的特殊信物还有妈祖香袋和妈祖令旗。四方形的香袋内置符咒、香灰等物，子女戴挂时用于驱灾避邪。妈祖令旗，即上书"天上圣母"四字的圣母旗，多为用红布缝制的三角状旗帜，也有四方形，左面绣龙，右面绣凤。信众们常将其悬挂在船头、房门等处，用以驱妖镇邪。莆田民间在端午"五日节"时，各村在竞渡的龙舟上都要奉祀妈祖像、悬挂圣母旗，以镇龙舟、驱邪祟、庇护全船水手平安。妈祖出游时，则悬挂大旗昭示盛迎妈祖銮驾。

妈祖宗庙在妈祖图像和塑像艺术中构成了一种外延式的视觉符号，妈祖服饰是一种民间习俗外化式表现的一种显性符号，妈祖信物是妈祖神像艺术的替代式、流动性符号载体。妈祖图像和塑像艺术中的符号显得更为多元，但暗指和意喻则非常明确，其均是民众心理和情感诉求的意象式的物化载体，与远距离供奉的妈祖图像和塑像不同，作为妈祖神灵的扩延品、替代物可以近距离甚至贴身配用，且不受时空限制永伴信众之左右。

原型（希腊文 "archetypos"，"arche"：最初的、原始的；"typos"：形式），从字面理解，意为原始形式、初始模型。加拿大学者N.弗莱在《作为原型的象征》一文中对其进行了界定：原型是"一种典型的、反复出现的意象"❶。原型虽然在时间上意指原初的意象，但在性质上却表明随着时间的推移、事物的发展，会具有反复发生的典型模式，是无数次通过同一类型体验都会出现的心理反应，是集体无意识的、代代相传的基本原型意象。妈祖图像和塑像作为一种民间宗教艺术，正如瑞士学者荣格所认为的那样：艺术的创造过程"包含着对某一原型意象的无意识的激活，以及将该意象精雕细琢地铸造到整个作品中去。通过给它赋以形式的努力，艺术家将它转译成了现有语言，并因此而使我们找到了回返最深邃的生命源头的途径。艺术的社会意义就在于此：它不断地造就着时代精神，提供时代所最缺乏的形式……艺术家把握住这些意象，把它们从无意识的深渊中发掘出来，赋以意识的价值，并经过转化使之能为他的同时代人的心灵所理解和接受。"❷

创作妈祖神像的匠师们正是凭借着其对神话传说故事中的妈祖事迹、祭祀活动中的妈祖习俗和精神、不同敬奉形式中的

❶ [加] N.弗莱：《作为原型的象征》，叶舒宪选编《神话—原型批评》，陕西师范大学出版社，1987年，第151页。

❷ [瑞士] C.G.容格：《论分析心理学与诗的关系》，叶舒宪选编《神话—原型批评》，陕西师范大学出版社，1987年，第101、102页。

神像范本等去叙述、去揣摩、去想象，通过个人头脑中继承下来的祖先经验，通过对所有宗教、精神、神话象征与经历而沉淀，通过某种艺术形式将信众群体意象转化为具象之形像和物载之神像。信众们可以通过庙宇内供奉的妈祖立体塑像、通过家宅中堂祭桌后壁上悬挂的集合了观音、妈祖等神祇的平面版画神像"观音妈联"等了解妈祖的形像，也可以从传说故事中妈祖的神迹、民间习俗和祭祀仪式中妈祖与所处地域之间的关系等中去叙述和揣测妈祖神祇属性。伴随着妈祖文化在中国乃至世界沿海地区的传播，妈祖形象因时因地而异，因人因事而异，但在殊多异歧的妈祖形像中，能够接近初始信仰形态、在信奉场域与情境中被激活时，能够在心理上无意识地产生的某种倾向性的艺术形像，并且后来在妈祖众多形像中存在某一个成为典范的代表性形像，也就是妈祖形像的原型。妈祖原型的提出，需要依据古籍史料的记载、妈祖初始成神的相关传说，需要在依据民间妈祖宗教信仰下形成的自有体系加以推论和归纳。这种基于原型提炼出的显性视觉符号，不是一种简单的意义传递形式，而是承载着某种代表意义、精神，有着能够被感知的特定表现形式。妈祖原型符号的构建是在众多图像和塑像中提炼典型的妈祖形像，以视觉符号的呈现方式，传递妈祖文化的精髓，实现沿海华人华侨和港澳台同胞的民族文化认同。

一　妈祖塑像和图像原型符号的建构之因：从"华侨的海外传播"到"民族文化认同"

1.从"华侨的海外传播"到"妈祖的功能延伸"

在自然科学知识的匮乏，航海技术落后的时代，海商、出国华侨在航海时往往会将安全抵达的希望寄托于妈祖的庇护，所以在出海时都会在海船中专门设有妈祖神龛，在出海前和抵达后都会举行一定的祭拜仪式。荷兰人莱顿大学历史系研究学者伦纳德·鲍乐史在《荷兰东印度公司时期中国对巴达维亚的贸易》一文中记载了荷兰水手斯达禾里纽斯（Stavorinus）1775年在去望加锡途中搭乘中国福建的一艘三桅帆船时看到，在船尾几层小舱室的正间的操舵台中央放着一个供奉神像的祭坛[1]，在选定的启航吉日那天，"海员们从船上的神龛取出海上女神'马祖'（Ma-tsu）的塑像列队到寺庙并献上祭品，以祈求航行得以一路平安。到寺庙朝拜还经常伴随有戏剧演出，而由全体海员共享酒和肉、鱼、菜等祭品。礼毕，把这尊佛像携回船上，在一阵锣鼓和鞭炮声中，起锚扬帆……中国海员们就用这种方法在航行中同他们的神明保持接触，试图制服自然力。"[2]据新加坡文献记载，1821年泉州晋江祥芝乡的第一艘船抵达新加坡南部直落亚逸，登岸后便随即在海边，将天后神位的神龛从船中请出并安设好后，摆起香炉烧香膜拜，以表对护佑安抵的感激之情[3]。中国南方凭借海船移居海外的华侨，通过在落叶生根之地建立妈祖庙宇或在海外居所中设龛等形式，将原乡妈祖信仰传播至了异国他乡。如郑成功的父亲郑芝龙为福建省南安人，20岁前往平户，是一名从事海洋贸易的商人，日本长崎县平户市郑成功纪念馆现藏的一尊明朝时期像高28厘米的樟木木雕妈祖像以及像高19厘米的随神千里眼、顺风耳〔图7·3〕，据传是原本是安置在海洋贸易船上的一组神像，其后郑芝龙将其请到平户的一座后山建造的祠堂中供奉，由于破损严重，日本京都美术院国宝修理所与1990年12月对其进行了修复。若将该尊妈祖像与台湾鹿耳门圣母庙奉祭的武馆妈祖像进行对照比较，无论形貌与体态都非常相近。鹿耳门供奉的武馆妈祖像据传是随郑成功攻台的随战舰护军的三尊妈祖神像（后人分称为：开基妈、文馆妈、武馆妈）中的一尊，可见妈祖的神职不仅从海上护佑航行，而且进一步延伸至助战克敌。特别是在台湾，清前期时为了维护国家统一和全岛稳定，多次委派闽浙沿海水师官兵，所以妈祖显灵助师的神话成为凝聚军心、鼓舞士气之需。从这两尊妈祖的体态与形貌看大同小异，唯前者头部冠式略高，腹前垂有蔽膝。两尊妈祖像

[1] ［荷］伦纳德·鲍乐史著，温广益译：《荷兰东印度公司时期中国对巴达维亚的贸易》，《南洋资料译丛》1984年第4期，第70页。

[2] ［荷］伦纳德·鲍乐史著，温广益译：《荷兰东印度公司时期中国对巴达维亚的贸易》，《南洋资料译丛》1984年第4期，第71页。

[3] ［新］彭松涛：《晋江人在新加坡》，《晋江文史资料选辑（第1-5辑）》，中国人民政治协商会议福建省晋江市委员会文史资料委员会，1995年，第10~11页。

图7·3　明代木雕妈祖像 / 日本郑成功纪念馆藏

两手肘靠圈椅分置，右手从手掌空握向上的持物手势，前者左手缓放，但后者手扶腰间玉带，此种手势比较少见，疑为制作匠师考虑到妈祖武将的身份而作的调整与设计。如果说日本长崎县平户市郑成功纪念馆收藏的妈祖像面容偏像年长型，那么日本东京国立博物馆亦收藏的一尊明清时期的木雕妈祖塑像〔图7·4〕，其面容显得较为年轻，但从坐姿、手势以及所着服饰样式而言非常接近。综上可见，不管是中国南方移民在日本落地生根之后而塑造的还是从原家乡随船带入异地的妈祖塑像，均保留着中国明末清初本土妈祖的典型特征：旒冠博鬓、大袖圆领袍服、披帛垂至两肩后左右环臂、流畅的悬垂衣纹、圆肚微突略显丰腴的体态、圆婉柔和的圈椅紧倚躯体、两膝小腿微向左右呈倒八字造型。

　　有异于海外多国宗教信仰的妈祖文化通过华侨这一传播媒介得以在海外传播，并非轻而易举，既出现了主动相融，也出

　　　　　　　民间信俗下古代妈祖塑像和图像艺术研究

图7·4　明清时期木雕妈祖像 / 东京国立博物馆藏

现了百般排斥的现象。首先，随着华人华侨的心理寄托和精神诉求的改变，妈祖神职日趋多元。按照中国民间信众的传统宗教意识，原本具有多种职能而又供奉于不同地方的神祇，则为"当方土地当方灵"。当移民定居海外之后，对于妈祖护海护航的精神寄托日趋减弱，他们开始寄希望于陌生无序的新的生存环境中能够寻找到一种安全、安定与和谐的力量，庇护他们安居乐业、富庶安乐。因此华侨们信奉妈祖的动机心态日趋多元，妈祖其他方面的职能不断涌现与增强，如视妈祖为商业保护神、财神、仁孝之神等。其次，妈祖为其他宗教所接受，与其他神祇共同奉祀，甚至出现了融合的形象，得以继续流动和传播，逐渐渗透到当地民族民间。妈祖在海外的流动传播中，不仅在华人庙宇中出现了与其他中国本土神灵如观音、清水祖师等共祀的情况，还出现了与异国神灵组成共同神的现象。如泰国曼谷达饶路的玄天上帝庙，泰国人称为虎神庙，将华侨们信仰的玄天上帝、妈祖等神明与泰国人信仰的虎神同祀一庙，而且此庙每天都有来自各地的华人和泰国人来此庙拜神求签[1]。同时，印尼政府曾借助政治强权强制推行全面同化政策，消除华人文化取缔其民族性，但供奉妈祖等宗教信仰因归附佛教而得以保存，以妈祖寺庙、宗祠等宗教民俗活动和佛教社团为纽带，凝聚了华人力量。菲律宾尚为西班牙殖民统治时期，西班牙殖民者为了减少华人对其统治的威胁，定下了使菲律宾华人西班牙化的政策，不仅要求华人剪发，皈依天主教，而且驱逐出境2070名不肯改变宗教信仰的华侨[2]。有些华侨虽然表面上为了生存被迫改宗，他们仍会以各种不同的方式坚持敬奉妈祖神像，因为在他们的内心深处仍保持着闽粤原乡的妈祖信俗，保持着对祖国的思念与情感寄托。可见，妈祖信俗在东亚以及东南亚受到诸多因素地

❶ 段立生：《泰国的中式寺庙》，泰国大同社出版有限公司，1996年，第121页。

❷ 曾少聪：《东洋航路移民 明清海洋移民台湾与菲律宾的比较研究》，江西高校出版社，1998年，第173页。

影响，在地化程度并不高，妈祖祭祀仪式和仪俗一般都局限在当地华侨、华商的会馆中进行，并保持着中式祭法。

与此相比，妈祖信俗在日本的传播却截然不同，呈现出两种鲜明的融合趋向：其一是显著的地域性神道化，特别是德川时代的水户藩、萨摩藩地区。妈祖信仰于十七世纪末传入水户藩，二代藩主德川光国不仅款待中国禅僧，而且在祝町海边兴建天妃山妈祖权现社并出席祭祀"天妃妈祖大权现"[1]。日本神社主祀妈祖，推动了水户藩妈祖信仰的神道化，沿岸藩民将本土神道海上守护神弟橘媛与妈祖混同，将弟橘媛视作妈祖并称为"天妃さん"，且将妈祖祭祀日期和拜祭形式等

图7·5　小美市指定文化财木雕天妃像／日本旧天圣寺

改为本土化的神道仪式和日式神社祭法[2]。原供奉于旧天圣寺的一尊像高35厘米的天妃像，现为日本茨城县中南部的小美玉市指定文化财〔图7·5〕。相传是根据1682年德川光国邀请心越禅师到水户时，带来妈祖木刻雕像进行复刻的三尊妈祖像中的一尊，另两尊供奉于祝町矶原天妃神社，心越禅师曾亲自为天妃像开光[3]。在地复刻的这尊妈祖像与1691年德川光国安置于祇园寺的那尊心越禅师随行所带的妈祖塑像，无论是冠履服饰、还是体态形貌都有着明显的差异，疑为日本匠人基于日本神道系统中的女神形象进行神道化的妈祖形貌加以雕作的塑像。妈祖形象的异域化、日本化还体现在了日本颖娃历史民俗资料馆（Ei Museum of History and Folklore）收藏的一幅江户时期的妈祖画像中，图中妈祖的冠式、发型、面容、帔帛、服饰等方面都采用了日本化的款式、颜色、造型和图案〔图7·6〕，是江户时代后半叶妈祖塑像在地化的珍贵例证。除水户藩外，妈

[1] 吴伟明：《和魂汉神：中国民间信仰在德川日本的在地化》，香港中文大学出版社，2020年，第130页。

[2] 吴伟明：《和魂汉神：中国民间信仰在德川日本的在地化》，香港中文大学出版社，2020年，第131页。

[3] 吴伟明：《和魂汉神：中国民间信仰在德川日本的在地化》，香港中文大学出版社，2020年，第132页。

[4] Ng, Wai-ming. "The Shintoization of Mazu in Tokugawa Japan." Japanese journal of religious studies 47.2 (2020): 232.

[5] 林祖良编撰：《妈祖》，福建教育出版社，1989年，第54页。

图7·6　日本／江户时期妈祖画像／颖娃历史民俗资料馆（Ei Museum of History and Folklore）藏

祖信仰传播至萨摩藩野间山（此地奉祀妈祖后改称野间岳）后亦被神道化。野间位于萨摩半岛东端，是延伸至中国东海海域的一座小岛屿，岛上有野间岳，经由琉球群岛沿海取道东来的中国航贸商船通常都将此岳作为航道指标，沿着其航道前进。野间岳的山顶建有野间神社，社内分为东、西二宫，西宫奉祀天妃妈祖以及日本神话中的几位神祇，诸如彦火火出见尊（ひこほほてみ）、火照命（ホデリ）等❹。野间岳西宫的妈祖像是明末清初时林家逃难渡日时，随行奉祀的几尊妈祖塑像。萨摩时期，不仅林家因经营贸易而发迹成地方大户，而且该地也成为琉球与华南之间繁华的贸易港口。妈祖在野间岳被奉为神道神祇，萨摩野间神社妈祖祭典之隆重，除中国本土之外其他地方皆无此盛况，但因飓风和迭次火灾以及航道贸易的衰落，野间岳西宫已不见妈祖神像，转而成为林氏一家之神的供奉。日本鹿儿岛大学民俗学教授下野敏见先生拍摄到的日本萨摩片埔林家奉祀的一尊妈祖像❺〔图7·7〕。

其二是散见于日本各地的妈祖与日本船灵的习合。船灵神和出自日本神话的弟橘媛不同，作为护佑船只海航的女神来自日本的民间风俗，早在8世纪时期的古籍中就已经有关于船灵的记载，但日本各地主祭不同的船灵神，因此对于船灵神的正体有着不同的说法和名称。近世不少日本人将妈祖视为船灵，土佐秀信在《增

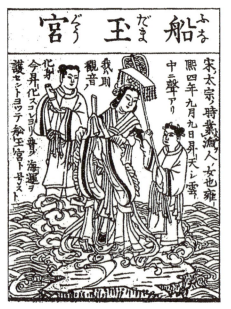

图7·7 日本萨摩片埔林家奉祀的妈祖像／日本／
　　　下野敏见摄

图7·8 日本／船玉宫／日本国立国会图书馆电子版

补诸宗佛像图汇》中将妈祖绘制成一位垂旒冕冠，身着大袖袍服、覆巾执笏的天妃形象，据文字载："宋太宗时业渔人，女也；雍熙四年九月九日升天，云中有声谓：我则观音化身，今升天，自此保护海运，以船玉宫之名被祭祀。"❶〔图7·8〕可知，妈祖与日本船灵形象发生融合，即日本部分地区民间信仰中将信奉的船灵以妈祖形象示人。日本京都市立艺术大学艺术资料馆现收藏的"六角堂能满院佛画粉本"中有一幅嘉永四年（1851年）的"越前性海寺坛越船师家"的《船玉明神》挂轴摹本。森田家通过性海寺向能满院的佛画工坊订购的一幅《船玉明神》挂轴〔图7·9〕，从该画幅中段文字所注的"船玉明神的缘起"中的妈祖身世，以及画面中所描绘的妈祖面容、衣着装扮、身边侍女的样貌及其手持长扇的样式可见，是以宋代福建兴化府的林氏妈祖为原型，受到中国天妃信仰影响的日本化女性神玉形象。日本天理大学国际学部、国立历史民俗博物馆共同研究员藤田明良先生在《东アジアの妈祖信仰と

❶ ［日］土佐秀信：《增补诸宗佛像图汇》卷之四 "七福神"，文彫堂出版，1886年，第14页，https://dl.ndl.go.jp/info:ndljp/pid/818766。

❷ ［日］藤田明良著：《东アジアの妈祖信仰と日本の船玉神信仰》，《国立历史民俗博物馆研究报告》第223集（2021年3月），第97～148页。

❸ ［日］藤田明良著：《中国の妈祖から日本の船玉明神へ》，《交通史研究》66（2008年8月），第63～64页。

民间信俗下古代妈祖塑像和图像艺术研究

图7·9 日本／"六角堂能院佛画粉本"《船玉明神》挂轴／
日本京都市立艺术大学艺术资料馆藏

日本の船玉神信仰》一文中引注该幅画面中段"船玉明神的缘起"的所有文字，并统计了1700～1800年间先后有14篇论及，妈祖作为中国的船神传入日本以及将其与住吉神等日本的船玉神并列说明的日本文献❷。同时，其早在2008年的一篇名为《中国の妈祖から日本の船玉明神へ》中就已经提及：在日本，18世纪后半叶以后的不少船玉明神的挂轴都仿似妈祖而绘制的 ❸。可见，妈祖信俗在近世日本逐步被纳入本地宗教系统，妈祖不再是来自中国地域的民间神祇，转而成为日本神道神祇，其职能也从航海守护神延伸拓展至日本本土地方的守护神祇，在为日本民众广为接受的同时，源自中国闽地的民间妈祖信俗也成功与日本神道习合形成本土化的信仰系统。

2. 从"视觉符号标识"到"民族文化认同"

妈祖图像和塑像作为一种视觉符号标识，是能够穿透语言的阻隔、地域的界限，激发人们内心最深处的原生情感。在异国，华人们带入的妈祖崇拜不断与所在国的宗教信仰产生互动和交涉。虽然菲律宾最初排斥妈祖信仰，但随着时间的推移，妈祖信仰慢慢被国家推行的宗教所接纳，妈祖与天主教圣母开始出现相互叠映、相互融合，部分天主教圣母像被华人视为妈祖的分身或与将其与妈祖视为一体。分管海洋和旅途并屡屡显圣的盖赛赛圣母（Our Lady of Caysaysay）和安智波洛圣母（Our Lady of Antipolo）是菲律宾当地渔人出海都会前往祈求的神祇，其神职与妈祖完全相同。在马尼拉以东的黎刹省，人们就把妈祖与安智波洛圣母视为一体❶。据1611年天主教士所著的《天主教寺庙历史》中载：1603年一名菲律宾的渔夫名叫范·马宁葛在描东岸省的塔亚（Taal）社的拜斯毕河中发现了一尊类似天主教圣母又酷似妈祖的木雕神像，其后由于神像屡次自然失踪、返回原处的灵异事件之后，当地华人华侨就在河边建了一座小寺庙加以供奉❷，据《湄洲妈祖志》记载，该寺庙是菲律宾华人华侨在塔亚社建造的第一座妈祖庙❸。菲律宾人将其作为天主教的盖赛赛圣母神像加以膜拜，华侨却将她当作妈祖来信奉❹。菲律宾吕宋岛东南部的描东岸省达社天主教堂内奉祭的那尊中西合璧式的金身女神像〔图7·10〕❺：身披纹饰为日、月、星星等显得颇为华贵的天主教服饰、头部罩着波浪卷的长发套，发套之上佩戴一顶精美的皇冠，冠顶设十字形，冠的四

图7·10　洋装妈祖像／菲律宾描东岸省达社天主教堂

周沿着圈环饰以星星，如神像的头光。这顶皇冠的主体样式与Jacques-Louis David画的著名油画"拿破仑登基大典"中，拿破仑对约瑟芬皇后进行加冠封后的冠式相同，这是西方封后时常用的一种冠式。常年以来，当地就形成了一个约定习俗的祭祀习惯：每逢星期四下午，将这尊妈祖像由达社大教堂迎往塔亚社妈祖小寺庙，星期六下午又从妈祖小寺庙迎回大教堂，周而复始，从未间断过。每年十一月底庆祝妈祖诞辰时，也出现了烧香点烛、祭祀烧金、向妈祖敬祀表演中国戏剧，同时又请天主教神父主持弥撒等大混杂的宗教文化习俗。1954年，世界天主教会在菲律宾举行祈祷大会，教皇特封妈祖为天主教七圣母之一，并隆重地为妈祖加冠❻。在菲律宾国土生活的华人华侨与信仰天主教的菲民们就这样共同供奉着这尊融汇了中西两大宗教信仰于一体的女神像。

❶ Dy, Aristotle C. "The Virgin Mary as Mazu or Guanyin: the syncretic nature of Chinese religion in the Philippines." Philippine sociological review (2014): 41-63.

❷ 转引李天锡著：《海外与港澳台妈祖信仰研究》，华夏出版社，2008年，第104页。

❸ 蒋维锬、朱合浦主编；莆田湄洲妈祖祖庙董事会编：《中华人民共和国地方志 福建省 湄洲妈祖志》，方志出版社，2011年，第195页。

❹ 洪玉华著：《宗教的融合——描东岸的妈祖和KAY-SASAY》，菲律宾华裔青年联合会编，1990年，马尼拉，第240页。

东南亚其他国家也有类似的现象，在中国澳门和台湾等地区亦即如此。16世纪初，澳门是葡萄牙与中国海商进行海上贸易的主要补给港口，葡萄牙海航者最初抵达港口时，是在澳门的妈祖阁登陆的，从此在西方语言中便多了一个"Macau"的地名，且他们一进入澳门之后便开始修建圣保禄大教堂，天主教得以在澳门传播发展。在当时葡萄牙人的天主教与华人的传统宗教是兼容并存的，居留澳门的葡萄牙人将中国信众尊奉的妈祖类比于他们敬仰的圣母，居住澳门的中国民众亦将葡萄牙人供奉的圣母类比为本土的妈祖、望洋圣母和天上圣母等。中、葡航海者不仅将妈祖与圣母视为主职航海护佑的神祇，而且都带着本国传统文化的眼光去看待对方所供奉的航海保护神，这是中葡民间宗教信仰崇拜上的一次典型碰撞与交融。天主教信奉耶稣基督，而圣母玛利亚是耶稣的生身母亲，信徒们认为圣母玛利亚是童贞女因感动圣灵而生子，且其是第一个认定耶稣是天主圣子的人，也是全世界第一个恳请耶稣首施神迹之人，因此圣母玛利亚在基督宗教信仰中有着其非常独特的地位和极其重要的作用。圣母与圣子的题材成为西方艺术家们笔下常见的表现题材，在如今澳门路环岛的圣方济各（Francisco）教堂之内不仅塑有圣母抱子的塑像〔图7·11〕，而且还悬挂着一幅用中国传统水墨画技法取代了西方油画绘制的一幅中国面容、中式装束的女性手抱圣婴的"圣母妈祖"画像〔图7·12〕，葡萄牙人不仅认可了澳门的妈祖崇拜，而且在他们敬仰的精神世界里已经将海上保护女神妈祖西式化了，同时供奉在天主教的教堂之内。无独有偶，在台湾也有一些妈祖像被描绘成西洋风格，类似圣母像的模样。如于1670年出版的《第二、三次荷兰东印度公司使节出使大清帝国记》中就用西方艺术画技法描绘了荷兰人在台湾妈祖庙内所见信徒们祭拜妈祖像的场景[7]〔图7·13a〕。法国雕刻家伯纳德·皮卡特（Bernard Picart）于1726年根据此书中的画作又创作了相同场景的彩色妈祖版画〔图7·13b〕，收录于1728年出版的《Ceremonies et Coutumes

[5] 林祖良编撰：《妈祖》，福建教育出版社，1989年，第56页。

[6] 林祖良编撰：《妈祖》，福建教育出版社，1989年，第56页。

[7] 欧弗特·达波（Olfert Dapper）：《第二、三次荷兰东印度公司使节出访大清帝国记闻》(Gedenkwaerdig bedryf der Nederlandsche Oost-Indische maetschappye, op de kuste en in het keizerrijk van Taising of Sina)，雅各布·凡·默斯（Jacob van Meurs）出版社，1670年，第44页 附 图1，https://archive.org/details/gedenkwaerdigbed00dapp/page/n61/mode/2up

图7·11 圣母抱子塑像／澳门圣方济各（Francisco）教堂　　　　图7·12 天后圣母抱子画像／澳门圣方济各
　　　　　　　　　　　　　　　　　　　　　　　　　　　　　　　　　　（Francisco）教堂

Religieuses des Peuples Idolatres》（《偶像崇拜者之仪式及宗教习俗》）一书中 "Dissertation sur les ceremonies religieuses des peuples de la Chine&di Japon"（"论中国人和日本人的宗教仪式"）章节之中。妈祖庙宇被雕刻师塑造成一个拱门形式的酷似西式教堂，妈祖像被刻绘得非常神圣且高大，占整个画幅高度的三分之一，身旁两侧手持羽扇的侍女以及顺风耳、千里眼两位陪祀只有妈祖像高度的一半，妈祖神龛上方左右两侧各刻有一只长着翅膀、西方形象的龙，正用嘴巴叼衔着妈祖像身后的帷幕。

　　在台湾的居民把对妈祖的常用称呼"天后圣母"也用于圣母玛利亚，甚至在嘉义市内的本尼迪克特会（本笃会）总院存有一尊"天后圣母圣玛丽亚"雕像。由此可见，虽然是一尊衣为异式、身为本体的妈祖塑像、一幅妈祖与圣婴组合画像、妈

　　　　　　　民间信俗下古代妈祖塑像和图像艺术研究

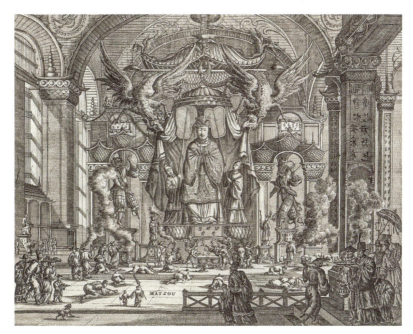

a

b

图7·13　妈祖庙版画
　　　a.欧弗特·达波（Olfert Dapper）的铜版刻画印刷版画/拉德堡德大学图书馆藏
　　　b.伯纳德·皮卡特（Bernard Picart）的手工彩绘雕刻版画/台湾历史博物馆藏

祖圣母称呼的融合，但这些足以说明妈祖信仰别样的亲和力、凝聚力和向心力，信众们对妈祖信仰态度并不保守而是具有开放式样的心态。妈祖神像虽然有别于故土的原乡形像，但作为一方信仰与文化的承载符号，妈祖信仰走向世界后中西文化长期交流碰撞互相交融的产物，既标志着妈祖在不同信仰文化下多元化的拓展、在异教异域环境下的在地化延续，同时也唤起了同宗同源的民族情感和同根同脉的文化认同。

妈祖塑像和图像艺术原型符号是一种宗教观念、一种信仰方式、一些程式化的行为与仪式的映射，更是唤起海外华人华侨的民族自我意识，鼓舞他们互助互信、互勉互慰、患难与共、砥砺前行的一种情感意象。在妈祖图像和塑像呈现纷繁多样形像的今天，妈祖塑像和图像艺术原型符号的建构，不仅可以拨开云雾辨识真身，让人们能够一眼识别、过目留痕，而且是华人华侨寄托对家乡思念的象征，是其与故国联系的桥梁。因为其紧紧以中国海洋文化为依托，传递自由和平、平等交流、互联互通的精神内涵。妈祖原型符号成为当今不同场域、不同国界、不同民族中彰显农耕文化与海洋文化融合的独特标识，更是思想、宗教、文化传播的视觉载体，是中国民众、海外华人华侨共同维系民族凝聚力、向心力、民族认同感的重要纽带和情感寄托。

二 妈祖原型符号的建构之基：
母性崇拜的表征与隐喻

妈祖卒时虽为待字闺中的未婚女子，但在闽人心目中尊奉为母性神祇，这与古代福建母亲崇拜密切相关。首先，表现在对妈祖的尊称的变化之中。蒋维锬先生在《"妈祖"名称的由来》一文中指出妈祖这尊女神在民间称呼的递变系列为：神女—灵女—娘妈—妈祖。神女是妈祖从巫到神的通用称呼，灵女反应的是林氏家族对妈祖的第一次认同，娘妈的称呼与福建兴化民间女子怀念娘家的一种民俗有关，妈祖则为"娘妈之祖"的一种简称或缩写。从"娘妈"再改称为"妈祖"，是发端于清初的台湾岛上❶。这一说法得到民族学研究员林美容的印证，她认为在台湾对于妈祖的称呼是从娘到妈到祖到婆到圣母，"妈祖生前人称默娘，未婚而逝而成神，故称'娘妈'，又娘又妈，成神之后，年齿也会增长，故称妈祖，又妈又祖，加上'婆'字表示又老一级，故称'妈祖婆'。因为台湾的妈祖绝对是成熟稳健的妇人形象，而非年少、粉面的年轻女子形象，这都反应在对妈祖的称呼上。"❷其次，反应在福建地区所形成的女神崇拜和信仰之中。在中国古代的民间神祇世界里，就有大量的女性神灵存在，如王母娘娘、碧霞元君、西王母等等，但这些女神大多是男性神祇的配角。徐晓望先生认为"以中原文化为代表的北方神系，充满了阳刚之美，有主宰世界之权的多为男性神灵。以福建为代表的南方巫觋文化，则创造了许多女性神灵。"❸如古田的临水夫人、泉州的刘姑妈、鹤塘的马仙姑，南安的鄞仙姑、明溪县的莘七娘等等，都是各自信仰领域不需要依附男性神灵而能够主宰一切的独立女神。她们既能为妇女救助产难，同时也兼具了传统男性神灵所具有的驱敌铲鬼、降妖伏魔、祈雨抗旱等职能。古代福建妇女特别能干，同时也承受着生活的重大压力，为了寻求精神的寄托和情感诉求，崇拜一切能够替他们消灾除难的鬼神。母亲是世界上最甘于付出且不求回报的那个最伟大的人，尊重母亲的情感被福建人施放在了神灵世界里。闽人不仅敬神如神在，而且还往往从身边的强者中创造一个一个如母亲般无私之爱的神灵庇佑自己，妈祖之神就是凝聚着母亲之爱的神灵，并对其"爱敬如母"。

妈祖是闽人母性崇拜的一种心理折射的产物，但在人们的实际生活中却无妈祖真实尊容的存在。妈祖羽化成神后，图像和塑像中的妈祖神像势必需要源于世俗母体的形貌，又要体现神祇庄严、慈悲的精神。这就要求民间匠师要充分了解和正确掌握一定的神灵造像仪规，以直观的视觉理解、用象征性的视

❶ 蒋维锬：《"妈祖"名称的由来》，《福建学刊》1990年第3期。

❷ 林美容：《台湾妈祖形像的显与隐》，《台湾妈祖文化展》，飞燕印刷有限公司，2008年，第18、19页。

❸ 徐晓望著：《福建民间信仰源流》，福建教育出版社，1993年，第272页。

觉符号表现妈祖神像，使信众见后便会心生恭敬心、生欢喜心和生清净心，在"超人"的神像宗教感染力下产生不可估量的精神力量。妈祖形象与世俗人士的形貌不能完全相同，否则难以表现其超越常人的神性。佛像艺术中有着特殊的表现仪规，即佛的具体表征"三十二相"和"八十种好"，但妈祖神像隶属于民间宗教艺术，其神像表现艺术注重在宗教氛围中融入民族化、世俗化和生活化的气息，同时亦悄无声息地渗透了一定的佛像仪规。中国佛教艺术中存在着一些真实的"相"，如"身端直相，身形端正无偃曲""肩圆满相，两肩圆满而丰腴"，这些"相"的艺术表现形式在台湾万华龙山寺正殿供奉的粉面妈祖像〔图7·14〕以及台湾澎湖天后宫敬祀的金面妈祖像〔图7·15〕等被彰显得淋漓尽致。妈祖神像虽然透射着世俗母性的慈祥，但润泽的面部、饱满的脸颊，下巴颈间处的肌肤因丰圆而略略现出双下巴般的圈圈褶线，端正挺拔、匀称满相的身姿间却透射着庄严的风度与神圣的灵性，清秀容仪中焕发着温和、肃穆与慈和的光辉，圆润的双肩彰显着家母般的慈爱与伟大。

　　民间有耳大福相的说法，耳朵被视为福气的象征，圆润宽厚的轮廓形状，主福运深厚、福寿绵长。佛像艺术仪规中的"耳长及肩相"，就是采用加长夸大的手法表现佛像的长耳，耳垂处有穿孔，开挂耳环。从现今遗存的早期妈祖塑像，无论是莆田东岩山天后宫正殿和后殿供奉的妈祖像〔图7·16〕[1]还是港里天后祖祠的妈祖软身雕像，以及现今台湾宜兰南方澳南天宫供奉的纯金身妈祖像〔图7·17〕，其头冠发髻之下外露的耳朵较长，耳垂饱满圆润，有耳孔。妈祖的眼睛并非闭眼而是如佛眼般开三分，双目下视，眼观鼻，鼻观心，寓意常观己过，不盯人非，自觉圣智。中国古代哲学观中，世人的形貌与神明之间区分明晰，但人的眼睛、耳朵却与神明之间有着一定的联通关系。巫鸿在《眼睛就是一切——三星堆艺术与芝加哥石人像》一文中就引用了大卫弗里德伯格（David Freedberg）在其著作《形象的威力》（The Power of Images）中对眼睛的问题及目光

[1] 林文豪主编：《妈祖千年祭》，华艺出版社，1988年，第41、42页。

图7·14　粉面妈祖像／台湾万华龙山寺正殿　　　　图7·15　金面妈祖像／台湾澎湖天后宫

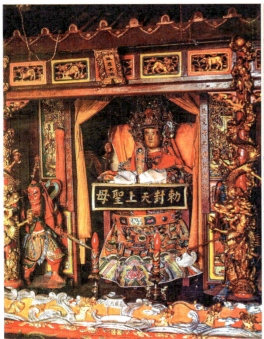

图7·16　正殿、后殿妈祖像／莆田东岩山天后宫

图7·17　金身妈祖像／台湾宜兰南方澳南天宫

　　　　　　　民间信俗下古代妈祖塑像和图像艺术研究

图7·18　正殿妈祖像／台湾鹿港埔头街新祖宫／作者摄

的威力做了专门的研究："一尊偶像的观看者会不断发现自己被偶像的眼睛所控制，这种力量极强，使观者难以回避，因此可见对于眼睛的力量的信念。"[1]台湾传统艺术研究者谢宗荣先生认台湾民间供奉的粉面妈祖大多呈现出女性与慈母的样貌，妈祖的面部神情多作慈眉、垂视的模样，是象征她对于信众的关爱[2]。妈祖的眼睛不闭而睁，表明其是用如实正观的冷峻智慧俯视众生，与祭拜者的视线相接，洞悉他们的内心诉求，心生同情心、怜悯心和慈悲心，使信众得以心灵上的安抚与慰藉，获取精神上的内在力量。当信众们走进寺庙、宗祠等祭拜场所时，无论行走在奉祀场域的任何地方，总觉得妈祖的眼睛一直注视着他、观照着他。笔者在2013年10月19日晚走进台湾鹿港埔头街新祖宫的正殿〔图7·18〕时，感觉妈祖的眼睛随着我身体的移动，始终看着我。这其实是人的心理机制会不

[1] 巫鸿：《礼仪中的美术》，生活·读书·新知三联书店，2016年，第79页。

[2] 谢宗荣：《妈祖的神格及其造像艺术》，《历史文物》2008年第176期。

自觉地将视觉变形的或扭曲的人脸进行自上而下的心理矫正。换而言之，当妈祖神像的眼睛盯着奉祭之人看是因为此人将变形的透视进行了还原。妈祖仪容中的眉目、长耳、圆肩的表现不仅吸收了佛像艺术中的基本仪规，同时也融合了民间妇女容貌的特点，台湾宜兰南方澳妈祖庙供奉这一尊年长形貌的妈祖像〔图7·19〕就具有慈母般的和蔼之相，是闽地以及台湾信众们对母亲崇拜的映射。兼具世俗情感和女神宽怀般的神力的表征要素，为妈祖原型符号的建构奠定了深厚的根基与源泉。

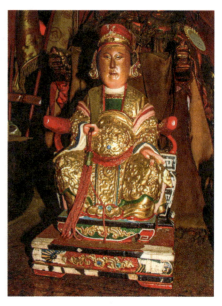

图7·19 木雕妈祖像／台湾宜兰南方澳妈祖庙

三 妈祖原型符号的建构之道：妈祖信仰的意象与形态

原型符号不仅包括信众们对妈祖形象的初始意象，而且在民间宗教美术中出现了一种具像化艺术形式，其中不乏一些约定俗成的象征符号。妈祖的身服、首服、足服是妈祖塑像和图像意指特征的符号，象征意义明确。其不仅仅是一种妈祖躯体的装饰物和覆盖物，而且演变成了一种交流，是民众通神达意、传达念想和意愿的符号语言。妈祖服饰因时所变，以彰显不同历史时期的身份地位及神职，妈祖神服既有世俗妇女服饰装扮又有不同朝代帝后服饰构成。在宋代妈祖遗存的塑像以及一些描绘宋时妈祖形象的版画、绘画等平面图像中，早期的妈祖服饰的配置基本参照夫人或妃的服制式样，其基本构成为：头戴冕冠或梳高髻；外着大袖袍服、下着长裙，裙摆处浅露尖头鞋履；腰间束带，两肩披戴帔帛，云肩。

硬质塑像和平面妈祖图像大多以妈祖正面示人，特别是妈祖庙宇宫殿中敬奉的大型妈祖塑像以及龛位中的多尊小型妈祖塑像的头部均被带上了色彩鲜艳、常换常新的冕冠，身体部分又被披上宽大的斗篷、风帽。笔者于2013年9月5日

图7·20　正殿妈祖像／台湾北港朝天宫

走访台湾北港朝天宫时所拍摄时的供奉场景〔图7·20〕，正殿大型妈祖和身旁的两位女侍以及若干个小型妈祖像被绚丽繁复的冕冠、华服包裹着，加之与祭桌之间用了通顶玻璃橱窗加以间隔，玻璃的反光加之妈祖像正上方的长明灯灯光，信众在跪拜供祀时虽位于正殿妈祖神像的正前方，却全然看不清楚妈祖神像的全貌，更是鲜有机会可以看到妈祖神像的后身全貌。2014年1月13日再次赴北港朝天宫与庙董作深入访谈，深入妈祖库房时仍看不到妈祖塑像原貌，所有妈祖塑像均被厚重庞大的奉帽、霞帔以及繁缛装饰的斗篷等加饰于塑像之外，虽然可以近距离静观妈祖塑像〔图7·21〕，但依旧很难看到妈祖塑像真身形貌，更不用说头部的发髻形态了。从现藏于莆田文峰宫的坐姿软神妈祖神像的结发来看，脑后体积感较强的髻鬃顶部从神像头部正上方露出，显得又尖又高。闽南民间客民的髻鬃本就具有特殊形态，流传至今还保存在中老年妇女之间，有两把和三把之分，以区别未婚和已婚妇女。所谓的"把"其实就是将头发分成的束数不同，但

图7·21　木雕妈祖像／台湾北港朝天宫

在脑后都是摺卷成长约15厘米左右的发结，即髻鬃。三把头发型的髻鬃部分盘踞于头上造型显得极为特殊，酷似手枪，所以在台湾日剧时期，日本人常取笑客家妇女头部的髻鬃为头顶手枪。将该尊妈祖头部发髻与现今福建妇女脑后所梳船帆髻顶部造型相比亦有些相似。在福建湄洲，民间有个关于该发髻的传说，在妈祖18岁时，父母为其张罗婚事，而妈祖则关在闺房之内用了三天三夜盘挽了这种宛如船帆造型的发髻，矢志救助渔民、终身不嫁的决心[1]。妈祖髻因具有吉祥平安的象征被民间湄洲妇女效仿、传承。现存妈祖塑像中发式并非如民间妇女后脑勺处梳出船帆状的"妈祖头"，采用三绺梳头，即将头发分为左上、右上，中下三股，将左上、右上两股头发交错相叠后盘束于头顶，中下部分头发盘成一似瓜子型的尖尾发髻形态，日本国立博物馆藏明清时期的妈祖像〔图7·22〕，若分别从塑像的左侧、右侧和后中等角度加以观察，发现该妈祖像的尖尾发髻宛如蝉尾状略向外翘起；台南市开基天后宫敬奉的妈祖像〔图7·23〕，从妈祖像的侧面而

[1] 和立勇，郑甸编；中共厦门市委宣传部，厦门市社会科学界联合合编：《闽台传统服饰习俗文化遗产资源调查》，厦门大学出版社，2014年，第120页。

　民间信俗下古代妈祖塑像和图像艺术研究

图 7·22　明清木雕妈祖像的发式／日本国立博物馆藏

a　　　　　　　　　　　b　　　　　　　　　　　c

图 7·23　木雕妈祖像／台南开基天后宫
　　　　　a.正面　b.侧面　c.发式

图7·24 砖雕妈祖像及其发式／台湾私人藏

视，其尖尾发髻翘度不及日本国立博物馆藏妈祖〔图7·22〕，而宛如蚕尾部呈现出稍长且细尖状。台湾的一尊砖雕妈祖〔图7·24〕，从其后部发式来看，匠师考虑到妈祖冠与头部形成一体式雕刻，所以并没有将妈祖脑后尖尾发髻做得非常突起，而显得较为平整，在冠下脖颈处保留了冠冕没有覆盖住的髻尾发量和造型。妈祖肩部所服的帔帛，常常的帛带之下长及至肩部稍下而止，衣饰摆部为云头造型的云肩，这种围于前身、后背以及肩部的云肩均出现在宋代之前佛像人物如文殊菩萨、观音、天女服饰之中，女性神像衣饰中的云肩，不乏意在装饰之需求，但更重要的是凭借衣饰外观形态突显服用者本身在天界或民间宗教中的特殊身份、地位等。

妈祖的鞋履并没有如主体服饰表现得非常具象，而是露出鞋头部分，如台中民俗公园收藏的一尊妈祖像〔图7·25〕，和大多数妈祖像一样，袍摆和裳摆以下仅仅露出妈祖弓鞋的尖头部

图7·25 木雕妈祖像／台中民俗公园藏

图7·26 妈祖神像所着弓鞋／
台湾台南大天后宫

❶ [英] 弗雷泽（FraZer, J.G.）著、
徐育新等译：《金枝》，新世界出
版社，2006年，第229页。

分。今人更倾向于相信和认同两种说法：其一，妈祖脚上穿的是尖翘小脚鞋为海上舟船的演化；其二，受到宋代妇女缠足习俗的影响，所以妈祖的脚部为三寸金莲。所以众多庙宇中还保留着妈祖神像弓鞋的实物，如台南大天后宫妈祖神像所着弓鞋〔图7·26〕。此外，台湾高雄楠梓路一号的楠和宫以及凤山市双慈亭的妈祖信徒们认为妈祖鞋具有妈祖神像的灵性与能量，即英国学者弗雷泽在《金枝》一书第二十一章"禁忌的物"中认为："人可能会因自身剪下的头发、指甲或其他任何东西而受到巫术法力的影响……这种迷信思想在于它认定人和曾经长在他身上或与他有过任何密切关系的东西都具有交感关系。"❶从妈祖神像更换下来的衣服、头巾和妈祖鞋等物，经过祈请仪式之后就被信众认为是妈祖圣灵的载体，将其视为家人和自己的守护物。五代、宋时期的缠足之风初起于宫廷内的歌舞女伎中，最初仅仅是出于舞蹈的需要而进行包裹，其后逐渐为少数供男性消遣欣赏的教坊乐籍的舞伎们所效仿。北宋妇女大多以天足为主，裹足者尚不多见，如泸县宋墓中所雕刻的女侍，其裙下露出的鞋头呈现上翘状，显得很尖锐，但这种外翘的鞋头是隶属于鞋子的一种局部装饰或造型，穿这种翘头鞋时，脚是不伸到鞋翘中的，因此并不能据此推论妇女足部已被包裹纤细。基于此，早期妈祖的鞋子原型符号可以推定为尖翘鞋头型的女鞋。

妈祖手持的法器就是一个约定俗成的符号，象征着神祇的一种法力与地位。圭，是古代世俗中祭祀盟誓的祭祀法器，是朝觐礼见的等级象征，如通过不同尺寸彰显天子与诸侯的不同等级身份，通过不同名称凸显赋予持圭者的不同权杖，通过不同造型、纹饰表达不同寓意。宋代时期持圭时的妈祖神像手势一定为双手相拱于胸前，覆巾盖之，这也构成了妈祖原型的手势形态符

图7·27　右手持如意木雕妈祖像 / 台湾鹿港天后宫（旧祖宫）　　图7·28　右手持笏木雕妈祖像 / 台湾台南开基天后宫

号。妈祖手持的其他法器，是随着妈祖神职的多元化后衍生而出的，如意最初兼"搔杖"与"朝笏"二者之用，其后在民间更强调吉祥驱邪的含义，承载祈福禳安的愿望，以及人物权利和财富的象征，单手（通常为右手）持如意〔图7·27〕、笏的手势在明清时期的妈祖塑像中较为常见〔图7·28〕，妈祖的手势不再是左右相合与前胸而是将两手分置倚于两侧圈椅扶手之上。

本章小结

　　妈祖塑像和图像艺术原型符号的视觉元素本身并不具备观念与内涵，但当它们被纳入到妈祖整体形象艺术的空间结构中时，塑像和图像这些表现性技法与形式已经渗透了匠师、信众们集体的审美意象、主体观念和情感凝结，进而成为他们内心世界里饱含着一定指向性意味的艺术符号。该艺术符号是历经数千年岁月的洗礼和民众口述、传承历史文化以及积淀的民族心理的一种表现形式。在民间信俗中，妈祖塑像和图像艺术原型符号不是一种简单意义上视觉表现形式，也不仅仅是一种参与民众和神像沟通的工具，寄托着信众们对生命意义的追寻，对美好生活的期许，对精神世界的充实。

　　妈祖原型艺术符号所透射的文化和象征意蕴，远远超过具象化、形态化的妈祖塑像和图像本身，是民族内部文化身份认同和妈祖文化传播与辐射的一种重要形式体。妈祖图像和塑像艺术原型符号和民族文化认同互依互存、互助互利，妈祖图像和塑像艺术原型符号是民族文化心理认同主要依托的具有视觉表征的指向性承载物，其内在及未来的延续动力则主要来源于民族文化认同所赋予的强大生命力。妈祖图像和塑像作为妈祖文化的物质载体，其艺术原型符号的正确建构、现代呈现及合理传播，才能有效地传承与保护妈祖信俗这一非物质文化遗产，基于民族文化认同提升民众的文化自觉，增强民族文化自信，实现民族文化自强，增进海峡两岸及全世界华人华侨的的认同感与归属感。

参考书目

● 古籍 ⋯⋯

1. [汉]高诱注，[清]毕沅校，徐小蛮标点：《吕氏春秋》，上海古籍出版社，2014 年

2. [汉]班固撰，[唐]颜师古集注：《汉书》，中华书局，1962 年

3. [东汉]卫宏撰：《汉旧仪附补遗》，中华书局，1985 年

4. [晋]张华著：《博物志》，中华书局，1980 年

5. [北周]庾信撰，[清]倪璠注，许逸民校点：《庾子山集注》，中华书局，1980 年

6. [南齐]谢赫、[南陈]姚最撰，王伯敏标点注译：《古画品录》，人民美术出版社，1959 年

7. [北齐]魏收撰：《魏书》，中华书局，1974 年

8. [唐]杜佑撰，王文锦等点校：《通典》，中华书局，1988 年

9. [唐]义净原著，王邦维校注：《南海寄归内法传校注》，中华书局，1995 年

10. [唐]张彦远著，秦仲文、黄苗子点校：《历代名画记》，人民美术出版社，2016 年

11. [唐]杨倞注、耿芸标校：《荀子》，上海古籍出版社，2014 年

12. [五代后蜀]赵崇祚辑，房开江注，崔黎民译：《花间集全译》，贵州人民出版社，1997 年

13. [后唐]冯贽著：《云仙杂记》卷五《印普贤象》，商务印书馆，1939 年

14. [五代]马缟著：《中华古今注》，中华书局，1985 年

15. [宋]李俊甫：《莆阳比事》，续修四库全书，江苏古籍出版社，2002 年

16. [宋]潜说友：《咸淳临安志》，台湾成文出版社，1970 年

17. [宋]真德秀：《西山先生真文忠公文集》，商务印书馆，1937 年

18. [宋]蔡襄著，[明]徐㷿等编，吴以宁点校：《蔡襄集》，上海古籍出版社，1996 年

19. [宋]李俊甫撰，[清]阮元辑编：《莆阳比事》，江苏古籍出版社，1988 年

20. [宋]高承撰，[明]李果订，金圆、许沛藻点校：《事物纪原》，中华书局，1989 年

21. [宋]梁克家修纂，福州市地方志编纂委员会整理，《三山志》，海风出版社，2000 年

22. [宋]周密辑:《武林旧事》,浙江古籍出版社,2015年

23. 中华书局编辑部编:《宋元方志丛刊》,中华书局,1990年

24. [宋]黄岩孙撰,仙游县文史学会点校:《仙溪志》,福建人民出版社,1989年

25. [宋]吴自牧:《梦粱录》,浙江人民出版社,1984年

26. [宋]马端临著,上海师范大学古籍研究所点校、华东师范大学古籍研究所点校:《文献通考(点校本 全十四册)》,中华书局,2011年

27. [宋]欧阳修、宋祁撰:《新唐书》,中华书局,1975年

28. [宋]陈元靓撰:《事林广记》,中华书局,1999年

29. [宋]李昉等撰:《太平御览》,中华书局,1960年

30. [宋]李心传著:《建炎以来朝野杂记卷十九乙集》,江苏广陵古籍刻印社,1981年

31. [宋]赵希鹄:《洞大清禄集》,清"海山仙馆丛书"本

32. [宋]刘克庄著,辛更儒笺校:《刘克庄笺校》,中华书局,2011年

33. [金]张玮等撰:《大金集礼》,中华书局,1985年

34. [元]王元恭撰:《至正四明续志》,台湾成文出版社,1983年

35. [元]黄仲元:《四如集》,台湾商务印书馆,1986年

36. [元]洪希文:《续轩渠集》,台湾商务印书馆,1986年

37. [元]虞集撰:《道园学古录》,商务印书馆,1937年

38. [元]程端礼撰:《畏斋集》,台湾商务印书馆,1986年

39. [元]宋裒:《燕石集》,北京图书馆古籍出版编辑组《北京图书馆古籍珍本丛刊92 集部·元别集类》,书目文献出版社,1991年

40. [元]脱脱等撰:《金史》,中华书局,1975年

41. [元]程端学撰:《四库全书第1212册集151别集类:积斋集》,上海古籍出版社,1987年

42. [元]脱脱等撰:《宋史》,中华书局,1985年

43. [元]佚名撰:《元代画塑记》,人民美术出版社,1964年

44. [明]张宇初:《正统道藏》,天津古籍出版社,1994年

45. [明]顾清等修纂:《松江府志》,台湾成文出版社,1988年

46. [明]郎瑛撰:《七修类稿》,上海书店出版社,2009年

47. [明]宋濂撰:《元史》,中华书局,1976年

48. [明]张燮著,谢芳点校:《东西洋考》,中华书局,1981年

49. [明]严从简著,余思黎点校:《殊域周咨录》,中华书局,1993年

50. [明]周瑛著,[明]黄仲昭著,蔡金耀点校:《重刊兴化府志》,福建人民出版社,2007年

51. [明]无名氏:《绘图三教源流搜神大全》,上海古籍出版社,1990年

52. [明]谢肇淛撰:《五杂俎》,中央书局,1935年

53. [明]刘基著,林家骊点校:《刘基集》,浙江古籍出版社,1999年

54. [明]黄成著,[明]杨明注、王世襄编:《髹饰录》,中国人民大学出版社,2004年

55. [明]宋应星:《天工开物(译注)》,上海古籍出版社,2008年

56. [明]照乘:《天妃显圣录》,妈祖文化中心影印雍正三年刻本,2001年

57. [明]巩珍著,向达校注:《西洋番国记》,华文出版社,2017年

58. [清]陈梦雷:《古今图书集成·神异典》,台湾学生书局,1989年

59. [清]林清标:《天后圣母事迹图志》,上洋寿恩堂重刻本,道光十二年,1832年

60. [清]郁永河:《裨海纪游·海上纪略》,岳麓书社,2003年

61. [清]盛元等纂修：《南康府志》，台湾成文出版社，1970年

62. [清]欧阳骏等修，周之镛等纂：《万安县志》，台湾成文出版社，1988年

63. [清]王韬著，陈戍国点校：《瀛壖杂志》，岳麓书社，1988年

64. [清]应宝时修，俞樾纂：《上海县志》，台湾成文出版社，1975年

65. [清]魏禧著：《魏叔子文集》，中华书局，2003年

66. [清]龙文彬纂：《明会要》，中华书局，1956年

67. [清]张廷玉撰：《明史》，中华书局，2000年

68. [清]彭润章修，叶廉锷撰：《平湖县志》，清光绪十二年（1886年）锓版刊本

69. [清]陈梦雷著：《古今图书集成》，台湾鼎文书局印行，1977年

70. [清]阮元辑编：《莆阳比事》，上海古籍出版社，1988年

71. [清]袁枚著，沈习康校点：《新齐谐 续新齐谐》，人民文学出版社，1996年

72. [清]赵翼撰：《陔余丛考》，中华书局，1963年

73. [清]李渔著，杜书瀛评注：《闲情偶寄》，中华书局，2007年

74. [清]赵翼：《陔余丛考》，商务印书馆，1957年

75. [清]顾禄撰，来新夏校点：《清嘉录》，上海古籍出版社，1986年

76. [清]林清标撰：《敕封天后志》，乾隆四十三年刊本

77. [清]高锡畴等纂，[民国]高凌霨等重修：《临榆县志》，台湾成文出版社，1968年

78. [清]郁永河著：《裨海纪游》附录，陈庆元主编，于莉莉点校，福建教育出版社，2017年

79. [清]王必昌纂：《重修台湾县志》，台湾大通书局，1984年

80. [清]蒋毓英撰，陈碧笙校注：《台湾府志（校注）》，厦门大学出版社，1985年

81. [清]孙元衡：《台湾文献史料丛刊》第2辑《22赤嵌集》，台湾大通书局，1987年

82. [清]徐兆昺著：《四明谈助（下）》，宁波出版社，2003年

83. [清]叶廉锷等纂：《中国地方志集成·浙江府县志辑（第20册）：光绪平湖县志》，上海书店出版社、江苏古籍、巴蜀书社，1993年

84. [清]徐葆光撰：《中山传信录》卷，《四库全书存目丛书史部第256册》，齐鲁书社，1996年

85. [清]徐松辑、刘琳、刁忠民、舒大刚等校点：《宋会要辑稿2礼二十》，上海古籍出版社，2014年

86. [清]袁枚：《随园诗话》，浙江古籍出版社，2011年

87. [清]宗源瀚、郭式昌修，周学浚、陆心源纂：上海书店影印版《中国地方志集成·浙江府县志辑24：同治湖州府志（一）》，上海书店出版社，1993年

88. [清]袁枚著，宋婉琴注：《续子不语》，陕西人民出版社，1998年

89. [清]虞兆隆撰：《丛书集成续编（215册）文学类：天香楼偶得一卷》，新文丰出版公司，1989年

90. [清]托津等奉敕纂：《钦定大清会典事例（嘉庆朝）》，文海出版社，1991年

91. [民国]吴秀之等修，曹允源等纂：《吴县志》，台湾成文出版社，1970年

92. [民国]洪锡範纂，盛鸿焘修：《镇海县志》，上海蔚文印刷局，1931年

93. [民国]吴馨等修，姚文丹等纂：《上海县续志》，台湾成文出版社，1970年

94. [民国]黄澄渊修、余钟英纂：上海书店影印本《中国地方志集成·福建府县志辑（第15辑）：民国古田县志》，上海书店，2000年

95. 方韬译注：《山海经》，中华书局，2012年

96. 《道藏》，文物出版社、上海书店、天津古籍出版社，1988年

97. [琉球]郑秉哲等编：《球阳》，鹭江出版社，2012年

98. 刘琳、刁忠民、舒大刚等校点：《宋会要辑稿2》，上海古籍出版社，2014年

● 现代著作

1. 林明峪著：《妈祖传说》，联亚出版社，1980年

2. 朱天顺主编：《妈祖研究论文集》，鹭江出版社，1989年

3. 蒋维锬、郑丽航辑纂：《妈祖文献史料汇编》（第1辑）碑记卷，中国档案出版社，2007年

4. 郑丽航、蒋维锬辑纂：《妈祖文献史料汇编》（第2辑）史摘卷，中国档案出版社，2009年

5. 蒋维锬、周金琰辑纂：《妈祖文献史料汇编》（第1辑）档案卷，中国档案出版社，2007年

6. 蒋维锬、周金琰辑纂：《妈祖文献史料汇编》（第2辑）著录卷（上下册），中国档案出版社，2009年

7. 顾颉刚：《古史辨》自序，上海古籍出版社，1982年

8. 罗春荣著：《妈祖传说研究》天津古籍出版社，2009年

9. 林国平著：《闽台民间信仰源流》，福建人民出版社，2003年

10. 顾希佳主编：《中国古代民间故事总编·宋元卷》，浙江大学出版社，2012年

11. 高红霞著：《移民群体与上海社会》，人民出版社，2012年

12. 蒋维锬编校：《妈祖文献资料》，福建人民出版社，1990年

13. 林美容著：《妈祖信仰与台湾社会》，博扬文化事业有限公司，2006年

14. 张焱撰辑编订：《天妃显圣录》，圣德宝宫、圣德杂志社，1987年

15. [日]小林太一郎：《晋唐の观音》，《佛教艺术》第十号，1950年

16. 肖一平、林祖韩撰：《宋代木雕天妃神像》，《海神天后的史迹初探》，莆田市城厢区人民政府文化局，1985年

17. 沈从文编著：《中国古代服饰研究》，上海书店出版社，2005年

18. 孙机著：《中国古舆服论丛》（增订本），文物出版社，2001年

19. 童书业著：《童书业史籍考证论集》，中华书局，2005年

20. 庄伯和著：《佛像之美 艺术见闻录之三》，雄狮美术，1987年

21. 李泽厚著：《美的历程》，天津社会科学院出版社，2001年

22. 肖海明著：《妈祖图像研究》，文物出版社，2017年

23. 郑振铎著：《中国古代木刻画史略》，上海书店出版社，2006年

24. 王伯敏著：《中国版画通史》，河北美术出版社，2002年

25. 吕胜中编著：《中国民间木刻版画》，湖南美术出版社，1990年

26. 林庆彰主编、邹浚智著：《西汉以前家宅五祀及其相关信仰研究——以楚地简帛文献资料为讨论焦点（上）》，花木兰文化出版社，2008年

27. 娄子匡著：《台湾民俗源流》，东方文化书局，1972年

28. 林蔚文著：《闽台传统艺术研究》，海峡文艺出版社，2016年

29. 唐娜、王小明：《佛山年画冯炳棠·漳州年画颜仕国》，天津大学出版社，2011年

30. 冯骥才主编，《当代社会中的传统生活——国际学术研讨会论文集》，天津社科院，2014年

31. 黄才郎主编：《台湾传统版画源流特展》，秋雨印刷股份有限公司，1985年

32. 闽都文化研究会编，《闽都文化与台湾》，海峡文艺出版社，2015年

33. 林衡道口述、杨鸿博整理：《鲲岛探源（二）》，稻田出版有限公司，1996年

34. 林祖良编撰：《妈祖》，福建教育出版社，1989年

35. 华觉明等著：《中国冶铸史论集》，文物出版社，1986年

36. 王树增编著：《中国民间画诀》，北京工艺美术出版社，2003年

37. 陈捷著：《中国佛寺造像技艺》，同济大学出版社，2011年

38. 李伯重著：《千里史学文存》，杭州出版社，2004年

39.朱立元著：《美学大辞典 修订本》，上海辞书出版社，2014年

40.[美]苏珊·朗格（Susanne K. Langer）著、滕守尧译：《艺术问题》，南京出版社，2006年

41.徐晓望著：《福建民间信仰源流》，福建教育出版社，1993年

42.林庆昌著：《妈祖真迹：兼注释、辨析古籍〈敕封天后志〉》，中山大学出版社，2003年

43.何恭上编著：《维纳斯的艺术》，艺术图书公司，1970年

44.叶明生著：《贤良港妈祖文化论坛 海峡两岸传统视野下的妈祖信俗研讨会文集》，宗教文化出版社，2013年

45.周平远著：《维纳斯的历程》，北京十月文艺出版社，1993年

46.[意]弗雷格伦特著：《圣彼得堡冬宫博物馆》，译林出版社，2014年

47.宫大中著：《龙门石窟艺术》，上海人民出版社，1981年

48.叶舒宪选编：《神话—原型批评》，陕西师范大学出版社，1987年

49.段立生著：《泰国的中式寺庙》，泰国大同社出版有限公司，1996年

50.曾少聪著：《东洋航路移民 明清海洋移民台湾与菲律宾的比较研究》，江西高校出版社，1998年

51.洪玉华著：《宗教的融合—描东岸的妈祖和KAY—SASAY》，菲律宾华裔青年联合会编，1990年

52.《台湾妈祖文化展》，台湾飞燕印刷有限公司，2008年

53.巫鸿著：《礼仪中的美术》，生活·读书·新知三联书店，2016年

54.[英]弗雷泽（FraZer, J.G.）著、徐育新等译：《金枝 巫术与宗教之研究》，中国民间文艺出版社，1987年

55.[日]长崎市役所编纂：《长崎市史·风俗篇》，藤木博英社、重诚舍，1925年

56.福建省博物馆编：《福州南宋黄升墓》，文物出版社，1982

57.周迪人等著：《德安南宋周氏墓》，江西人民出版社，1999年

58.张蓓蓓著：《彬彬衣风馨千秋：宋代汉族服饰研究》，北京大学出版社，2015年

59.[日]神宫司厅编：《古事类苑.宗教部20》，神宫司厅古事类苑出版事务所，1914年

60.金维诺主编：《中国寺观壁画全集》3（明清寺观水陆法会图），广东教育出版社，2011年

61.乌丙安著：《中国民俗学》，辽宁大学出版社，1985年

62.李献璋著：《妈祖信仰の研究》，泰山文物社，1987年

63.刘月莲、黄晓峰编：《1995年澳门妈祖信俗历史文化研讨会论文集》，澳门文化研究会、澳门海事博物馆，1998年

64.[英]约翰·汤姆逊著，徐家宁译：《中国与中国人影像：约翰·汤姆逊记录的晚清帝国》，广西师范大学出版社，2015年

65.[德]恩斯特·柏石曼著：《中国文化史迹：中国的建筑与景观》，浙江人民美术出版社，2018年

66.太仓县纪念郑和下西洋筹备委员会，苏州大学历史系苏州地方史研究室编：《古代刘家港资料集》，南京大学出版社，1985年

67.[日]儿岛鹭磨：《北清大观》，天津紫竹林英租界山本写真馆出版，1909年

68.李钢，董晓阳主编，晋祠博物馆编：《中国晋祠（中英文本）》，山西人民出版社，2005年

69.高春明著：《中国历代服饰文物图典·宋代》，上海辞书出版社，2018年

70.苏州博物馆编著：《苏州博物馆藏出土文物》，文物出版社，2009年

71.闽都文化研究会编：《闽都文化与台湾》，海峡文艺出版社，2015年

72.秦岭云著：《民间画工史料》，中国古典艺术出版社，1958年

73.赵华编：《吐鲁番古墓葬出土艺术品》，新疆美术摄影出版社，1992年

74.潘吉星：《中国造纸技术史稿》，文物出版社，1997年

75.潘吉星：《中国造纸史》，上海人民出版社，2009年

76.汤贵仁、刘慧主编：《泰山文献集成》，泰山出版社，2005年

77.《乾隆大藏经》编委会编:《乾隆大藏经》,宗教文化出版社,2010年

78.上海新四军历史研究会印刷印钞分会编:《雕版印刷源流》,印刷工业出版社,1990年

79.王树村:《中国民间美术史》,岭南美术出版社,2004年

80.葛兆光:《导论:思想史的写法》,《中国思想史》,复旦大学出版社,2001年

81.[瑞士]布克哈特著,何新译:《意大利文艺复兴时期的文化》,商务印书馆,1979年

82.柯国森主编:《莆田县宗教志》,莆田县事务宗教局印,1991年

83.叶兴国、张国玉撰:《宁化县城区天后宫的传统庙会》,宁化县政协文史资料委员会《宁化文史资料》(第十八辑),宁化一中印刷厂印,1997年

84.陈望道:《妈祖信仰史研究》,海风出版社,2007年

85.林庆昌:《妈祖真迹:兼注释、辨析古籍〈敕封天后志〉》,中山大学出版社,2003年

86.蒋维锬、朱合浦主编,莆田湄洲妈祖祖庙董事会编:《中华人民共和国地方志 福建省 湄洲妈祖志》,方志出版社,2011年

87.叶舒宪选编:《神话—原型批评》,陕西师范大学出版社,1987年

88.[新]彭松涛:《晋江人在新加坡》,《晋江文史资料选辑(第1-5辑)》,中国人民政治协商会议福建省晋江市委员会文史资料委员会,1995年

89.吴伟明著:《和魂汉神:中国民间信仰在德川日本的在地化》,香港中文大学出版社,2020年

90.[日]土佐秀信:《增补诸宗佛像图汇》,文彫堂出版,1886年

91.李天锡著:《海外与港澳台妈祖信仰研究》,华夏出版社,2008年

92.林文豪主编:《妈祖千年祭》,华艺出版社,1988年

93.和立勇、郑甸,中共厦门市委宣传部、厦门市社会科学界联合合编:《闽台传统服饰习俗文化遗产资源调查》,厦门大学出版社,2014年

后 记

2014年9月主持的国家社科基金艺术学青年项目《民间信俗下古代妈祖塑像和图像艺术研究》正式立项，那时的我正怀胎九月；当腹中胎儿呱呱坠地之时，也是我初为人母、开启妈祖图像和塑像艺术研究的起点。"桑柘外秋千女儿，髻双鸦斜插花枝"，天真稚气的小宝贝正处垂髫之年，无忧无虑地享受着童年的快乐时光。而我的书稿也历经数载埋首耕耘路，终于在键盘上敲打上了最后的那个终止符，可以说它是国家社科艺术学青年项目结项的产儿，亦是小宝贝健康成长之路的相伴相随者。

我是一个出生在长江边城小镇、成长于苏锡常平原地带，生活圈始终远离大海的人，幼童时期及求学之路未曾接触过妈祖及其信俗。于妈祖初识，缘于在厦门大学做访问学者时的合作导师陈支平先生，特邀我于2013年6月参加"闽台非物质文化遗产保护学术研讨会"。撰写参会论文前，专程登门到我在苏州大学艺术学博士后流动站进行学术研究的合作导师张朋川先生的家中求教，朋川老在大吉斋中的寥寥数语便为我拨开迷雾，指明了在闽台非物质文化遗产中非常值得研究的一个方向和一个极具典型性与代表性的人物：妈祖。与会提交并参会研讨的《基于文化资源的妈祖服饰文化创意产业发展研究》一文可以说开启了我对妈祖信俗及妈祖服饰艺术的关注与研究之路。

为了能更进一步走近妈祖，我特别申请到台湾师范大学做访问学者。初临台湾的首月，正值台湾新竹林氏家族的家庙重建策划时，受其林氏家族委托，基于对宋代妈祖初始形像的考辨，为其重修林氏家庙中的妈祖塑像进行设计。经过数月在台湾图书馆、台北市立图书馆、台湾大学图书馆、台湾师范大学图书馆及周边二手书店中古代妈祖文献、图像的查阅，通过对北港朝天宫、鹿港新旧妈祖宫等台湾地区代表性妈祖庙宇的田野调查，结合史实，完成了妈祖塑像的设计画稿。林氏家族于2015年10月在广州佛山，根据我所设计和绘制的妈祖塑像画稿进行了等比例放大烧制，烧制完成后的妈祖陶制塑像在家庙重修完成后举办了开光仪式，现奉祀在其新修家庙专设的妈祖像供奉神龛之内。

在台湾师范大学图书馆查阅妈祖资料时，无意中搜寻到一篇名为《鹿港新旧祖宫妈祖造像初探》的博文，于是根据作者在个人博客中留下的E-mail，胆战心惊地发了一篇想要拜访该作者的邮件，没想到第二天便收到邮件回复。于是相约在鹿港民俗文物馆，见到了这位背着双肩包、风尘仆仆的台湾鹿港民艺行者：李奕兴老师。李老师在其百年鹿港元昌行的古宅中，向我介绍了其收藏的三尊妈祖像，及由其策划的自然科学博物馆关于台湾妈祖进香文化特展中手绘的历代妈祖手稿和设计的妈祖戳章。在第二次拜访时，李老师边带我走访鹿港三大老妈祖庙：埔头街新祖宫、鹿港天后宫（旧祖宫）、长兴里的兴安宫，边向我实地介绍了不同历史时期台湾妈祖塑像的特征及区别；同时还亲自驱车带我前往鹿港周边城乡的代表性妈祖庙进行田野调查，现场为我解读不同城乡祭祀中妈祖信俗和妈祖塑像的差异；特别值得一提的是，李老师专程带我拜访了台湾著名的妆佛艺师施至辉老先生，使我洞悉了台湾妈祖木雕神像的制作仪轨、雕作现状及匠师雕作妈祖塑像的心得体会。对李老师不厌其烦地指导与无私帮助的感恩之情，已然化作我申报项目和撰写书稿的动力，可以说从项目课题名称的草拟到本书初稿撰写与定稿完善的过程，都离不开李老师远程的指点迷津与答疑解惑。李老师对乡土艺术及技艺传承的执着、对古迹修复的热忱、对传统彩绘艺术的专注，深深打动了我，感染了我，一直鞭策着我在妈祖塑像和图像艺术研究路上不断前行、时刻不敢懈怠。

在书稿的写作与完成过程中，由衷感谢为我提供了安心和谐学术氛围的良师益友们。感谢苏州大学艺术学院李超德教授在项目申报及书稿写作过程中给予的鼓励与支持，多次学术交流中的真知灼见让我受益匪浅，促我不懈地完成全部书稿！

感谢苏州大学人文社科处对本书出版提供的大力资助；感谢苏州大学的校院领导为我提供了一个宽松、自由的学术环境；感谢我的恩师许星教授以及服装艺术系的同事们给予的鼓励与支持；感谢一起参与课题讨论与研究的伙伴：许大海、徐晓慧、裘兆远，虽然本书没有收录他们的研究成果，但他们在妈祖研究方面也取得一定的建树。

感谢陈剑博士提供了湖南地域妈祖庙的相关图像资料；感谢我的硕士研究生宋雨秋，博士研究生张晨暄、刘安璐、吴霜、刘晏祯以及何泽谕对书中的图像和文字整理做了不少编排工作，特别是刘红文博士研究生对书中海外收藏的妈祖塑像和图像相关资料作了大量的查阅与整理工作。

衷心感谢文物出版社对本书出版给予的鼎力相助，感谢责任编辑智朴老师为本书的出版与装帧所付出的心血与努力。

感谢我的爸爸、妈妈，感谢我的先生，感谢我的小宝贝，为我提供了一个温馨有爱的家。因为家是一所疲惫时可以随时休憩的港湾，家是一位懂得鼓励的智慧型长者，家是一个伴我前行途中的燃灯者。妈祖塑像和图像艺术研究之途漫漫兮长路，当如东晋顾恺之啃甘蔗时所言：先食梢，后食根，问所以则云："渐入佳境"，只因甘蔗根甜于梢。民间信俗下古代妈祖塑像和图像艺术的研究之路何尝不是从白水到清泉、再到甘露的品尝过程。

张蓓蓓

壬寅年于姑苏金鸡湖畔

作者简介

张蓓蓓

1982年生，江苏如皋人，艺术学博士后。现为苏州大学艺术学院教授，苏州大学人文社会科学领域特聘教授，博士生导师，博士后合作导师，主要研究服饰艺术史、服饰文化、民间宗教图像艺术等。台湾师范大学访问学者，厦门大学访问学者，江苏省"社科优青"，江苏省"青蓝工程"中青年学术带头人，江苏省"333工程"第三层次培养对象。主持过国家社科基金艺术学项目两项，主持过中国博士后特别资助基金项目、中国博士后面上资助基金项目及江苏省博士后资助基金项目各一项，曾获得江苏省哲学社会科学优秀成果三等奖。出版专著《彬彬衣风馨千秋：宋代汉族服饰研究》《服装评论》（合著）等。在《民族艺术》《艺术设计研究》《民族艺术研究》《南京艺术学院学报》等期刊上发表过学术论文五十余篇。